KB206217

直指

白 雲 和 尙 抄 錄 佛 祖 直 指 心 體 要 節

자유인의 길

직지심경

마음의 해탈을 얻은 선종 조사들

백운 초록 · 덕산 역해

비움과소통

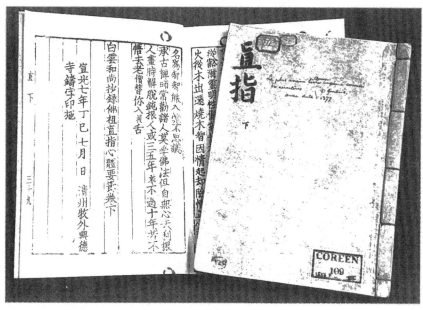

《백운화상초록 불조직지심체요절(白雲和尚抄錄 佛祖直指心體要節)》, 프랑스 국립도서관 소장

직지심경 출간 과정

1. 직지 내용편집

2. 밀랍 정제하기

3. 밀랍자 주조 만들기

4. 밀랍자 다듬기

5. 금속활자 만들기

6. 조판하기

7. 인쇄 및 교정보기

8. 책 꿰메기

영원한 삶의 깨달음이 켜켜이 담긴 유네스코 세계기록유산을 읽다

눈이 부시게 내리쬐는 봄볕이 산과 들에 꽃과 나무들을 일깨우며 찬란한 봄을 이룰 계절이 다가옵니다. 저 오묘한 대자연의 모습이 바로 청정한 부처님의 법신이 아닐까 생각합니다.

천지가 무정설법(無情說法: 자연이 설하는 진리의 가르침)으로 감동을 주는 이 좋은 시절에 《직지심체요절》에 담긴 내용과 사상을 널리 알리기 위하여, 오랜 산고 끝에 《자유인의 길, 직지심경》을 탈고해 주신 혜은사 주지 덕산 스님께 큰 경하의 말씀을 드리며 본서의 발간을 축하드립니다.

《직지심체요절》은 유네스코 세계기록유산으로 등재되어 세계가 기리는 60억 인류의 소중한 자산이자 대한민국 청주의 자랑입니다. 이제는 세계에서 가장 오래된 금속활자 인쇄물로서의 가치보다도 그 속에 녹아있는 한국인의 정신과 사상에 더욱 가치를 두어야 할 때라고 생각합니다.

《직지심체요절》은 백운 화상이 펴낸 책으로 선(禪)의 지침서입니다. 중심 주제인 '직지심체(直指心體)'는 사람이 마음을 바르게 가졌을 때 그 심성이 곧 부처님의 마음임을 깨닫게 된다는 것입니다. 생명의 소중함과 자비광명, 영원한 삶의 깨달음이 켜켜이 담겨 있습니다.

　존경하는 시민 여러분께 이 책을 추천해 드립니다. 갈피마다 서린 부처님의 자비 불성이 여러분들의 마음을 따뜻하게 해 주실 것입니다. 평안과 행복을 주실 것입니다. 이 좋은 시절에 절대 평등, 자애 넘치는 이 책과의 만남이 있기를 기원합니다.

　독자 여러분, 존경하고 사랑합니다.

충청북도교육감

이 기 용

궁극의 자유와 행복을 선사하는
보물은 그대 안에 숨겨져 있다

《직지심경(直指心經)》은 고려시대 고승인 백운경한(白雲景閑, 1299~1374) 화상이 펴낸 책으로 깨달음에 대한 선(禪)의 지침서라고 할 수 있습니다. 내용면에서도 고려 선종사에서 귀중한 문헌이지만 세계 최고(最古)의 금속활자본으로서 온 대한민국 국민이라면 누구나 자랑으로 여기는 성보 문화재이기도 합니다.

《직지심경》을 줄여서 부르는 《직지》는 1372년(공민왕 21)에 저술되었습니다. 1377년 청주목의 흥덕사(興德寺)에서 금속활자로 인쇄되었는데, 2001년 유네스코 세계기록유산으로 등재되었습니다. 1972년 파리에서 열린 세계도서의 해 기념전시회에 출품되어 세계 최고의 금속활자본으로 공인받기도 했습니다. 사찰 나름의 재래방법으로 활자를 만들어 인쇄한 것으로, 목활자가 섞이고 크기와 모양이 고르지 않으나 그 역사적 의미는 매우 크다고 합니다. 《직지》하권은 프랑스 국립도서관에 보관이 되어 있고 상권을 찾기 위해서 많은 노력을 하고 있지만, 상권은 아직 찾지를 못하고 있습니다. 하루 속히 상권을 찾을 수 있기를 간절히 기원합니다.

《직지》의 본 이름은 《백운화상 초록 불조직지심체요절(白雲和尙抄錄 佛祖
直指心體要節)》입니다. 우리가 간략하게 《직지》라고 부르는 것입니다. '직
지'의 본래 뜻은 '직지인심 견성성불(直指人心 見性成佛)'을 뜻하는 것입니
다. 사람의 마음을 바로 보고 본래 마음자리를 깨닫게 되는 것을 견성성
불이라고 합니다.

《직지》의 편저자인 백운 화상은 휘가 경한이고 호는 백운입니다. 전라
도 고부 사람이고 동진 출가를 하시고 일찍 승과에 합격한 분이십니다.
한학 공부도 많이 하신 백운 화상은 당시 67세의 고령에도 불구하고 중
국 절강에 들어가 평생 수행하신 것을 인가받기 위해서 임제종(臨濟宗) 18
대 손인 원나라 석옥청공(石屋淸珙) 선사를 찾아갔습니다. 백운 화상은 석
옥 선사로부터 선문답을 통해 인가를 받고 《불조직지심체요절》이라는 책
을 받아 국내에 들어와 제자들의 참선교재로 사용했던 것을, 그 후 흥덕

사지에서 제자들이 금속활자로 다시 제작을 한 것입니다.

《불조직지심체요절》에는 백운 화상께서 편집한 《선문염송》, 《치문경훈》의 내용과 과거 7불(佛)의 게송, 석가모니 부처님으로부터 법을 받으신 인도의 가섭존자로부터 28조 달마 스님까지의 게송이 들어있고, 중국 110분 선사들의 선의 요체 등 여러 고승들의 법거량과 선문답, 일화가 상·하 두 권으로 나누어져 있습니다. 《자유인의 길, 직지심경》은 파리 국립도서관 소장본 보다 1년 후인 우왕 4년(1378) 간행된 여주 취암사 목판본을 저본으로 하였습니다.

본 강으로 들어가기 전에 여러분들이 경전을 공부하는데 도움이 되도록 '체(體)'와 '용(用)'을 설명 드리도록 하겠습니다.

'체'라는 말은 우주의 근본 실상(實相)을 말하는 것입니다. 수행자가 수행을 통해서 본래 마음을 깨닫는 것을 견성성불(見性成佛)이라고 합니다.

우주의 근본 실상은 물질이 아니기 때문에 이름을 붙일 수가 없어 부득이 '마음'이라고 부른 것입니다. 그러나 본래는 모양이 없으니 어떤 이름도 붙일 수가 없습니다. 그래서 문자와 언어를 떠난 자리를 바로 '체'라고 이야기 하는 것입니다.

'용'이라는 것은 체에서 작용을 통해서 나타나는 현상세계, 물질의 세계를 말하는 겁니다. 본래 실상은 모양이 없어서 어떤 이름도 붙일 수가 없는 자리이니 모양이 없는 자리에서 인연 따라 나타나는 현상계는 우리 눈에 모양이 있는 것으로 보이지만 역시 모양이 아닙니다. 허깨비나 꿈속에서 나타나는 허망한 모양과 같아서 공하다는 것입니다.

《반야심경》에서 '색(色)'과 '공(空)'이 둘이 아닌 하나라고 했듯이 '체'와 '용'도 분명 하나이고 둘이 아닙니다. 유위법(有爲法)은 물질로 된 세계 뿐만아니라 우리가 마음속으로 좋다 나쁘다 하는 생각들도 모두 유위법이라고 할 수가 있습니다. 예를 들어, 시간적으로 볼 때 원자 자체도 1초에

99억 번을 진동하고 있기 때문에 시간성, 공간성이 없습니다. 그러니 물질이 본질적으로는 입자(粒子)가 아니라 에너지 즉, 파동(波動)이라는 현대 물리학의 입장과도 상통합니다.

　다시 말해 '체'는 문자와 언어로 표현 할 수 없는 자리를 말하는 것이고 '체'에서 작용을 통해 인연 따라 나타나는 '용'의 현상계 역시 모양이 아니라는 이 도리를 아셔야 됩니다. '체'와 '용'을 바로 아셔야지《직지》의 내용을 이해할 수가 있습니다.

《자유인의 길, 직지심경》은 2006년, 2009~2010년에 청주 시민과 불자들을 대상으로 강의한《직지》강의 내용을 정리해서 불자들의 실제적인 수행에 도움이 되도록 엮었습니다. 이번에 출간하는《자유인의 길, 직지심경》은《직지》상권 가운데 중국의 조사 48분의 깨달음의 노래와 선문답을 모아 해설한 책입니다. 앞으로 하권도 추가로 발간할 계획입니다.

이 책은 여러 분들이 정성스런 노고가 있었기에 나올 수 있었습니다. 강의를 녹취한 정향미 불자님을 비롯한 혜은사 신도님들과 책을 단정하게 장엄해 준 도서출판 비움과소통 김성우 대표님과 관계자 분들께 깊이 감사드립니다. 많은 국민이 《직지》의 이름만 알고 내용을 잘 모르는 상황에서, 이번 강의록이 국민의 심성을 정화하고 맑고 밝고 아름다운 사회를 건설하는 밑거름이 되길 발원합니다.

청원 혜은사에서 덕산 합장

직지심경 — 중국 조사편

直指

마음의 해탈을 얻은 선종 조사들

보리달마(菩提達磨, ? ~ 528?)

중국 선종의 창시자. 범어(梵語)로는 보디 다르마이며 보리달마로 음사(音寫)하는데, 달마는 그 약칭이다. 남인도 향지국(香至國)의 셋째 왕자로, 후에 스님이 되어 선(禪)에 통달했다. 520년경 중국에 들어와 북위(北魏)의 낙양(洛陽)에 이르러 동쪽의 숭산(嵩山) 소림사(少林寺)에서 9년간 면벽좌선(面壁坐禪)하고 나서, 선법(禪法)을 제자 혜가(慧可)에게 전수했다. 달마 대사는 《능가경(四卷楞伽經)》을 중시하고 이입(二入)과 사행(四行)의 가르침을 설파해 당시 교학불교와는 다른 참선을 통해 진리를 실천하는 새로운 불교를 전했다.

1. 성스러운 진리는 결코 없다

보리달마

제28조 보리달마가 반야다라 조사에게 물었다.

"저는 이미 법을 얻었는데, 이제 어느 나라로 가서 불사를 하면 되겠습니까?"

반야다라 존자가 말했다.

"그대가 법을 얻었다고는 하나 아직 멀리 떠나지는 말라. 우선 남천축에 머물렀다가 내가 열반에 든지 67년 뒤에 중국으로 가서 큰 법의 묘약을 마련해 놓고 곧바로 상근기들만을 교화하라. 행여 너무 빨리 떠나서 순식간에 쇠락하는 일이 없도록 하라. 그대가 교화할 지방에서는 깨달음을 얻을 사람이 헤아릴 수 없을 정도로 많을 것이다."

본강에 들어가기 전에 먼저 참선에 대해서 알아보도록 하겠습니다. '직지(直指)'의 본뜻은 바로 가르친 자리 즉 '선'을 의미합니다. 이 자리는 문자와 언어를 초월한 자리입니다. '선'을 다른 말로 '부처님'이라고 하고, '도'라고도 합니다. '선'을 이해해야만 직지에 대해서도 이해하실 수가 있습니다.

참선(參禪)이란 선을 참구한다는 뜻입니다. '참구할 참'자에 '닦을 선자'를 쓰는데 마음을 참구하는 수행을 말합니다. 마음이라고 하니까 우리가 일상적으로 쓰는 마음을 생각할 수 있겠지만, '선'이라고 했을 때는 우주를 하나로 보는 마음자리를 말합니다. 내 마음과 본래마음을 둘로 나눈다면 이분법적인 사고가 되어 외도(外道)라고 부릅니다. '선'은 우주의 진여실상(眞如實相)인 어떤 문자와 언어로도 표현할 수 없는 생명의 자리, '본래마음'을 이야기 합니다. 마음은 모양이 없기 때문에 있다고 할 수도 없고, 아주 없다고도 할 수 없는 자리여서 시공을 초월한 것입니다.

불자님들은 각자 가정을 가지고 살림살이를 하고 있습니다. '하나'의 마음자리에서 보면 우리는 우주를 살림하고 있습니다. 우주를 하나로 보고 하나의 자리를 깨닫기 위해서 우리가 정진하는 것입니다. 《반야심경》 말미에 "아제 아제 바라아제 바라 승아제 모지 사바하" 는 "건너 가자! 건너 가자! 필경 성불한다!" 라고 알고 계신데, "정진하자! 정진하자! 너도 나도 정진하면 너 나 할 것 없이 필경 성불한다!" 라고 이해하시면 됩니다.

불자들에게는 정진이 생명이 되어야 됩니다. 정진을 하지 않는다면 불자라고 할 수가 없습니다. 불자(佛子)라고 했을 때는 '부처님의 아들'이라는 말입니다. 그렇다면 부처님 자식이니까 언젠가는 우리도 부처가 될 수 있다는 믿음을 갖고 정진을 하셔야 됩니다. '직지'를 공부 하는 이유도 우리가 불교를 제대로 알고 바른 정진을 할 수 있는 길을 배우고자 하는 것입니다.

불교를 이론적으로 많이 안다고 해도 아무런 소용이 없습니다. 불교란 말은 글자 그대로 '부처님의 가르침'인데, 이를 한 마디로 한다면 우주가 하나의 마음이란 사실을 일러준 것입니다. 하나의 마음자리는 본래 나와 하나이기 때문에 하나가 되기 위해서 끊임 없는 정진을 하셔야 됩니다.

불자님들에게 가장 중요한 것은 도반입니다. 내가 일생을 통해 어떤 도반을 만나느냐에 따라서 삶이 바뀝니다. 주위에 열심히 정진하는 분이 계시다면 그 도반을 통해서도 자기의 수행에 도움을 받을 수 있다는 뜻입니다. 저는 수행자로서 항상 정진을 전제로 말씀을 드리는데, 앞서 말씀 드린 대로《직지》강의를 하는 것도 불교를 바로 알고 정진을 통해 공부하시기를 바라는 마음인 것입니다. 그럼 본문으로 들어가겠습니다.

달마 스님께서는 반야다라 스승으로부터 법을 받으시고 "어느 나라로 가서 법을 전해야 됩니까?" 하고 묻고 계십니다. 그 당시 인도에는 많은 종파가 생겨났지만 모두 외도(外道)를 숭상하고 있었습니다. 그래서 달마 스님께서는 중국에 오시기 전에 인도의 수많은 종파의 종주들을 찾아다니며 교화를 다 시키셨습니다.

반야다라 존자는 "내가 열반에든지 67년 뒤에 중국으로 가라"고 말씀 하셨어요. 그럼 달마 스님이 중국에 오셨을 때는 연세가 어떻게 되시겠습니까? 문헌상에는 120세라고 기록이 되어 있습니다.

반야다라 스승께서는 하나[一心]의 도리를 상근기들만을 대상으로 교화하라고 말씀을 하십니다.

　달마 스님께서 중국에 오셨을 때 양나라 무제를 만나게 되는데, 무제는 문무 백관을 상대로《금강경》을 강의하셨던 분이지만, 경의 참 뜻을 이해하지는 못했습니다. 《금강경》의 핵심은 부처님께서 깨달으신 진리의 실상 즉, '체(體)'를 이해시키기 위해서 설해주신 가르침입니다. 양 무제는 이 가르침을 이해하지 못하고 달마 스님께 자기 자랑만 늘어놓습니다. 그러나 달마 스님께서는 상근기를 제도하기 위해 중국에 오셨기 때문에, 실상 차원에서 양 무제의 사찰 및 탑 조성 불사가 "아무 공덕이 없다"고 말씀을 하십니다.

　당시 그 자리에는 학문적으로 공부하신 큰스님들은 모두 참석을 했답니다. 그러나 달마 스님께서 말씀하시는 우주의 근본 실상인 '체'를 전혀 이해하지 못했던 것입니다. 교학승들은 도리어 달마 스님을 외도라며 시기와 질투를 하게 됩니다. 그래서 달마 스님께서는 소림사에 가셔서 면벽 수행을 하십니다. 오늘날도 그때 수행하셨던 동굴이 보존이 되어 있다고 합니다. 달마 스님께서 상근기만을 교화하기 위해서 중국에 왔지만, 반야다라 스승께서는 순식간에 쇠락하는 일이 없도록 부탁을 하십니다. 결국 달마 스님께서 중국에 선(禪)을 전하면서 깨달음을 얻는 분들이 수 없이 많이 출현을 했습니다.

　그 후에 보리달마 조사는 마음으로 중국을 생각하고 있다가 인연이 무르익어 떠날 때가 되었음을 알고서 먼저 스승인 반야다라 존자의 탑에 가서 하직 인사를 올린 다음 함께 공부하던 도반들과도 작별을 고했다.

그리고 나서 왕궁으로 가서 왕을 만나 위로하고 독려했다.

"선업(善業)을 부지런히 닦고 삼보를 잘 지키시기 바랍니다. 제가 가더라도 오래 있지는 않을 것이니, 19년 뒤에 반드시 돌아오겠습니다."

왕은 조사의 말을 듣고 슬픔이 북받쳐 눈물을 흘리며 말했다.

"이 나라에는 무슨 죄가 있으며, 저 나라에는 무슨 복이 있는 것입니까! 숙부께서 인연이 그러하시다니 제가 말릴 수는 없겠습니다. 다만 모국을 잊지 마시고 일을 마치신 대로 속히 돌아오시기 바랍니다."

그리고 나서 왕은 큰 배를 마련하여 온갖 보물을 가득 채워 주고 몸소 신하들을 거느리고 바닷가까지 나가 전송했다.

달마 조사는 배를 타고 3년간 바다를 항해한 뒤에 남해에 도착했으니, 때는 양나라 보통 8년 정미년 9월 21일이었다.

~ 해설 ~

달마 스님께서는 항상 법을 전하겠다는 생각을 가지고 있었습니다. 중국에 법을 전할 인연이 무르익어서 반야다라 스승의 탑에 가서 하직 인사를 올린 후 같이 공부하던 도반들과도 작별을 고한 다음 향지국의 왕을 찾아가게 됩니다.

"선업을 부지런히 닦고 삼보를 잘 지키시기 바랍니다. 제가 가더라도 오래 있지는 않을 것이니 19년 뒤에 반드시 돌아오겠습니다."

여기 내용에는 19년 후에 인도로 돌아오겠다고 하시는데, 다른 문헌상

조선 중기의 화가 연담(蓮潭) 김명국(金明國)의 달마도.
(국립중앙박물관 소장)

에는 정확히 나와 있지는 않습니다.

향지국 왕은 달마 조사의 말을 듣고 슬픔이 북받쳐 눈물을 흘리며 "이 나라에는 무슨 죄가 있고 중국에는 무슨 복이 있습니까?" 하고 말씀을 하십니다.

한 나라에 위대한 성자가 있다고 하는 것은 불교의 입장으로 보았을 때 복이 있는 것입니다. 위대한 성자의 주위에는 굉장히 맑은 기운이 발생이 됩니다. 우주를 하나로 보고 마음을 쓰는 성인에게 보시를 하게 되면 무한한 공덕이 됩니다.

십대 제자 중 가섭 존자는 천인들의 공양물을 항시 받았는데, 부처님께서는 야단을 치셨습니다. 부처님께서도 그 당시에 탁발을 나가셨는데, 부자든 가난하든 일곱 집만을 찾아다니시며 탁발을 하셨습니다. 부처님께서는 가난하든, 부자든 똑같은 공덕을 나눠주기 위해서 찾아 다니셨던 것입니다. 그래서 가섭 존자에게도 천인들에게 공양을 받지 말고 탁발을 하라고 말씀하셨던 겁니다. 부처님과 달마 스님께서는 무엇을 행하는 대상이 따로 없고, 대상이 우주와 하나이고 우주를 상대로 하기 때문에 끝이 없는 복이 됩니다.

광주의 자사인 소앙이 지극한 예를 갖추어 보리달마 조사를 영접하고 양무제에게 표를 올려서 보고했다. 무제는 소앙의 보고를 받고 사자를 보내서 달마 조사를 맞아들였다.

그리하여 달마 조사가 10월 1일에 금릉에 이르니, 무제가 이렇게 물었다.

"짐이 왕위에 오른 이래로 절을 짓고 불경을 베껴썼으며 출가스님을 배출한 일이 헤아릴 수 없이 많은데, 어떤 공덕이 있겠습니까?"

달마 조사가 답했다. "아무런 공덕이 없습니다."

무제가 다시 물었다.

"어째서 아무런 공덕이 없다고 말하는 것입니까?"

"그것은 다만 인간과 하늘에 나게 되는 작은 과보이고 유루(有漏)의 인연일 뿐입니다. 마치 그림자가 형상을 따르는 것과 같아서 비록 있는 것 같아도 진실한 것이 아닙니다."

"그렇다면 도대체 무엇이 진실한 공덕입니까?"

"청정한 지혜는 미묘하고도 둥근 것이어서 그 본체가 스스로 텅 비고 고요한 것이니, 이러한 공덕은 세상의 이치로는 구할 수가 없는 것입니다."

"도대체 무엇이 거룩하고 으뜸가는 진리입니까?"

"성스러운 진리는 결코 없습니다."

"그렇다면 짐과 마주 앉아 있는 당신은 대체 누구입니까?"

"모르겠습니다."

그러나 무제는 조사의 말뜻을 깨닫지 못했다. 그 후 조사는 갈대 잎 하나를 타고 강을 건너서 위나라로 갔다. 그 곳에 가서 숭산의 소림사에 머물면서 벽을 향해 앉아서 종일토록 한 마디 말도 하지 않자 아무도 그를 알아보는 이가 없었고, 사람들은 그를 그저 '벽만 바라보는 바라문'이라고 불렀다.

　양 무제는 곤룡포에 가사를 두르고 《금강경》을 강의하셨던 분입니다. 불심천자(佛心天子)라고 알려져 있고 불사(佛事)도 많이 하신 것에 대해 어떤 공덕이 있겠느냐고 달마 스님께 묻고 계십니다. 그러자 달마 스님께서는 아무런 공덕이 없다고 대답을 하십니다. 당시 중국 대륙에 도인스님들은 양 무제가 한 행위에 대해서 공덕이 무량하다고 말씀을 하셨는데, 달마 스님께서는 아무런 공덕이 없다고 하신 것입니다. 중국의 도인스님들은 교학승이었기 때문에 학문적으로 보고 말씀을 하셨지만, 달마 스님께서는 시공을 초월한 입장에서 양 무제가 행한 것은 '새는 복[有漏福]'이 되고, 그런 공덕은 인연이 다하면 박복하게 되니 공덕이 없다고 하신 것입니다.

　양 무제가 질문합니다.

　"그렇다면 도대체 무엇이 진실한 공덕입니까?"

　"청정한 지혜는 미묘하고도 둥근 것이어서 그 본체가 스스로 텅 비고 고요한 것이니, 이러한 공덕은 세상의 이치로는 구할 수가 없는 것입니다."

　청정한 지혜가 미묘하고도 둥근 것은 우주의 근본 실상인 반야자리를 말씀하시는 것입니다. 하나의 마음세계를 뜻합니다. 우주를 상대로 하는 행위가 진실한 공덕이라는 말씀입니다.

　무제가 또 묻습니다.

"도대체 무엇이 거룩하고 으뜸가는 진리입니까?"

"성스러운 진리는 결코 없습니다."

성스러운 진리의 당체는 어떤 표현도 할 수 없습니다. 그 자리를 성스럽다, 진리다 하고 표현하는 것은 옳지 않습니다. 성스러운 진리라는 것이 따로 있을 수 없다는 말입니다.

"그렇다면 짐과 마주 앉아 있는 당신은 대체 누구입니까?"

"모르겠습니다."

마주 앉아 있는 형상을 보고 양 무제가 물었지만, 달마 스님은 이미 모양이 없는 자리에 와 있으니까 모르겠다고 말씀을 하십니다.

그러나 무제는 보리달마 조사의 말뜻을 깨닫지 못했습니다. 그 후 달마 조사는 위나라 숭산의 소림사에 머물면서 벽을 향해 앉아서 종일토록 한마디 말도 하지 않고 2조 혜가 대사를 기다립니다. 사람들은 그를 그저 '벽만 바라보는 바라문'이라고 불렀는데, 바라문은 범천(梵天)의 신에게 제사를 올리는 인도의 외도 성직자들입니다. 당시 사람들은 인도에서 온 수행자라 바라문인 줄 알고 그렇게 불렀던 것 같습니다.

이조혜가(二祖慧可, 487~593)

남북조(南北朝)시대의 스님. 속성은 희(姬), 초명 신광(神光). 하남성 낙양 부근 무로(武牢) 출생. 젊어서는 노·장(老莊)과 유학을 공부했으나 후에 출가했다. 달마 대사의 제자가 되었을 때, 눈 속에서 왼팔을 절단하면서까지 구도(求道)의 원력을 보인 '혜가단비(慧可斷臂)'라는 일화가 유명하다. 6년간 수행한 끝에 훗날 인가를 받아 선종의 제2조(祖)가 된 그는 스승의 선법(禪法)을 계승해 각지에서 포교하다가 사람들의 미움을 받아 처형되었다. 제자에 선종 제3조 승찬(僧璨)이 있다.

2. 팔을 잘라 도를 구하다

이조혜가

그때 신광이라는 스님이 있었는데, 이치에 통달한 선비였다. 그 스님은 오랫동안 이락(伊洛: 낙양 인근 이수와 낙수 사이의 지명)에 살면서 여러 가지 서적을 많이 읽어 현묘한 이치를 막힘없이 이야기했다. 그러나 그는 늘 이렇게 탄식했다.

"공자와 노자의 가르침에는 예절과 규범들뿐이며, 《장자》와 《주역》에는 미묘한 이치가 완전하게 설명되지 않았다. 요사이 달마라고 하는 큰스님이 소림사에서 지내고 있다고 들었다. 지극한 인물이 멀지 않은 곳에 계시니 깊은 경지로 나아가게 될 것이다."

그리하여 신광은 달마 대사에게 가서 아침 저녁으로 예를 갖추고 가르침을 구했다. 하지만 달마 대사는 언제나 벽을 향해 단정히 앉아 있을 뿐 그에게 아무런 가르침도 주지 않았다.

신광은 이에 결심했다.

'옛 사람들은 도를 구할 때 뼈를 두드려 골수를 빼고 피를 뽑아서 굶주린 중생을 구해주었고, 머리카락을 진흙땅에 덮고 벼랑에서 몸을 던져 굶주린 호랑이를 먹였다. 옛 사람들도 그렇게 했는데 내 어찌 그렇게 하지 못하겠는가!'

그 해 12월 9일 함박눈이 내리던 날 밤에 신광은 꼼짝도 하지 않고 눈을 맞으며 서 있었다. 새벽녘에는 그의 무릎 높이까지 눈이 쌓였다.

달마 대사는 신광을 불쌍히 여겨 물었다.

"그대는 대체 무엇을 구하려고 그리 오랫동안 눈 속에 서 있는가?"

그러자 신광은 슬피 울면서 간청했다.

"스님, 제발 자비를 베푸시어 감로의 문을 열어서 중생을 널리 제도하여 주십시오."

이에 달마 대사가 말했다.

"모든 부처님의 위없는 지극한 도는 오랜 겁 동안 쉬지 않고 닦아야 하며, 행하기 어려운 일을 행하고, 참기 어려운 일을 참아내야 한다. 어찌 작은 덕과 작은 지혜, 경솔한 마음과 교만한 마음으로 참된 가르침을 바라는가? 부질 없이 애쓰지 말라."

신광은 달마 대사의 가르침을 듣자 슬며시 날카로운 칼을 뽑아들더니 자기 왼쪽 팔을 잘라서 대사 앞에 내려놓았다. 그런 모습을 본 대사는 그가 바로 법기임을 알고 이렇게 말했다.

"모든 부처님들도 처음에 도를 구하실 때에는 법을 얻기 위해 자기 몸을 내던지셨다. 그대가 이제 내 앞에서 팔을 자르면서까지 도를 구하니 구할 만 하구나."

그리고 대사는 지난 인연에 따라서 신광의 이름을 혜가로 바꿔주었다.

신광이 말했다.

"모든 부처님의 법인(法印: 진리의 핵심)을 들려주시겠습니까?

달마 대사는 대답했다.

"모든 부처님의 법인은 사람으로부터 듣는 것이 아니다."

"제 마음이 아직 편안하지 않습니다. 스님께서 저를 편안하게 해주십시오."

"마음을 가져오면 내가 그대의 마음을 편하게 해주겠다."

"아무리 찾아도 마음을 찾을 수가 없습니다."

달마 조사는 말했다.

"그대의 마음을 편안하게 해주었다."

해설

　달마 스님께서 9년 동안 벽만 바라보고 정진 하실 때, 신광이라는 분을 만나게 되는데 이 분은 광명이 비추는 꿈을 꾸고 태어난 분이랍니다. 그래서 부모님께서 이름을 신광이라고 지어주었고 머리가 총명한 분이셨답니다. 선비이며 유학을 공부하신 분이셨지만 생사 문제를 해결하겠다는 큰 원력을 세웠던 분입니다. 근기가 수승하다고 하면 과거 생에 수행을 많이 하신 분이라고 볼 수 있습니다.

　신광은 소림사에 계시던 달마 스님을 찾아가 정진하시는 토굴 앞에서 아침 저녁으로 예를 갖추고 문안을 드렸지만, 달마 대사는 벽만 바라볼 뿐 아무 말도 없으셨습니다. 그러나 사실은 달마 스님께서 제자의 근기를 보기 위해 기다리셨던 겁니다.

신광은 이에 결심했습니다.

'옛 사람들은 도를 구할 때 뼈를 두드려 골수를 빼고 피를 뽑아서 굶주린 중생을 구해주었고, 머리카락을 진흙땅에 덮고 벼랑에서 몸을 던져 굶주린 호랑이를 먹였다. 옛 사람들도 그렇게 했는데 내 어찌 그렇게 하지 못하겠는가!'

이 부분은 석가모니 부처님 과거 수행담에 나오는 이야기입니다. 석가모니 부처님께서는 도를 구하기 위해서 당신의 모든 것을 여러 중생에게 베풀어 주십니다.

그 해, 12월 9일 함박눈이 내리던 날 밤에 신광은 꼼짝도 하지 않고 눈을 맞으며 서 있었습니다. 새벽녘에는 그의 무릎 높이까지 눈이 쌓였습니다. 신광(혜가) 역시 도를 구하고자 하는 마음이 간절했던 분입니다. 이렇게 도를 구하고자 하는 마음이 간절할 때 도를 구하게 되는 거죠. 절대로 그냥 얻어지는 것이 아닙니다.

달마 대사는 신광을 불쌍히 여겨 물었습니다.

"그대는 대체 무엇을 구하려고 그리 오랫동안 눈 속에 서 있는가?"

그러자 신광은 슬피 울면서 간청했습니다.

"스님 제발 자비를 베푸시어 감로의 문을 열어서 중생을 널리 제도하여 주십시오."

신광이 달마 스님을 뵙기 위해 눈을 맞으며 밤새도록 합장을 하고 서있었던 것입니다.

무릎까지 눈이 쌓이게 되었을 때 비로소 달마 스님께서 '근기 있는 제자를 만났구나' 하시며 혜가를 맞아 드립니다. 감로(甘露)는 천인들이 먹는 음료수를 말하는데 감로를 열어달라고 하시는 말씀은 중생에게 마음을 편안히 해줄 수 있는 가르침을 말합니다. 마음이 편해지기 위해서는 우주의 근본실상에 눈을 떠서 하나가 되면 모든 경계가 다 끊어져 마음에도 번뇌가 일어나지 않겠죠. 좋다는 생각, 나쁘다는 생각, 시간 · 공간성이 모두 끊어지게 되는데 이것을 감로라고 합니다.

이에 달마 대사가 말했습니다.

"모든 부처님의 위없는 지극한 도는 오랜 겁 동안 쉬지 않고 닦아야 하며, 행하기 어려운 일을 행하고, 참기 어려운 일을 참아내야 한다. 어찌 작은 덕과 작은 지혜, 경솔한 마음과 교만한 마음으로 참된 가르침을 바라는가? 부질없이 애쓰지 말라."

다시 한 번 혜가의 근기를 확인하기 위해서 하시는 말씀입니다. 도를 구한다는 것은 쉽게 되는 것이 아닙니다. 끊임없는 정진과 행하기 어려운 일을 행해야 되며, 참기 어려운 것을 참아야 됩니다. 부처님이나 보살님들의 과거 수행담을 보면 상상을 초월하는 수행을 하셨습니다. 남이 하기 어려운 행을 할 때 무한한 공덕이 쌓이게 되는 겁니다.

부처님이라고 하면 덕과 지혜를 갖춘 분인데 이는 우주를 하나로 보고 하나로 쓸 수 있는 분을 말합니다. 사람들은 전지전능(全知全能)이라는 말을 기독교 용어로 아시겠지만 사실은 불교 용어입니다. '전지'는 모든 것을 다 아는 것을 말하고, '전능'이라는 것은 모든 것을 다 할 수 있는 능력을 말합니다. 전지전능이란 것은 우주적인 하나의 차원에서 이해를 하셔야 됩니다. 마찬가지로 '부처님'이라 했을 때 역사적으로 출현했던 석가모니 부처님만을 생각 하시면 안됩니다. 석가모니 부처님을 천백 억 화신으로 나툴 수 있는 부처님이라고 합니다. 그러니 눈앞에 펼쳐진 모든 현상계가 사실은 부처님으로 나타난 것입니다. 이 세상 어떤 것도 우주의 근본인 '하나의 부처님'으로부터 나오지 않은 것이 없습니다.

'일체 현상계가 마음에서 나왔다'는 것은 일체 현상계가 마음이라는 의미입니다. 그 마음을 인격적으로 부처님이라고 합니다. 눈을 뜨고 보았을 때 우주 삼라만상이 부처 아닌 게 없습니다. 현상계와 우주의 근본 실상은 둘이 아닌 하나라는 의미입니다. 기독교에서 전지전능이라 했을 때 유일신(唯一神) 사상에서는 맞는다고 할 수 있어요. 유일신 사상은 우주를 하나의 신으로 보았고 불교는 하나의 마음으로 본 것입니다. 기독교나 불교는 모두 '우주가 하나에서 시작되었다'고 본다고 할 수 있습니다.

신광은 달마 대사의 가르침을 듣자 슬며시 날카로운 칼을 뽑아들더니 자기 왼쪽 팔을 잘라서 달마 대사 앞에 내려놓았습니다. 그런 모습을 본 달마 대사는 그가 바로 법기(法器)임을 알아차립니다.

달마 스님의 다른 문헌에 보면 신광이 칼을 뽑아서 자기의 팔을 잘랐을 때 피가 흐른 곳에 약초가 자랐는데, 약초를 바르자 팔이 다시 붙었다고 합니다. 도를 구하기 위해서 팔을 잘라서 바친다는 것이 쉽지 않기 때문에 신광은 대 근기(根機)를 가지고 있던 분이었던 것 같습니다. 달마 스님께서도 법을 이어 받을 만한 법기라고 인정을 하는 부분입니다.

그리고 조사는 지난 인연에 따라서 이름을 혜가로 바꿔주었습니다. 지난 인연이란 과거 생에 달마 스님과 인연이 있었단 말입니다. 그 인연에 따라 혜가라는 법명을 지어 주셨던 것입니다.

신광이 말했습니다.

"모든 부처님의 법인을 들려주시겠습니까?"

'모든 부처님의 깨달음의 세계를 일러주시겠습니까?' 하고 신광이 달마 스님께 말씀을 하십니다. 법이란 '하나의 도리'를 말합니다.

달마 대사는 대답했습니다.

"모든 부처님의 법인은 사람으로부터 듣는 것이 아니다."

부처님의 법인은 깨닫는 것이지 사람으로부터 듣는 것이 아니라는 말씀입니다. 길은 일러줄 수가 있습니다. 우주의 근본 실상은 하나의 마음으로 되어있다고 말씀은 드리지만 어떤 표현을 할 수 없는 자리이기 때문에 사실 마음이라고 해도 맞지 않습니다. 깨달음의 세계는 말로써 전할 수 없다는 뜻입니다.

"제 마음이 아직 편안하지 않습니다. 스님께서 저를 편안하게 해주십시오."

"마음을 가져오면 내가 그대의 마음을 편하게 해주겠다."

"아무리 찾아도 마음을 찾을 수가 없습니다."

보리달마 조사는 말했다.

"그대의 마음을 편안하게 해주었다."

혜가가 아직 깨닫지 못하여 불안하고 답답한 마음이 남아 달마 스님께 마음이 편안치 않으니 편안하게 해달라고 말씀을 하십니다. 그러자 달마 스님께서는 편안하지 않은 그 마음을 가져오면 마음을 편안하게 해주겠다고 하십니다.

여러분도 마음을 찾을 수 있겠습니까? 혜가 스님께서 마음을 아무리 찾아도 찾을 수가 없다고 하자, 달마 스님께서 그대의 마음을 편안하게 해주었다고 말씀하신 것입니다. 그 마음은 찾아야만 되는데, 혜가는 아직 찾지 못했기 때문에 마음이 편할 리가 없죠.

마음을 가져오면 편안하게 해주겠다는 말씀은 화두가 될 수 있습니다. 이것이 간화선 수행이고, 우주의 근본 실상을 이해하고 수행하는 것은 조사선 수행입니다. 스스로 마음을 찾아 깨닫게 될 때 마음이 편안해질 수 있다고 달마 스님께서는 말씀하고 계십니다.

하루는 보리달마 대사가 혜가 스님에게 말했다.

"그대가 밖의 모든 인연을 끊고 안의 마음에 헐떡임이 없게 하여 마음이 장벽과 같아야만 도에 들어갈 수가 있으리라."

혜가는 여러 가지로 마음과 성품을 설명해 보았지만 그 어느 것에도 계합하지 못했다. 그러던 어느 날 홀연히 그 이치를 깨닫고서 이렇게 말했다.

"저는 이미 모든 인연이 다 그쳤습니다."

보리달마 대사가 물었다.

"단멸을 이루지 않았느냐?"

"없습니다."

보리달마 대사가 다시 물었다.

"그대는 어떠한가?"

"밝고 밝아 어둡지 않으며, 분명하게 깨달아 언제나 알기에 말하려 해도 말로는 미칠 수 없습니다."

"그것이 바로 모든 부처님과 모든 조사님들이 전하는 마음의 본체이니, 다시는 의심하지 말라."

"그대가 밖의 모든 인연을 끊고 안의 마음에 헐떡임이 없게 하여 마음이 장벽과 같아야만 도에 들어갈 수가 있으리라."

달마 스님께서 밖의 모든 인연을 끊으라 한 말씀은 내 마음이 일체와 하나이기 때문에 대상이 다 끊어진 것을 뜻합니다. 마음에서 깨닫고자 하는 마음을 일으키면 상기(上氣)가 일어날 뿐만 아니라 공부가 잘 안될 수도 있어요. 마음을 편안하게 집중해서 가라앉혀야 됩니다. 비유하자면 흙탕물을 맑힌다고 물을 휘저으면 점점 탁해지잖아요. 그럴 때는 가만히 놔두면 흙탕물이 가라앉아 물이 맑아집니다. 이와 마찬가지로 우리가 깨닫고자 하는 마음을 일으키게 되면 수행이 더 안 된다는 말입니다.

'장벽과 같다'는 말씀은 오직 한생각이 마음에 꽉 차야 된다는 뜻입니다. '이 뭣꼬?' 화두를 들던 관세음보살, 지장보살님을 찾던 앞뒤가 다 끊겨서 한생각으로 꽉 차야 됩니다. 그래서 하나의 도리를 깨닫게 되었을 때, '한소식 했다'고 하는 것입니다.

혜가는 여러 가지로 마음과 성품을 설명해 보았지만 그 어느 것에도 계합하지 못했습니다. 지식으로 배운 것을 달마 스님께 설명을 하지만 문자와 언어로 표현할 수 없는 도와는 계합을 하지 못합니다.

그러던 어느 날, 혜가는 홀연히 그 이치를 깨닫고서 이렇게 말했습니다.

"저는 이미 모든 인연이 다 그쳤습니다."

혜가 스님이 하나의 도리를 깨닫게 되었다는 말씀입니다. 거기에는 모든 경계가 끊어졌기 때문에 인연이 다 끊어졌다고 한 것입니다.

달마 대사가 물었습니다.

"단멸을 이루지 않았느냐?"

달마 스님께서 혜가의 깨달음을 확인하는 것입니다. 단멸이라는 말은 불교에서는 없습니다. 대신 '중도(中道)'라고 말씀을 드렸습니다. 깨달음의 자리에서는 있다 없다, 입을 떼면 도하고는 멀어지게 되는 것입니다. 그래서 혜가가 나름대로 깨쳤다고 하니까, 달마 스님께서 "단멸을 이루지 않았느냐?" 하고 묻고 계십니다.

"없습니다."

혜가 스님이 확실하게 중도의 도리에 눈을 뜨신 겁니다.

달마 대사가 다시 물었습니다.

"그대는 어떠한가?"

"밝고 밝아 어둡지 않으며, 분명하게 깨달아 언제나 알기에 말하려 해도 말로는 미칠 수 없습니다."

"그것이 바로 모든 부처님과 모든 조사님들이 전하는 마음의 본체이니 다시는 의심하지 말라."

밝고 밝아 어둡지 않다는 말은 하나의 우주 실상을 비춰볼 수 있는 것을 말합니다. 확실하게 우주의 실상에 눈을 뜬다면 의심할 수 없습니다.

달마 대사는 9년이 지나자 서천축국으로 돌아가려고 했다. 이에 문하의 제자들에게 말했다.

"이제 돌아갈 때가 되었다. 그대들은 각자 얻은 바를 말해 보아라."

그때 문인 도부가 대답했다.

"제가 얻은 바로는 '문자에 집착하지 않고 문자를 떠나지도 않으면서 그것을 도의 작용으로 삼아야 한다'는 것이었습니다."

달마 대사가 말했다.

"그대는 나의 가죽을 얻었다."

총지가 말했다.

"제가 지금 이해한 바는 경희(아난)가 아축불국을 한 번 보고는 다시는 보지 못한 것입니다."

달마 대사가 말했다.

"그대는 나의 살을 얻었다."

도육이 말했다.

"사대가 본래 공하고 오온이 있지 않으니, 제가 얻은 것은 '한 가지 법도 얻을 것이 없다'는 것입니다."

달마 대사가 말했다.

"그대는 나의 뼈를 얻었다."

마지막으로 혜가 대사가 나와 스승에게 삼배를 올린 뒤에 그 자리에 그대로 서 있자, 달마가 말했다.

"그대는 나의 골수를 얻었다."

그리고 나서 혜가를 돌아보며 말했다.

"옛날 여래께서 정법안장(正法眼藏)을 가섭에게 부촉하신 이래 대대로 이어지다 나에게 이르렀다. 내가 이제 그대에게 부촉하니 그대는 잘 지키고 간직해야 한다. 아울러 나의 가사도 그대에게 함께 주어서 법에 대한 믿음으로 삼도록 할 것이다. 그것들이 각기 상징하는 바가 있음을 알아야 하리라."

혜가가 청했다.

"스님, 자세히 가르쳐 주십시오."

"안으로는 심인(心印)을 전수하여 본심에 계합되었음을 증명하고, 밖으로는 가사를 부촉하여 종지를 드러내는 것이다. 후세의 경박한 사람들이 얄팍하게 온갖 의심을 다투어 일으키면서, '달마는 서천축국 사람인데, 이 지역의 사람인 그대가 교법을 얻었다는 것을 어떻게 증명할 수 있는가'라고 의심할 것이다.

그대는 이제 이 가사와 법을 받아두었다가 훗날 어려움이 생겼을 때 이 가사와 나의 게송을 꺼내어 증명의 징표로 삼는다면 교화하는 데에 어려움이 없을 것이다. 내가 열반에 들고 200년이 지나면 이 가사는 더 이상 전해지지 않을 것이다. 그렇더라도 법만은 갠지스 강의 모래알처럼 많은 세계에 두루 하게 될 것이다. 도를 밝히려는 사람은 많아도 도를 실천하려는 사람은 적으며, 이치를 말하려는 사람들은 많아도 이치에 통달한 사람은 적을 것이다. 그러나 가만히 진리에 부합되고 비밀스럽게 증명하는 사람이 천만 명을 넘을 것이니 그대는 이 법을 널리 펼쳐서 깨닫지 못한 사람들을 업신여기지 말아야 한다. 한생각이 심기를 돌이키기만 하면 바로 본래부터 깨달은 것과 같을 것이다. 나의 게송을 들어 보아라."

내가 본래 이 땅에 온 것은

법을 전하여 어리석은 중생을 제도하려는 것이었네.

꽃 한 송이에 다섯 잎이 피어났으니

그 결과는 저절로 이루어지리라.

해설

　달마 스님께서 중국에 오실 때 왕인 조카와의 대화에서 19년 뒤에 인도로 돌아오겠다고 하셨어요. 중국에 오셔서 9년 동안 벽만 바라보고 계시다가 혜가를 만나 선(禪)을 전하십니다. 제자들에게 다시 서천축국으로 돌아가겠으니 나름대로 공부한 것을 일러보라고 하십니다.

　그러자 제자 가운데 도부라는 스님께서 "문자에 집착하지 않고 문자를 떠나지도 않으면서 그것을 도의 작용으로 삼아야 한다"고 대답을 하셨습니다. 도부라는 분은 아직까지 눈을 뜨지 못한 분입니다. 왜냐하면 경(經)이라는 것은 깨달음에 이를 수 있는 길을 말씀하신 것인데 길을 알았다면 길만 가면 됩니다. 더 이상 집착할 것이 없는 것입니다.

　동학사에서 눈을 뜨신 경허 스님은 경을 찢어서 벽에 붙이시며 경을 휴지와 같다고 말씀을 하셨습니다. 부처님께서는 뗏목과 같다고 비유를 많이 하셨어요. 뗏목을 타고 목적지에 닿았으면 뗏목을 버리라고 하셨습니다. 하지만 어리석은 사람은 뗏목까지 같이 가져가려고 합니다. 경은 깨닫기 위해 필요하지만 깨닫게 된다면 필요가 없어집니다. 때문에 깨달은 분의 말씀은 법이 될 수가 있는 겁니다.

"문자에 집착하지 않고 문자를 떠나지도 않는다"는 말은 도에 눈을 뜨지 못했기에, 달마스님께서는 "그대는 나의 가죽을 얻었다" 즉, 껍데기를 얻었다고 말씀하십니다.

이번에는 총지가 말했습니다.

"제가 지금 이해한 바는 경희(아난)가 아축불국을 보고서 한 번 보고는 다시는 보지 못한 것입니다."

달마 대사가 말했습니다.

"그대는 나의 살을 얻었다."

총지라는 분은 비구니 스님이신데 이해했다, 보았다, 보지 못했다 하는 표현을 보면 실상에 눈을 뜨지 못한 것입니다. 그래서 달마 스님께서는 "그대는 살을 얻었다"고 하십니다.

이번에는 도육이 말했습니다.

"사대가 본래 공하고 오온이 있지 않으니, 제가 얻은 것은 '한 가지 법도 얻을 것이 없다'는 것입니다."

달마 대사가 말했습니다.

"그대는 나의 뼈를 얻었다."

도육이라는 분은 교학적으로 실상을 확실히 이해는 하고 계십니다. 그러나 한 가지 법도 얻을 것이 없다는 말씀은 아직 실상에 다가서지 못한 것입니다. 왜냐하면 어떤 표현도 할 수 없는데 법을 얻는다, 얻지 못한다는 생각을 가지고 있다면 아직 법을 얻지 못한 것입니다. 그래서 달마 스님께서 그대는 나의 뼈를 얻었다고 하십니다.

마지막으로 혜가 대사가 나와 스승에게 삼배를 올린 뒤에 그 자리에 그대로 서 있자 달마 대사가 말했습니다.

"그대는 나의 골수를 얻었다."

혜가는 스승에게 삼배를 올리고 그 자리에 서 있었습니다. 그러자 달마 스님은 혜가에게 법을 인가했습니다. 혜가 스님은 우주의 근본 실상은 어떤 표현도 할 수 없으니까 나름대로 공부한 것을 행위로 보여준 것입니다. 그래서 달마 스님께서 "나의 골수를 얻었다"고 확실하게 인정을 하십니다.

그리고 나서 혜가를 돌아보며 말했습니다.

"옛날 여래께서 정법안장을 가섭에게 부촉하신 이래 대대로 이어지다 나에게 이르렀다. 내가 이제 그대에게 부촉하니 그대는 잘 지키고 간직해야 한다. 아울러 나의 가사도 그대에게 함께 주어서 법에 대한 믿음으로 삼도록 할 것이다. 그것들이 각기 상징하는 바가 있음을 알아야 하리라."

달마 스님께서 스승으로부터 법을 전하라는 부촉을 다시 혜가에게 전하게 됨으로서 할 일을 마치신 것입니다. 그래서 증표로 가사를 전해주게 되는데 이것이 말세 불교에 나타나는 현상입니다. 서로 마음만 통하면 되는데 의심하는 분들이 있기 때문에 달마 스님께서 미리 아시고 증표로 가사를 전해주시는 겁니다. 실제로 육조혜능 스님까지만 가사가 전달이 됩니다.

"그렇더라도 법만은 갠지스 강의 모래알처럼 많은 세계에 두루 하게 될 것이다."

가사는 혜능스님까지만 전해지지만 달마 스님께서 전하신 법만은 여러 나라로 전해지게 될 것이라고 달마 스님께서 예언하시는 부분입니다.

"도를 밝히려는 사람은 많아도 도를 실천하려는 사람은 적으며, 이치를 말하려는 사람들은 많아도 이치에 통달한 사람은 적을 것이다."

도를 말하는 사람은 많지만 도를 얻는 분들은 많지 않을 것이라는 말씀입니다.

> 내가 본래 이 땅에 온 것은
> 법을 전하여 어리석은 중생을 제도하려는 것이었네.
> 꽃 한 송이에 다섯 잎이 피어났으니
> 그 결과는 저절로 이루어지리라.

달마 스님께서 중국에 오신 것은 법을 전하여 어리석은 중생을 제도하려는 것이었습니다. 꽃 한 송이는 달마 스님 당신을, 다섯 장의 잎은 2조 혜가, 3조 승찬, 4조 도신, 5조 홍인, 6조 혜능 스님 다섯 분을 말씀하는 것입니다. 이것을 꽃 한 송이에 다섯 잎이 피어날 것이라고 비유하며 예언을 하셨습니다. 달마 스님께서 예언 하신대로 위대한 성자가 잇달아 출현하셨던 것입니다. 훗날 비밀스럽게 전해지는 법을 얻은 분들이 수없이 많이 출현하게 된다는 부분까지 예언을 하고 계십니다.

3. 불성은 작용하는 곳에 있다

바라제

이견왕이 바라제 존자에게 물었다.

"무엇이 부처입니까?"

존자가 답했다.

"성품을 보는 것[見性]이 바로 부처입니다."

"그렇다면 스님은 성품을 보셨습니까?"

"예, 나는 불성을 보았습니다."

"불성은 어디에 있습니까?"

"불성은 작용하는 데에 있습니다."

"도대체 이것(불성)은 어떻게 작용하는 것입니까? 저에게는 보이지 않습니다."

"지금도 작용하고 있는데 왕께서 보지 못하고 계신 것입니다."

"저에게도 그러한 작용이 있습니까?"

"왕께서 만약 작용한다면 그것 아닌 것이 없을 것이나, 왕께서 작용하지 않는다면 그 본체 조차도 보기 어려울 것입니다."

"그것이 작용할 때에는 몇 가지로 나타납니까?"

"그것이 작용하여 나타날 때에는 여덟 가지로 나타나게 됩니다."

"여덟 가지로 나타나는 것을 나에게 설명해 주시겠습니까?"

"태(胎)에 있으면 몸이라 하고, 세상에 머물면 사람이라 하고, 눈에 있으면 본다고 하고, 귀에 있을 때는 듣는다고 하고, 코에 있으면 향기를 구별하고, 혀에 있으면 대화를 나누고, 손에 있으면 사물을 집거나 붙잡고, 발에 있으면 돌아다니거나 달립니다. 널리 드러내면 항하사와 같은 세계에 두루 차지만, 거두어들이면 티끌 하나 속에 들어갑니다. 지혜로운 이는 이것이 불성인 줄 알지만 모르는 이는 이것을 정혼(精魂)이라고 합니다."

이견왕은 게송을 듣고 마음이 곧 열려 깨달음을 얻었다.

해설

이견왕은 남인도 향지왕의 아들로 월정다라의 장자로서 처음에는 불교를 탄압했지만, 나중에는 달마의 제자인 바라제 존자에게 교화를 받아서 불교를 외호하게 됩니다. 달마 대사가 중국에 오시기 전에 벌써 왕은 깨달음을 이룬 제자로 기록이 되어있습니다.

이견왕이 바라제 존자에게 물었습니다.

"무엇이 부처입니까?"

일반 불자님께 "부처가 무엇입니까?" 하고 질문을 한다면 역사적으로 출현했던 석가모니 부처님을 생각하실 겁니다. 그러나 여기서 말씀하시는 부처님은 이미 형상을 초월한 것입니다. 석가모니 부처님께서는 우리 본래마음을 깨달으면 부처라고 했습니다. 마음은 있지만 형상이나 이름을 떠난 자리입니다. 이론적으로 '마음이 부처'라는 것을 이해한다고 해도 우리가 수행을 통해서 체험이 되지 않으면 어려운 부분입니다. 바라제 존자나 달마 스님께서는 우주의 근본 실상을 깨달아 일체를 하나로 보며 행을 하셨던 분입니다.

바라제 존자가 답했습니다.

"성품을 보는 것이 바로 부처님입니다."

성품은 본래마음[本心]을 말합니다. 본래자리에서 마음을 깨닫게 되는 순간, 이 우주가 하나로 열리게 됩니다. 우주 근본 실상인 하나의 도리에 눈을 뜨게 되는 것입니다. '내 마음'은 나 자신이나 상대를 분별하는 생각이고, 근본 실상인 하나의 자리는 '이 마음(성품)'이라고 해야 됩니다. 하나의 마음자리를 닦고 끊임없는 정진을 통해서 업이 맑아지면 본래 성품을 깨닫게 되는데, 이것을 견성(見性)이라고 합니다. 부처님께서는 우주와 하나 되어 쓸 수 있는 힘을 얻었거나 육신통(六神通)을 마음대로 쓸 때 '견성성불(見性成佛)'이라고 말씀하셨습니다.

"그렇다면 스님은 성품을 보셨습니까?"

"예, 나는 불성을 보았습니다."

불성은 모양이 아니니까 사실은 볼 수가 없는데, 대화에서는 조카인 이견왕의 근기에 맞게 바라제 존자께서 불성을 보았다고 하시는 겁니다.

"불성은 어디에 있습니까?"

마음은 어디에 있습니까? 불성과 마음은 듣는 사람의 입장에서 다르게 생각할 수가 있습니다. 마음이라고 하면 일체가 마음인데, 불성이라는 것도 어디에 있고, 어디에 없는 것이 아닙니다.

"불성은 작용하는 데에 있습니다."

여기에서는 하나의 마음차원이 아닌, 자기 자신의 마음을 말하는 것입니다. 스님들께서 선문답을 하실 때는 우주를 하나로 보는 차원에서 선문답이 오고 갑니다. 그러나 여기서는 이견왕을 교화하기 위해 내가 가지고 있는 마음 차원에서 불성을 표현한 것입니다.

"도대체 이것(불성)은 어떻게 작용하는 것입니까?"

마음의 작용을 묻고 계십니다.

"저에게는 보이지 않습니다."

마음이 작용한다고 하지만 마음은 볼 수 없습니다.

"지금도 작용하고 있는데 왕께서 보지 못하고 계신 것입니다."

우리가 지금 보는 것도 마음의 작용입니다. 마음이 생각하는대로 손발도 움직이게 되는데, 이것을 신통(神通)이라고 말하기도 합니다.

"그것이 작용할 때에는 몇 가지로 나타납니까?"

"그것이 작용하여 나타날 때에는 여덟 가지로 나타나게 됩니다."

마음이 어머니 태중에 있을 때는 '태'라고 하고, 세상에 나오면 사람이라는 이름을 붙여놓았을 뿐입니다. '본다'는 것은 마음이 눈을 통해서 보는 것이고, 마음이 빠져 나가면 눈이 있어도 볼 수 없습니다. 눈은 기능에 지나지 않습니다. 우리가 마음이 있기 때문에 보고, 듣고, 냄새 맡고, 말을 하며, 손과 발을 움직이게 되는 것입니다. 불자님들이 정진을 통해서 탁한 기운인 업이 정화가 된다면 마음은 육안의 눈이 아니라도 볼 수 있는 능력을 갖추게 됩니다.

우리 마음은 우주와 같은 큰 마음이기 때문에 제대로 마음을 쓴다면 항하사와 같이 큰 마음이지만, 작다고 하면 겨자씨보다도 작은 마음밖에 쓰지 못합니다. 우리 마음이 위대한 마음에도 불구하고 물질에 대해서 집착을 한다면 바늘구멍보다도 작은 마음을 쓰게 됩니다. 그래서 정진을 통해 일체가 하나라는 사상차원에서 마음을 쓸 때 위대한 마음을 쓸 수 있게 됩니다.

바라제 존자가 말합니다.

"지혜로운 이는 이것이 불성인 줄 알지만, 모르는 이는 이것을 정혼이라고 합니다."

우리의 마음은 위대한 마음이고, 모든 것이 마음으로 지어지는 것입니다. 그러나 어리석은 사람은 이것을 모르고 마음을 정신이나 혼백이라고 한답니다. 혼백(魂魄)은 유교에서 쓰는 말인데, 사람이 죽으면 '혼'은 하늘로 올라가고 '백'은 육신과 더불어 땅에 묻힌다고 하며 둘로 보았는데, 절대 둘이 아닙니다.

이견왕은 바라제 존자의 '마음의 작용'에 대한 법문을 듣고는 그 순간 눈이 열렸답니다.

4. 숨을 들이쉬고 내쉴 때 경을 읽는다

반야다라

동인도의 국왕이 제27조 반야다라 존자를 청하여 궁에서 재(공양)를 올렸다.

이때 왕이 반야다라 존자에게 물었다.

"다른 스님들은 모두 경을 읽고 계시는데 스님은 어찌하여 경을 읽지 않으십니까?"

존자가 답했다.

"빈도는 숨을 들이쉴 때에는 오온(五蘊)과 십팔계(十八界)에 머물지 않고 숨을 내쉴 때에는 뭇 인연에 얽매이지 않습니다. 항상 이와 같이 백천만억 권의 수많은 경을 읽는 것입니다."

해설

동인도의 국왕이 제27조 반야다라 존자와 많은 스님들을 초청을 했는데, 다른 스님들은 경을 열심히 읽고 계셨지만 반야다라 존자는 조용히 좌선만 하고 있었다는 내용입니다. 왕께서 이유를 묻자 반야다라 존자는 "숨을 들이쉴 때와 내쉴 때 나는 수많은 경을 읽고 있다"고 하셨는데, 이 뜻을 아신다면 불교를 깊게 이해하신다고 할 수 있습니다.

보통 우리가 팔만대장경을 부처님 말씀이라고 말을 합니다. 팔만대장경에서 말씀하고 있는 핵심은 '마음 심(心)'자 하나입니다. 반야다라 존자는 숨을 들이쉴 때와 내쉴 때, 바로 우주를 하나로 관(觀)하고 있는 겁니다. 심경(心經)이라고 했을 때, '경(經)'은 '길 경'자를 쓰는데, 마음의 도리를 깨달을 수 있는 길을 일러주는 것이 심경입니다.

다른 스님들은 경을 읽는데, 반야다라 존자는 부처님이 말씀하신 '길'의 핵심만 마음에 두고 있는 모습입니다. 숨을 들이쉴 때와 내쉴 때 경을 그대로 보고 있다고 할 수가 있습니다. 이와 같이 하나의 마음도리를 일러주는 것이 경입니다. 부처님께서 45년 고구정녕 말씀하신 핵심 내용은 하나의 마음도리를 일러주기 위한 것입니다. 이것이 불교의 핵심입니다. 하나의 마음도리인 불교를 아신다면 불교는 어려운 것이 아닙니다.

《육조단경》의 핵심은 일상삼매와 일행삼매입니다. 일상(一相)이란 하나의 도리를 일원상(一圓相)으로 표현한 것입니다. 우주를 항상 마음에 두고 있는 것이 일상삼매(一相三昧)이고, 그 하나에 마음을 두고 끊임없이 정진하는 것이 일행삼매(一行三昧)입니다. 화두를 들던, 염불을 하던 하나의 도리에 마음을 두어야 됩니다. 그렇게 알고 정진할 때 깨달음을 이룰 수 있습니다.

이러한 삼매를 늘 누리는 반야다라 존자가 말합니다.

제27조 반야다라 존자 진영

"빈도는 숨을 들이쉴 때에
는 오온과 십팔계에 머물지
않고 숨을 내쉴 때에는 뭇 인
연에 얽매이지 않습니다. 항
상 이와 같이 백천만억 권의
수많은 경을 읽는 것입니다."

오온(五蘊)은 우리들 개인
의 존재가 5개 요소의 집합
으로 유지 · 형성되고 있다
는 견해입니다. 오온 가운데
'색(色)'은 육체를 말하고, '수
(受)'는 의식의 감수작용(感受
作用)으로서의 감각을 가리킵
니다. '상(想)'은 의식 중 개

념, 지각 등을 구성하는 작용으로서의 표상을 의미합니다. '행(行)' 수(受)
나 상(想) 이외의 능동적인 심리작용으로서의 의지나 행동적 욕구를 말합
니다. 그리고 '식(識)'은 대상을 분석 · 판단하고 종합 인식하는 마음의 활
동입니다. 수(受) 이하의 4종은 마음에 관한 것으로서 색(色)인 육체와 합
쳐서 5온은 몸과 마음, 즉 개인적인 존재를 가리키는 것입니다. 이것은
결국 경계 즉 대상을 말하는데, 하나의 마음자리에서 보면 본래 대상이
없습니다.

18계는 6근(六根: 眼耳鼻舌身意)과 6경(六境: 色聲香味觸法), 그리고 6근이 6

경을 대하면서 일어나는 6식(六識: 眼識 耳識 鼻識 舌識 身識 意識)을 모두 포함한 인식의 세계입니다. 사람들은 여섯 가지 감각기관을 통해 색성향미촉법(色聲香味觸法)의 여섯 가지 대상을 접촉하게 되면 경계에 끄달려 가게 마련인데, 반야다라 존자는 경계로부터 자유롭다는 뜻입니다. 사람들은 소리에 속고 형상에 속고 있습니다. 속지 않기 위해서는 일상삼매, 일행삼매에 마음이 머물러 있어야 됩니다. 순간순간 습(習) 때문에 끄달려 가지만, 곧바로 마음을 다잡아서 본래 하나의 마음자리로 돌아가야 됩니다.

三十祖僧璨大師

●

삼조승찬(三祖僧璨,, ?~606)

선종의 제3대 조사(祖師). 당(唐)의 8대 황제인 대종(代宗, 재위 762~779)에게 감지(鑑智)라는 시호(諡號)를 받아 '감지승찬(鑑知僧璨)'이라고도 불린다. 선(禪)의 요체를 146구(句) 584자의 사언절구(四言絶句)로 풀이한 명저《신심명(信心銘)》을 남겼다. '문둥병'이라고 하는 한센병(Hansen's disease, 癩病)에 걸린 그는 병이 나은 뒤에도 머리카락이 하나도 나지 않아 적두찬(赤頭璨)이라는 별명으로 불리기도 했다. 병고(病苦)에 시달리던 그는 북제(北齊) 말기에 2조혜가 대사를 찾아가 문답 끝에 깨달음을 얻고 법을 이었다.

5. 지극한 도는 어렵지 않다

삼조승찬

3조 승찬 대사가 2조 혜가 대사에게 청했다.

"제 몸에 풍병이 왔습니다. 스님, 제발 제가 죄를 참회할 수 있게 해 주십시오."

혜가 대사가 말했다.

"먼저 그대의 죄를 가져오면 그대의 죄를 참회시켜 주겠다."

"아무리 찾아도 죄를 찾을 수가 없습니다."

"그대의 죄는 이미 다 참회되었으니 앞으로는 불법승 삼보에 의지해서 머무르도록 하라."

승찬 대사가 혜가 대사에게 여쭈었다.

"제가 지금 스님을 뵙고서 승보(僧寶)가 뭔지 알았습니다. 그런데 무엇을 부처님[佛寶]이라 하고, 가르침[法寶]이라 하는지는 잘 모르겠습니다."

"마음이 곧 부처님이며, 마음이 곧 법이니, 부처님과 법은 다른 것이 아니고 승가 또한 그러하다."

"오늘에야 죄의 성품이 안에도, 밖에도, 그 중간에도 있지 않음을 알게
되었습니다. 마음이 그러하듯이 부처님과 법도 다르지 않다는 것을 알았습
니다."

혜가 대사는 승찬 대사를 법기(法器)로 여기게 되었다.

3조 승찬 대사는 게송으로 말했다.

지극한 도는 어렵지 않으니	至道無難
가리는 마음만을 꺼릴 뿐이네	唯嫌揀擇
미워하거나 사랑하지만 않는다면	但莫憎愛
환하게 밝아지고 또 밝아지리라.	洞然明白

대사는 또 설했다.

원만하기가 큰 허공과도 같아서	圓同太虛
모자람도 없고 남음도 없네	無欠無餘
쉽게 취하거나 버리기 때문에	良由取捨
그와 같지 못할 뿐이네.	所以不如

〜 해설 〜

본문 내용으로 보아 3조 승찬 대사는 몸에 병이 와서 절을 찾았던 것

삼조승찬 대사가 수행하고 법을 펼쳤던 중국 천주산 삼보사(산곡사)의 일주문과 대웅보전.

같습니다. 혜가 대사를 만나서 몸에 병이 있으니까 죄를 참회 할 수 있게
해달라고 간청을 하십니다.

혜가 대사가 말했습니다.

"먼저 그대의 죄를 가져오면 그대의 죄를 참회시켜 주겠다."

2조 혜가 대사의 입장에서는 우주를 하나의 마음으로 본다면 대상이
모두 끊어졌기 때문에 죄라는 것이 따로 없는 까닭입니다. 그러니 죄를
찾아봐도 죄가 있겠습니까? 죄란 것도 마음에 있는 것입니다. 그러나 내
가 지어놓은 행위는 업으로 남게 되는 것은 틀림이 없습니다. 구태여 내
가 지어놓은 죄라는 생각을 하고 참회를 하면 수행은 더디게 된다는 사실
입니다. 수차 말씀드리지만, 있는 그대로의 우주를 하나로 보고 정진하게
되면 참회한다는 생각을 하지 않더라도 업은 맑아지게 됩니다. 업이란 몸
으로 짓고, 입으로 짓고, 생각으로 짓는 것 등 다양한데, 몸으로 짓는 것은
몸으로 받아야 되고, 다른 사람에게 돈을 꾸었다면 언젠가는 반드시 갚아

야 되는 인연이 옵니다. 그러나 마음으로 지어 놓은 업이라는 것은 정진
을 통해서 맑힐 수가 있다는 이야기입니다.

승찬 스님이 말합니다.

"아무리 찾아도 죄를 찾을 수가 없습니다."

죄라는 것이 따로 있는 게 아니라는 의미입니다. 우리가 과거나 금생에
지어놓은 죄의식도 마음속에 있는 것이지, 죄를 볼 수 있는 것이 아닙니
다. 그러니 승찬 스님 역시 죄라는 것은 아무리 해도 찾을 수가 없다고 하
십니다.

"그대의 죄는 이미 다 참회되었으니 앞으로는 불법승 삼보에 의지해서
머무르도록 하라."

혜가 대사는 죄라는 것이 본래 없다는 것을 알았다면 죄가 다 참회되었
다고 하십니다. 죄라는 생각에 얽매이거나 집착하지 말라는 말씀입니다.

승찬 대사가 혜가 대사에게 여쭈었습니다.

"제가 지금 스님을 뵙고서 승보가 뭔지 알았습니다. 그런데 무엇을 부
처라 하고, 가르침이라 하는지는 잘 모르겠습니다."

"마음이 곧 부처님이며, 마음이 곧 법이니, 부처님과 법은 다른 것이 아
니고 승가 또한 그러하다."

마음이 부처라 했을 때 '내 마음(생각)'이라고 이해하시면 안 되고, '하
나의 마음[一心]'이라고 이해하셔야 됩니다. 하나의 마음을 '부처' 또는
'법'이라고 하는 것입니다. 결국 하나의 마음자리로 돌아가서 의지하고
수행을 해야 된다는 가르침입니다. 부처와 법은 이름만 다를 뿐이고 승가
또한 하나를 행하는 그 자리로 돌아가겠다는 뜻입니다. '돌아간다'는 것

중국 삼조사 삼조동에 있는 승찬 대사 진영

은 나의 본래자리로 돌아간다는 뜻입니다.

승찬 스님이 깨닫고서 말합니다.

"오늘에야 죄의 성품이 안에도, 밖에도, 그 중간에도 있지 않음을 알게 되었습니다."

마음을 '성품'이라고 표현했습니다. 마음이 안이나 밖, 중간에도 있지 않다는 것을 알게 되었다는 말입니다. 마음이 그러하듯이 부처와 법도 다르지 않다는 것을 알았다는 것입니다.

혜가 대사는 승찬 대사를 법기로 여기게 되었습니다.

3조 승찬 대사는 게송으로 말했습니다.

"지극한 도에는 어려움이 없으니[至道無難]…"

지극한 도는 하나의 마음자리를 말합니다. 하나의 마음자리에서는 어떤 어려움에서도 벗어난다는 뜻입니다. "관세음보살이 과거에 수행하실 때 오온이 공한 것임을 알고 일체의 괴로움을 여의었다"(반야심경)고 하는데, 이 말은 일체가 마음으로 된 도리를 깨닫고 괴로움을 여의었다는 말입니다. 본래 마음자리에서는 대상이 따로 없고, 좋고 나쁜 경계가 다 끊어지게 되니 두려울 것이 없습니다. 우리는 아직 그런 경지에 가지 못했지만 눈을 뜨게 되면 대상이 따로 없는 것입니다.

"가리는 마음만을 꺼릴 뿐이네[唯嫌揀擇]."

이것은 대상을 분별하는 업력을 말합니다.

"미워하거나 사랑하지만 않는다면[但莫憎愛] 환하게 밝아지고 또 밝아지리라[洞然明白]."

우리는 업력이 남아 있기 때문에 업력에서 벗어나지 못합니다. 그러나 대상에 집착만 하지 않고 열심히 정진하게 되면 우리 본래의 부처자리는 환하게 밝아지고 또 밝아지게 된다는 말씀입니다.

대사는 또 말했습니다.

"원만하기가 큰 허공과도 같아서[圓同太虛]…"

본래 마음자리에서 볼 때 우주가 하나의 마음으로 된 것을 원만하기가 큰 허공과도 같다고 표현한 것입니다.

"모자람도 없고 남음도 없네[無欠無餘]."

물질이 아니니까 모자라거나 남는다는 그 어떤 표현도 할 수가 없습니다.

"쉽게 취하거나 버리기 때문에[良由取捨]…"

취할 것도 버릴 것도 없는데, 우리 중생 입장에서는 하나의 도리를 모르기 때문에 쉽게 취하고 버리게 됩니다.

"그와 같지 못할 뿐이네[所以不如]."

본래 마음자리는 우주와 같은 마음인데, 우리가 하나의 도리에 눈을 뜨지 못하고 이분법적인 사고로 살며 대상을 마음에 두고 있다면 하나의 마음을 쓰지 못하게 된다는 말입니다.

三十一祖道信大師

● 4조도신(四祖道信, 580~651)

선종의 제4대 조사로서 '동산법문(東山法門)'을 열어
교단과 사상을 체계화 했다. 속성은 사마(司馬), 고향
은 하내(河內, 지금의 河南省 沁陽). 624년 이후 기주
황매(黃梅)의 쌍봉산에 쌍봉사(雙峰寺, 지금의 四祖
寺)를 세우고 30년간 전법에 힘썼다. 당의 8대 황제인
대종(代宗)에게 '대의(大醫)'라는 시호를 받아 '대의
도신(大醫道信)'이라고도 하고, '쌍봉도신(雙峰道信)'
이라고도 불린다. 《능가사자기》에는 그가 《보살계법
(菩薩戒法)》과 《입도안심요방편법문(入道安心要方便
法門)》등을 저술했다고 기록되어 있다.

三十二祖弘忍大師

● 5조홍인(五祖弘忍, 601~674)

선종의 제5조로 달마 대사로 시작되는 불심종(佛心
宗)의 실질적인 확립자. 제자인 신수(神秀)·혜능(慧
能) 대사 등 10대 제자로 하여금 남북 각지에서 선법
을 펴게 했다. 호북성(湖北省) 황매현(黃梅縣) 출생. 7
세 때 제4조 도신 대사를 따라 출가, 51세에 대사(大
師)가 되었다. 동산(東山)에 살았기에 그 교단을 동산
법문(法門)이라 칭하였는데, 700명의 제자를 두고 선
풍(禪風)을 크게 떨쳤다. 사후에 신수 대사의 북종선
(北宗禪), 혜능 대사의 남종선(南宗禪) 두 계통으로
나뉘어 선종의 중흥을 이루게 되었다.

6. 부처님들도 성품을 모른다

사조도신 · 오조홍인

4조 도신 대사는 재송이라는 구도자가 찾아오자 그와 마주 앉아 이야기를 나누었는데 말이 서로 통했다. 그러자 도신 대사가 말했다.

"그대가 너무 나이 들었으니 몸을 바꾸어서 다시 와야 할 것이오."

그러자 구도자는 아무 말도 없이 산을 내려갔다.

그는 탁항으로 이르러 그 곳에서 빨래를 하고 있던 어떤 처녀를 보고는 다가가 이렇게 말했다.

"내가 그대의 집을 빌려서 하룻밤 자고 가려 하오."

그 처녀가 답했다.

"부모님이 계십니다."

"그대는 괜찮은 것이오?"

"제 부모님에게 가셔서 여쭈어 보십시오."

구도자는 멀리 가지 않고 어느 나무 아래에서 앉은 채로 입적을 하고 말았다. 그리고 곧 그 처녀는 잉태하여 사내아이를 낳았다. 처녀는 부모의 질

책을 당함은 물론이요, 자신의 결백을 아무리 주장해도 통하지 않자 결국 그 아이를 강물에 던져버리고 말았다. 이튿날 강으로 나가보니 아이가 강물을 거슬러서 가고 있으므로 차마 다시 거두어 기르지 않을 수가 없었다. 오랜 세월 걸식을 하며 아이를 키워 어느덧 그의 나이 7살이 되자 소년을 데리고 황매로 가서 살았다. 그러던 어느 날 길가에서 4조 도신 대사를 만나게 되었다.

도신 대사가 소년에게 물었다.

"너의 성(姓)이 무엇인가?"

소년이 답했다.

"성은 있지만 흔한 성이 아닙니다."

"어떤 성인가?"

"불성(佛性)입니다."

"너에게 불성이 있기는 해도 아직 잘 모르고 있는 듯 하구나."

그러자 소년이 답했다.

"모르고 있기는 저 뿐만 아니라 삼세의 모든 부처님도 모르고 계십니다."

"어찌하여 모르신다고 말하느냐?"

"성품이 비었기 때문입니다."

이에 도신 대사는 동자가 법기임을 집작하고 곧 그를 출가시켜 가사를 전하고 법을 부촉했다.

4조 도신 대사께서는 그때 당시에 도인으로 알려졌던 분이신데, 도교를 수행하는 재송이라는 분께서 찾아와서 대화를 나누었는데 서로 통하는 게 있었어요.

"그대가 너무 나이 들었으니 몸을 바꾸어서 다시 와야 할 것이오."

도신 스님께서는 아직 법을 전할 만한 법기를 찾지 못했던 것입니다. 마침 도교를 행하던 재송이라는 분을 만났지만 연세가 너무 많았기 때문에 다시 태어나서 와야 될 것이라고 하십니다.

그러자 구도자는 아무 말도 없이 산을 내려갔습니다.

그는 탁항에 이르러 그 곳에서 빨래를 하고 있던 어떤 처녀를 보고는 다가가 이렇게 말했습니다.

"내가 그대의 집을 빌려서 하룻밤 자고 가려 하오."

여기서는 사람이 사는 집이 아닌 마음이 머물 수 있는 곳을 집이라고 표현했습니다. 이 몸은 마음이 사는 집입니다. 도자가 처녀에게 그대의 집을 빌린다는 말은 처녀의 몸을 빌려서 다시 태어나겠다는 의미인데, 처녀는 알아듣지를 못했습니다.

구도자는 멀리 가지 않고 어느 나무 아래에서 앉은 채로 입적을 하고 말았습니다. 이 분은 도교를 공부하신 분이었지만 생사를 자유자재로 했던 분입니다. 그리고 곧 그 처녀는 잉태하여 사내아이를 낳았습니다. 이 사내아이가 홍인 스님인데, 이분은 독생자로 태어나신 분입니다.

처녀는 오랜 세월 걸식을 하며 아이를 키워 어느덧 그의 나이 7살이 되

4조도신 선사 상(위)과 5조홍인 선사 상(아래)

자 소년을 데리고 황매로 가서 살았습니다. 그러던 어느 날 길가에서 4조 도신 대사를 만나게 되었습니다.

도신 대사가 소년에게 물었습니다.

"너의 성이 무엇인가?"

"성은 있지만 흔한 성이 아닙니다."

"어떤 성인가?"

"불성입니다."

"너에게 불성이 있기는 해도 아직 잘 모르고 있는 듯 하구나."

도신 스님께서 소년이 불성에 대해서 정말로 바로 깨닫고 있는가를 확인하기 위해서 묻고 있는 내용입니다. 이분이 홍인 스님이신데 전생에 수행을 많이 하신 분이라고 볼 수가 있어요. 근기가 수승한 분이었기 때문에 어린나이에도 불구하고 '성이 무엇인가?' 하고 물었을 때, 불성이라고 대답을 하시는 겁니다.

그러자 소년이 답했습니다.

"모르고 있기는 저 뿐만 아니라 삼세의 모든 부처님도 모르고 계십니다."

우주의 근본 실상은 문자와 언어로 표현할 수 없습니다. 표현할 수 없기 때문에 모르고 있기는 저뿐만 아니라 삼세의 모든 부처님도 모르고 계신다고 소년이 답을 하십니다. 문자나 언어로 표현할 수 없는 자리이기 때문에 모른다고 할 수 밖에 없어요. 그 누구도 이 자리에 대해 안다고 입을 뗀다면 아는 것이 아닙니다. 그래서 달마 스님이 혜가에게 법을 전할 때 혜가 스님께서는 삼배를 하고 묵묵히 서있었던 겁니다. 본래의 근본 실상은 문자와 언어로 표현할 수 없다는 것을 보여주고 있는 것입니다.

마찬가지로 불성이라고 하는 근본 당체(當體)에 있어서는 그 어떤 표현도 할 수 없으니 확실하게 소년이 눈을 떴다고 할 수가 있습니다.

"어찌하여 (부처님들이 성품을) 모르신다고 말하느냐?"
"성품이 비었기 때문입니다."

성품이 비었다는 말은 일체를 마음으로 본다면 물질이 아니니까, 텅 비었다고 하는 것입니다. '마음이기 때문입니다' 라고 답을 했다면 쉽게 와닿을 텐데 성품이 비었기 때문이라고 하니 불자님들이 이해가 안될 수도 있어요. 성품이나 마음이나 똑같은 자리입니다. 텅 비었다는 말은 물질이 아니라는 뜻입니다. 마음으로 되어 있기 때문에 물질이 아닙니다.

이에 도신 대사는 동자가 법기임을 짐작하고 곧 그를 출가시켜 가사를 전하고 법을 부촉했습니다. 일곱 살 동자가 4대 도신 스님의 법을 받았다는 사실입니다. 나이는 상관이 없습니다.

三十三祖慧能大師

•

육조혜능(六祖慧能, 638~713)

선종의 제6조, 속성 노(盧). 시호 대감(大鑑)선사. 남해(南海) 신흥(新興) 출생. 집이 가난해 나무를 팔아서 홀어머니를 봉양했는데, 어느 날 장터에서 《금강경》 읽는 것을 듣고 마음이 열리고, 무진장(無盡藏) 비구니의 《열반경》을 듣고 곧 그 뜻을 이해하자, 황매로 5조 홍인 대사를 찾아가 행자 생활 8개월만에 진리의 징표인 가사와 발우를 받아 법을 이었다. 하택신회, 남양혜충, 영가현각, 청원행사, 남악회양 등 40여 명의 법제자 등 무수한 제자를 양성했다. 그의 설법을 기록한 어록이 《육조단경(六祖壇經)》이다.

7. 머무는 바 없이 그 마음을 내라

육조혜능

6조혜능 대사는 나무를 해다 팔아서 홀어머니를 봉양하며 지냈다. 어느 날 땔감을 짊어지고 저자거리로 나갔다가 어떤 나그네가 "머무는 바 없이 그 마음을 내라"는《금강경》구절을 외는 소리를 들었다. 이에 혜능은 전율하고서 곧 그 나그네에게 물었다.

"그것은 무슨 가르침이며, 누구에게서 얻은 것입니까?"

"이것은《금강경》인데 황매산의 홍인 대사로부터 얻은 것입니다."

이에 혜능은 곧장 황매산 동선사로 달려갔다. 홍인 대사는 첫눈에 혜능을 알아보았으나 아무런 말을 하지 않았다. 혜능은 돌을 나르고 방아를 찧다가 마침내 홍인 대사에게서 가사와 법을 전수 받았다. 그 후 남쪽으로 가서 회집(懷集)과 사회(四會)에 숨어 살다가 조계에 이르러 큰 법우(法雨)를 내리니 그의 가르침을 배우는 이들이 1,000명 이상이었다.

혜능 스님은 아버지께서 관직에 계셨었지만 어떤 사건에 연루되어 좌천을 당해 술로 세월을 보내다 일찍 돌아가시게 되자 혜능이 어린 나이에 홀어머니를 모시고 살았던 것입니다. 나뭇짐을 해다 팔며 살던 어느 날 나무가 팔리지를 않자 나뭇짐을 받쳐 놓고 처마 밑에서 밤을 새우기 위해서 쪼그리고 앉아 있던 순간, 방안에서《금강경》독경하는 소리를 듣게 됩니다. 혜능 스님은 '응무소주 이생기심(應無所住 而生其心: 응당 머무는 바 없이 그 마음을 내라)'이라는 경귀를 듣는 순간 전율을 느끼게 됩니다. 혜능 스님께서는 글을 모르셨다고 해요. 다음날 독경을 하시던 스님을 뵙고《금강경》을 어디에서 배웠냐고 물으니 황매에 홍인이라는 큰스님에게서 배웠다고 하십니다. 혜능은 자신도 홍인 대사를 뵙고 싶었지만 홀어머니를 생각하며 머뭇거리게 됩니다. 그러자 사연을 들은 그 스님께서 탁발을 해서 얻은 은전을 주시며 어머니를 찾아가서 전해주라고 하십니다. 그래서 혜능이 마음의 짐을 덜고 5조 홍인 스님을 찾아가게 된 것입니다.

홍인 스님을 찾아 갔을 당시는 남북으로 갈라져 있었던 시대였습니다. 홍인 스님이 혜능을 보고 "네가 오랑캐가 아니냐?"고 물었을 때 혜능이 답하기를 "남북의 방위로 인해서 오랑캐가 있을 수 있겠지만, 불성에 있어서는 남북이 없고 오랑캐가 따로 없다"고 대답을 하셨어요. 이런 대답을 한다는 것은 '응무소주 이생기심'이라는 경귀를 통해 진여당체(眞如當體)에 확실히 눈을 뜬 사실을 보여줍니다. 이 뜻은 집착 없이 마음을 쓰라는 말입니다. 우리가 집착 없는 마음을 쓴다면 행복의 길로 가는 것입니

방아를 찧고 있는 혜능 스님에게 찾아간
5조홍인 대사.(송광사 대웅전 벽화)

다. 홍인 스님께서는 혜능의 법기를 알아보시고 방앗간에서 일을 시키십니다. 혜능은 6개월 동안 행자생활을 하게 된 것입니다.

그때 홍인 스님께서 연세가 많으셔서 법을 전할 때가 왔는데, 홍인 스님의 문하에 1,000명도 넘는 대중은 하나같이 교수직으로 있던 신수라는 분이 5조 홍인 스님의 법을 받을 것이라고 생각을 했습니다. 그러나 홍인 스님은 신수가 교수였지만 법을 받을 만한 공부가 안되었다는 것을 아셨어요. 홍인 스님께서는 대중들에게 내가 법을 전해 줄 때가 되었으니, 그동안 공부한 것을 글로 올려보라고 하십니다. 자신이 없던 신수는 고민 끝에 게송을 올리십니다.

이 몸은 보리수요 　　　　　　　身是菩提樹

마음은 밝은 거울 같나니 　　　　心如明鏡台

날마다 부지런히 갈고 닦아 　　　時時勤拂拭

번뇌가 일어나지 않게 할지니라 　勿使惹塵埃

우리 마음은 거울과 같은 것이니까 때가 끼면 거울의 기능을 할 수 없으니 항상 거울의 때를 닦아내야 한다는 뜻으로 신수 대사는 글을 지어

올립니다. 홍인 대사가 게송을 보고 신수가 아직 공부가 덜 되었다는 것을 확인하셨어요. 그래서 방앗간에서 일하던 혜능도 게송을 짓게 되는데, 글을 모르기 때문에 행자에게 부탁을 해서 다음과 같이 게송을 적게 하십니다.

보리는 본래부터 나무가 아니요	菩提本非樹
명경도 경대가 아니었네	明鏡亦非台
본래 한 물건도 없는데	本來無一物
어디에 먼지가 끼겠는가	何處惹塵埃

보리는 지혜를 말하고 나무는 깨달은 자리를 뜻합니다. 이름만 경대(鏡臺)라고 붙여놓았을 뿐 거울이란 것도 따로 없고 우주의 근본 실상에서는 어떤 표현도 할 수 없습니다. 실상은 물질이 아니니 먼지가 낄 수 없음을 게송으로 말씀하신 것입니다.

5조 홍인 스님께서 이 게송을 보시고 혜능 스님을 찾아가게 됩니다. 홍인 스님께서 혜능 스님에게 "쌀은 잘 찧었느냐?" 하시니, 혜능 스님께서 "찧기는 잘 찧었지만, 키질을 못했습니다." 하고 대답을 하시니, 홍인 스님께서 주장자로 기둥을 세 번 내려치시고는 돌아가시는 겁니다. 삼경에 방으로 오라는 뜻인데, 이심전심으로 서로 통하는 선문답입니다. 삼경에 혜능이 찾아가자 홍인 스님께서 혜능에게 《금강경》을 강의해 주시게 됩니다.

신수를 따르는 제자들이 혜능에게 법을 전하게 되면 혜능을 해칠까봐

홍인 대사께서는 남쪽으로 가서 16년 동안을 보임하라고 하시며 직접 배를 태워주십니다. 가사와 발우가 혜능에게 넘어간 것입니다.

홍인 대사의 법이 혜능에게 넘어갔다는 것을 알고 신수를 추종하던 제자들이 가사와 발우를 빼앗겠다고 쫓아가게 됩니다. 혜명이란 분이 가사와 발우를 잡으려 하지만 발우가 바위에서 떨어지지를 않는 이적이 일어납니다. 그 순간 혜명은 자기의 잘못을 깨닫고 법을 배우러 왔다고 하시니, 혜능 스님께서는 "선도 생각하지 말고, 악도 또한 생각하지 말라![不思善不思惡] 이러한 때, 어떤 것이 상좌 그대의 본래면목(本來面目)이냐?" 하고 법문했더니, 혜명이 그 자리에서 깨쳤다고 전합니다. 이후 혜능 스님께서는 16년 동안 숨어사시게 되는데 혜능 스님께서 주로 머물던 곳이 조계산이라고 합니다. 대한불교조계종은 육조 혜능 스님의 법맥을 이어받았다고 보아야 됩니다.

중종이 신룡 원년에 혜능 대사에게 다음과 같은 조칙을 내렸다.

"짐이 혜안과 신수 두 대사를 궁으로 초청하여 공양을 하고 나랏일을 돌보는 틈틈이 일승(一乘)의 이치를 구하려 했는데, 두 대사는 똑같이 '남방에 계시는 혜능 선사가 홍인 대사의 가사와 법을 남몰래 전수 받았으니 그분께 여쭈어 보라'고 천거하셨습니다. 이제 내시 설간을 파견하여 조서로써 대사님을 초청하니 자비를 내리시어 속히 상경하시기를 바랍니다."

그러나 혜능 대사는 병을 핑계 삼아 자연에서 일생을 마칠 수 있게 되기를 원한다며 사양의 표를 올렸다. 이에 설간이 대사에게 여쭈었다.

"서울에 있는 선덕들은 한결같이 '도를 얻고자 한다면 좌선을 하여 선정을 익혀라, 만약 선정을 익히지 않는다면 결코 해탈을 얻을 수 없을 것이다' 라고들 말씀하시는데, 대사는 대체 어떤 법을 설하고 계십니까?"

"도는 마음으로 깨닫는 것인데 어찌 앉는데 달렸겠는가? 경(금강경)에서 '만일 여래를 앉는 것으로 보거나 눕는 것으로 본다면 그는 그릇된 도를 행하는 사람이다' 라고 했으니, 무슨 까닭인가? 그것은 바로 오는 것도 없고 가는 곳도 없기 때문이요, 생멸이 없으면 그것이 여래의 청정한 선정이며, 모든 법이 비고 고요하면 그것이 바로 여래의 청정한 앉음인 것이오. 끝끝내 증득할 것이 없는데 하물며 앉는 것이겠소?"

설간이 말했다.

"제가 황궁에 돌아가게 되면 황제께서는 반드시 물으실 것입니다. 제발 스님께서는 자비를 베푸셔서 심요(心要)를 가르쳐 주십시오."

"도에는 밝음도 어둠도 없소. 밝음과 어둠은 서로 뒤바뀔 수 있는 이치요 밝음은 다함이 없으나 그래도 이것은 다함이 있는 것이오."

"밝음은 지혜를 비유하고, 어둠은 번뇌를 비유하는 것일 텐데 수도하는 사람이 밝은 지혜를 가지고 어둔 번뇌를 비추어 깨버리지 않는다면 끝없이 돌고 도는 이 생사에서 어떻게 벗어날 수가 있겠습니까?"

"지혜로 번뇌를 깨뜨린다면 이것은 이승의 아이들이 갖는 양이 끄는 수레와 사슴이 끄는 수레의 근기에 지나지 않는 것이며, 크게 지혜로운 높은 근기들은 절대 그렇지 않소."

설간이 다시 여쭈었다.

"어떤 것이 대승의 견해입니까?"

"밝음과 어둠은 그 성품이 다르지 않고, 다르지 않은 성품은 곧 진실한 모습인 것이오. 진실한 모습은 어리석은 범부의 경지에 머물러 있다 해서 줄어드는 것이 아니고 성현의 자리에 있다 해서 늘어나는 것도 아니오. 번뇌에 머물러도 어지럽지 않고 선정에 머물러도 고요하지 않으며, 끊기거나 항상 하지도 않고, 오지도 가지도 않으며, 중간이나 안팎에도 있지 않으며, 나지도 않고 멸하지도 않는 것이오. 성품과 형상이 여여하여 항상 머물러 옮겨다니지 않는 것을 '도'라고 하는 것이오."

"스님께서 말씀하신 불생불멸(不生不滅)은 외도들이 그것과 무엇이 다릅니까?"

"외도가 말하는 불생불멸이란, 멸하는 것으로써 생기는 것을 그치게 하고 생기는 것으로써 멸하는 것을 드러내는 것이오. 그러니 멸함도 멸함이 아니고 생함도 생함이 없다고 설하는 것이오. 내가 말하는 불생불멸이란, 본래부터 난 것도 없고 지금까지도 멸하지 않은 것이므로 외도들과는 다르오. 그대가 심요를 알고 싶다면 그저 모든 선악을 일체 생각하지 말아야 하오. 그러면 저절로 청정한 마음의 본체를 깨달아서 침착하고 항상 고요하며 현묘한 작용이 갠지스 강의 모래처럼 많아질 것이오."

설간은 혜능 대사의 가르침을 받고 활연히 크게 깨달았다.

∾ 해설 ༄

중종 임금이 내시 설간을 통해서 혜안과 신수 두 대사를 궁으로 초청하게 되었는데, 일승의 이치는 5조의 법을 받으신 혜능 대사의 가르침을 받아야 된다고 천거를 하십니다. 일승(一乘)이란 일체의 중생을 하나로 보고 수행하는 것을 말하고, 이승은 개인적인 깨달음을 추구하는 수행을 말합니다. 보살 수행은 일승이라고 하고, 성문과 연각승들은 이승이라고 합니다. 성문승

중국 조계산 남화선사의 일주문

들은 부처님께서 말씀하신 경(經) 위주로 수행하는 분들을 말합니다. 성문승은 고집멸도(苦集滅道)의 사성제(四聖諦)를 중심으로 수행을 하는 분들입니다. 사성제의 '고'는 생로병사의 괴로움, '집'은 '고'의 원인이 되는 번뇌의 모임, '멸'은 번뇌를 없앤 깨달음의 경계, '도'는 그 깨달음의 경계에 도달한 수행을 말합니다.

'고집멸도'에서 일체가 괴로움이라고 한 것은 중생의 견해에서 표현한 부분입니다. 실상을 바로 보지 못하고 집착에서 벗어나지 못하면 일체가 괴로움의 연속이라는 가르침입니다. 괴로움은 사실이 아닌 것을 사실인 것처럼 집착하는 데에서 온다는 의미입니다. 실상을 바로보지 못하고 눈에 보이는 형상에 끄달려 가는 것이 집착입니다. 집착을 끊기 위해서는 누구든지 팔정도를 수행하게 되면 고를 면할 수가 있다는 것이 사성제의 가르침입니다. '멸'이라는 것은 모든 괴로움에서 벗어날 수 있다는 말입니다. '도'란 팔정도(八正道)의 가르침을 말합니다.

팔정도에서 정견(正見)이란 우주의 근본 실상을 바로 보라는 가르침입니다. 우주의 실상은 일체가 있는 그대로 하나의 마음으로 되어 있는데, 이것을 바로 보는 것이 정견입니다. 정사(正思)라는 것은 항상 하나에 마음을 두라는 뜻입니다. 정어(正語) 역시 일체를 하나의 몸으로 생각하며 상대를 대하고 말을 해야 된다는 말입니다. 팔정도의 가르침도 일체가 하나인 차원에서 이해를 하셔야 됩니다. 집착에서 벗어나기 위해서 근본 실상에 마음을 두고 정진하게 되면 누구든지 속박에서 벗어날 수가 있다는 말입니다. 마음 밖에 대상이 다 끊어져 집착할 것이 없습니다.

그러나 혜능 대사는 병을 핑계 삼아 자연에서 일생을 마칠 수 있게 되기를 원한다며 사양의 표를 올렸습니다. 이에 설간이 대사에게 물었습니다.

"서울에 있는 선덕들은 한결같이 '도를 얻고자 한다면 좌선을 하여 선정을 익혀라, 만약 선정을 익히지 않는다면 결코 해탈을 얻을 수 없을 것이다'라고들 말씀하시는데 대사는 대체 어떤 법을 설하고 계십니까?"

선덕은 참선하는 분들을 가리킵니다. 만약 우리가 좌선을 통해서만 해탈을 얻을 수 있다고 한다면 잘못 가르치고 있는 것입니다. 정진이라는 것은 앉고 머물고 움직이고 잠자는 가운데서도 항상 성성하게 깨어있어야만 합니다. 때문에 육조 스님은 이렇게 설하고 계십니다.

"도는 마음으로 깨닫는 것인데 어찌 앉는 데 달렸겠는가?《금강경》에서 '만일 여래를 앉는 것으로 보거나 눕는 것으로 본다면 그는 그릇된 도를 행하는 사람이다'라고 했으니 무슨 까닭인가?"

여래는 형상이 아니니까 볼 수가 없고, 소리로써 들을 수 있는 것도 아납니다. 그것은 바로 오는 곳도 없고 가는 곳도 없기 때문입니다.

"생멸이 없으면 그것이 여래의 청정하신 선정이며, 모든 법이 비고 고요하면 그것이 바로 여래의 청정하신 앉음인 것이오. 끝끝내 증득할 것이 없는데 하물며 앉는 것이겠소?"

이는 체(體) 차원에서 말씀하시는 부분입니다. 우주의 근본 진여당체는 물질이 아니니까 오고 가는 것도 없고 무념경지에 들어가면 청정한 선정이라는 말입니다. 법이라는 생각 조차도 끊어지고 마음에 동요가 없어야만 그것이 곧 좌선이며, '응무소주 이생기심'으로 끄달려 가지 않는다면 성성하게 깨어 있는 분입니다. 일체가 마음으로 되어있는 본래자리에서는 증득할 것도 없는데, 하물며 앉는 것이겠느냐는 말씀입니다.

설간이 말했습니다.

"제가 국왕에게 돌아가게 되면 왕께서는 반드시 물으실 것입니다. 제발 스님께서는 자비를 베푸셔서 심요를 가르쳐 주십시오."

심요(心要)는 마음의 도리를 말하는데 설간이 혜능 대사에게 마음의 도리를 일러 달라고 하시는 겁니다.

"도에는 밝음도 어둠도 없소. 밝음과 어둠은 서로 뒤바뀔 수 있는 이치요. 밝음은 다함이 없으나 그래도 어둠은 다함이 있는 것이오."

도는 본래 근본인 체(體)의 차원에서 표현한 말로서 마음, 불성, 성품 모두 똑같은 말입니다. 어떤 묘사로도 표현할 수 없는 하나의 마음자리에는 밝다, 어둡다는 표현도 할 수 없다는 말입니다. 밝음은 실상으로 보았을 때 다함이 없고, 어둠은 정진을 통해서 밝아질 수가 있습니다. 실상은 밝다고 하고 번뇌는 어둡다고 하는데 밝음에는 끝이 없다는 말입니다. 그러나 어둠은 정진을 통해서 번뇌를 끊을 수가 있으니까 다함이 있다고 하는 것입니다.

"밝음은 지혜를 비유하고, 어둠은 번뇌를 비유하는 것일텐데 수도하는 사람이 밝은 지혜를 가지고 어두운 번뇌를 비추어 깨버리지 않는다면 끝없이 돌고 도는 이 생사에서 어떻게 벗어날 수가 있겠습니까?"

밝은 지혜는 우주를 하나의 마음으로 보는 것입니다. 우주를 하나의 마음으로 본다면 모든 경계가 다 끊어져서 어둠(번뇌)에서 벗어나게 되는데 밝음에 이르게 되는 순간입니다. 그 순간은 대상이 없으니까 모든 것을 깨뜨릴 수가 있다는 말입니다. 지혜로 비추어 보면 모든 경계가 다 끊어지니까, 지혜를 칼로 비유하기도 합니다. 경을 많이 보고 읽고 어떤 수행을 하는 것이 중요한 것이 아니라, 가장 중요한 것은 우주를 하나로 볼 수 있는 마음입니다. 관세음보살을 찾던, 아미타불을 찾던, 주력이나 화두를 들던 하나의 마음에 두고 행하는 것이 밝음이며 생사를 벗어난 순간입니다. 이 가르침은 순수 조사선의 수행입니다. 혜능 스님의 《육조단경》에서도 일상삼매(一相三昧)와 일행삼매(一行三昧)를 말씀하고 계시는데, 일상삼매는 우주를 하나의 마음자리에 두는 것이 일상삼매이고, 하나의 실상에 마음을 두고 염불이나 주력이나 정진의 끈을 놓지 않는 것이 일행삼매입니다.

"지혜로 번뇌를 깨뜨린다면 이것은 이승의 아이들이 갖는 양이 끄는 수레와 사슴이 끄는 수레의 근기에 지나지 않는 것이며, 크게 지혜로운 높은 근기들은 절대 그렇지 않소."

지혜로써 번뇌를 깨뜨린다는 생각을 가지고 수행을 하면 이승(二乘)의 수행자라는 뜻입니다. 이는 《법화경》에 있는 내용인데, 양이 끄는 수레와 사슴이 끄는 수레는 아이들이 좋아하는 것에 비유를 한 이야기입니다. 번뇌에 허덕이는 중생을 지혜로 끌어들이기 위한 방편으로 말씀하신 부분입니다. 지혜로써 번뇌를 끊는다는 생각을 하지 않고 번뇌를 초월해서 우주를 하나로 보고 밝은 자리에 마음을 두는 것이 큰 그릇이며 큰 지혜라는 가르침입니다.

설간이 다시 여쭈었습니다.

"어떤 것이 대승의 견해입니까?"

성문과 연각은 소승이라고 하고 보살 수행은 대승이라고 합니다.

혜능 스님은 대승을 이렇게 설명하고 계십니다.

"밝음과 어둠은 그 성품이 다르지 않고, 다르지 않은 성품은 곧 진실한 모습인 것이오."

밝음과 어둠은 본래 둘이 아닙니다. 그래서 밝음과 어둠은 성품이 다르지 않고 겉으로 볼 때는 중생이니 성자니 얘기를 하지만 본래는 하나이기 때문에 절대 둘이 아니라는 얘깁니다.

"진실한 모습은 어리석은 범부의 경지에 머물러 있다 해서 줄어드는 것이 아니고 성현의 자리에 있다 해서 불어나는 것도 아니오."

본래 실상의 체 차원에서는 중생이나 성현이나 조금도 줄어들거나 늘어나는 게 없다는 말입니다.

조계산 남화선사에 모셔진 육조혜능 선사 등신불

"번뇌에 머물러도 어지럽지 않고 선정에 머물러도 고요하지 않으며, 끊기거나 항상 하지도 않고, 오지도 가지도 않으며, 중간이나 안팎에도 있지 않으며, 나지도 않고 멸하지도 않는 것이오. 성품과 형상이 여여하여 항상 머물러 옮겨다니지 않는 것을 '도'라고 하는 것이오."

형상에 끄달려 가지 않고 항상 하나의 마음자리에 두는 것이 대승의 '도'라는 법문입니다. 가지도 오지도 않는다는 표현은 문자언어로 표현할 수 없는 체 차원에서 말씀하시는 부분입니다.

설간이 다시 묻습니다.

"스님께서 말씀하신 불생불멸은 외도들과 무엇이 다릅니까?"

"외도가 말하는 불생불멸이란, 멸하는 것으로써 생기는 것을 그치게 하고 생기는 것으로써 멸하는 것을 드러내는 것이오. 그러니 멸함도 멸함이 아니고 생함도 생함이 없다고 설하는 것이오. 내가 말하는 불생불멸이란, 본래부터 난 것도 없고 지금까지도 멸하지 않은 것이므로 외도들과는 다르오. 그대가 심요를 알고 싶다면 그저 모든 선악을 일체 생각하지 말아야 하오. 그러면 저절로 청정한 마음의 본체를 깨달아서 침착하고 항상 고요하며 현묘한 작용이 갠지스 강의 모래처럼 많아질 것이오."

설간은 혜능 대사의 가르침을 받고 활연히 크게 깨달았습니다. 인도의 요가 수행을 하는 분들 중에는 700세, 800세까지 사시는 분들이 있답니다. 요가수행을 하게 되면 땀구멍으로 숨을 쉰답니다. 이런 분들은 멸하는 것을 그치게 하는데, 외도들은 그렇게 생각한다는 이야기입니다. 체(體)에서 보았을 때는 멸한다고 해도 멸하는 것이 아니고 생함도 생함이 없다는 말입니다. 우리가 똑 같은 말을 듣고 있지만 깨닫지 못하는 것은 수행을 안했기 때문입니다. 외도들과 불교에서 말하는 불생불멸은 분명 다릅니다.

6조혜능 대사가 대중에게 말했다.

"어떤 물건이 위로는 하늘을 떠받치고 아래로는 땅을 버티며, 밝기는 해와 같고 검기는 옻칠과 같다. 작용하는 가운데 항상 있기는 하나 그 작용하는 가운데에도 거둘 수 없다. 그대들이여, 그것을 무엇이라 하는가?"

사미승 신회가 대중 속에서 나와서 답했다.

"그것은 모든 부처님의 근원이며, 저의 불성입니다."

혜능 대사는 말했다.

"내가 '한 물건'이라고 말하는 것도 정확하지 않다고 여기는데 어찌 감히 근원이다, 불성이다'라고 답하는가?"

혜능 대사가 또한 게송으로 말했다.

보리는 본래부터 나무가 아니요.

명경도 경대가 아니었네.
본래 한 가지 물건도 없는데
어디에 먼지가 끼겠는가.

또 게송으로 말했다.

우뚝하여 선업을 닦지 않고
걸림이 없어서 악업을 짓지 않네.
고요하여 보고 듣는 것이 끊어지고
사심이 없어 마음에 집착이 없네.

또 게송으로 말했다.
혜능은 아무런 재주가 없어서
온갖 생각들을 끊지 못했네.
경계를 대하면 마음이 자주 일어나니
어찌 보리가 자랄 수 있으리.

또한 게송으로 말했다.

생각이 있으면 생각이 그릇되고
생각이 없으면 생각이 바르게 되리라.

"어떤 물건이 위로는 하늘을 떠받치고 아래로는 땅을 버티며, 밝기는 해와 같고 검기는 옻칠과 같다. 작용하는 가운데 항상 있기는 하나 그 작용하는 가운데에도 거둘 수 없다. 그대들이여, 그것을 무엇이라 하는가?"

밝기는 해와 같이 밝고 검기는 옻칠과 같이 검고 작용하는 가운데 있기는 하나 거둘 수는 없는 것은 바로 마음자리[心地]를 가리킵니다. 그 마음이 하늘을 떠받치고 땅을 버티고 있다는 말입니다. 밝기로는 해와 같다고 한 것은 우리가 깨닫게 되면 우주를 환히 비추어 볼 수가 있지만, 깨닫지 못하면 한치 앞도 내다보지 못하고 캄캄하다는 말입니다. 마음은 분명 존재하지만 잡을 수는 없습니다.

"그대들이여, 그것을 무엇이라 하는가?"

이 부분은 화두가 될 수 있습니다. '하늘을 떠받치고 밝기는 해와 같고 검기는 옻칠과 같이 검은 이것이 무엇인고?' 하나의 마음도리를 이해하셨다면 의심이 생기지 않을 수가 있는데, 일체를 하나로 보고 그 자리에 마음을 두고 정진하는 것이 조사선 수행이고, 이 말에 대해 의문을 갖게 되면 간화선이 됩니다.

그러자 사미 신회가 대중들 속에서 나와서 답했습니다.

"그것은 모든 부처님의 근원이며, 저의 불성입니다."

혜능 대사는 말했습니다.

"내가 '한 물건'이라고 말하는 것도 정확하지 않다고 여기는데 어찌 감히 근원이다, 불성이다라고 답하는가?"

체(體)의 입장에서는 어떤 표현도 할 수 없기 때문에 한물건이라고 해도 맞지 않다는 것입니다.

혜능 대사는 또 게송으로 말했습니다.

"보리는 본래부터 나무가 아니요, 명경도 경대가 아니었네."

지혜(보리)라는 말도 이름만 지혜라고 붙여 놓았을 뿐이며, 마음거울도 본래는 거울이 아니라는 말입니다.

"본래 한물건도 없는데 어디에 먼지가 끼겠는가."

본래자리는 어떤 이름도 붙일 수가 없습니다. 역시 체의 차원에서 표현하시는 부분입니다.

대사는 또 게송으로 말했습니다.

"우뚝하여 선업을 닦지 않고 걸림이 없어서 악업을 짓지 않네."

하나의 근본 마음자리에서는 별도로 선업을 닦지 않는다는 말이며, 또한 악업도 짓지 않는다는 말입니다.

"고요하여 보고 듣는 것이 끊어지고, 사심이 없어 마음에 집착이 없네."

하나의 마음자리에서는 고요하여 보고 듣는 것도 끊어지고, 경계가 다 끊어졌기 때문에 사심이 없고 마음에 집착할 것이 없습니다."

혜능 대사는 또 게송으로 말했습니다.

"혜능은 아무런 재주가 없어서 온갖 생각들을 끊지 못했네. 경계를 대하면 마음이 자주 일어나니 어찌 보리가 자랄 수 있으리."

이 게송은 혜능이 출가하기 전의 표현입니다. 아무런 재주가 없고 온갖 생각들을 끊지 못하여 경계를 대하면 본래 갖추고 있는 마음자리를 깨달을 수 없다는 말입니다.

또한 게송으로 말했습니다.

"생각이 있으면 생각이 그릇되고 생각이 없으면 생각이 바르게 되리라."

우리가 마음에서 생각을 일으키면 생각으로 인해 번뇌가 일어나고, 무념 경지인 일상삼매에 마음을 두고 있으면 생각이 일어날 수가 없습니다. 본래 마음자리인 부처님 경지에 들어가기 위해서는 무념(無念)이 되어야만 바르게 된다는 말입니다.

三十四祖青原行思禪師

● 청원행사(靑原行思, ?~740)

속성 유(劉). 강서성 노릉(廬陵) 출생. 어려서 출가해
6조혜능 대사에게 사사, 남악회양과 더불어 그 법통
을 이어받고, 스승이 입적하기 2~3년 전에 고향으
로 돌아가 청원산 정거사(靜居寺)에 머물렀다. 선종
의 일파인 조동종의 제7대조가 되었으며, 그 계통에
서 조동종 이외에 법안(法眼)·운문(雲門)의 2종(宗)
이 나와 당나라 말에서 송나라 초에 걸쳐 융성했다.
그의 선법은 생활선인데, 제자가 불법의 가르침에 가
장 요긴한 대목을 묻자 "노릉의 쌀값은 얼마인가?"라
고 되물었다는 일화가 유명하다.

三十四世南嶽懷讓禪師

● 남악회양(南嶽懷讓, 677~744)

성은 두(杜). 시호는 대혜(大慧)선사. 산서성 출신으
로 15세 때 호북성 형주(荊州)에 있는 옥천사의 홍경
(弘景) 율사를 따라 출가, 호산(嵩山)의 혜안(慧安)
스님에게 구족계를 받았다. 후에 조계산에 들어가 6
조혜능 선사 밑에서 8년 동안 수도해 크게 깨달았다.
714년 호남성 남악(南岳)의 반야사 관음당으로 들어
가 30년 동안 교화하여 이 법계(法系)를 남악하(南岳
下)라고 한다. 제자 9인 중 마조 대사만이 이 법통을
이어받아, 후일 임제종, 위앙종 등의 종파로 발전했
다. 그 후의 보화종(普化宗), 황벽종(黃檗宗)도 이 계
통이다.

8. 거룩한 진리도, 계급도 없다

청원행사

청원행사 선사가 6조혜능 대사에게 물었다.

"어떻게 힘써야만 계급에 떨어지지 않겠습니까?"

혜능 대사가 반문했다.

"그대는 일찍부터 무엇을 해오고 있는가?"

행사 선사가 대답했다.

"거룩한 진리를 행하지도 못하며 지내왔습니다."

"어떤 계급에 떨어졌는가?"

"거룩한 진리도 행하지 못했는데 무슨 계급이 있겠습니까?

혜능 대사는 그를 법기(法器)로 중히 여겼다.

해설

혜능 대사의 법이 청원행사에게 전해지는 과정이 나와 있는 내용입니다.
청원행사 선사가 6조혜능 대사에게 물었습니다.

"어떻게 힘써야만 계급에 떨어지지 않겠습니까?"

'어떻게 정진을 해야만 윤회에 떨어지지 않겠습니까?'라고 설명할 수 있는 부분입니다. 청원행사 선사는 혜능 대사에게 자기 스스로 점검받기 위해서 위와 같이 질문을 했다고 봐야 됩니다. 본래자리에서는 떨어지고, 떨어지지 않을 것이 없습니다.

그래서 혜능 대사가 다음과 같이 반문했습니다.

"그대는 일찍부터 무엇을 해오고 있는가?"

'마음을 어디에 두고 수행하고 있는가?'하고 혜능 대사가 다시 묻고 계십니다.

"거룩한 진리를 행하지도 못하며 지내왔습니다."

청원행사 선사는 이미 문자와 언어를 초월한 자리에 마음을 두고 있었다는 말입니다. 근본 실상에서는 어떤 표현도 할 수 없고 그 자리에 의지한다는 생각을 하는 것만으로도 그릇된 자리이기 때문에 거룩한 진리를 행하지도 못했다고 하시는 겁니다.

"어떤 계급에 떨어졌는가?"

"거룩한 진리도 행하지 못했는데 무슨 계급이 있겠습니까?

계급은 차별을 말하는데 청원행사 선사는 자기 스스로 차별을 여의었다고 말씀을 하고 있습니다. 그러자 혜능 대사는 청원행사 선사를 법기로 여기게 되었습니다.

9. 한물건이라 해도 맞지 않다

남악회양

남악회양 화상이 처음으로 6조혜능 대사를 참배하러 갔을 때 혜능 대사가 물었다.

"어디에서 왔느냐?"

회양 화상이 답했다.

"숭산에서 왔습니다."

"어떤 물건이 어떻게 왔느냐?"

"한물건이라 하여도 정확하지 않습니다."

"그렇다면 닦아 증득할 수는 있겠는가?"

"닦아 증득하는 것이야 없지 않으나, 더러움에 물들지는 않습니다."

"더러움에 물들지 않는다는 것이야말로 바로 모든 부처님들이 염두에 두고 지키는 것이다. 그대가 이미 그러했고 나 또한 그와 같다."

　남악회양 화상이 처음으로 6조혜능 대사를 참배하러 갔을 때 혜능 대사가 물었습니다.

"어디에서 왔느냐?"

혜능 대사가 남악회양 화상에게 어디에서 왔느냐고 질문하시는 것은 본래자리를 깨쳤는지 시험하기 위해서 묻고 계시는 겁니다. 본래자리에서는 오고 감이 없는 것을 안다면 답을 어떻게 할까 시험하는 부분입니다.

회양 화상이 답했다.

"숭산에서 왔습니다."

누구나 하는 대답처럼 평소대로 대답을 했어요.

"어떤 물건이 어떻게 왔느냐?"

혜능 대사께서 본래자리를 염두에 두고 계속 질문을 하십니다.

"한물건이라 하여도 정확하지 않습니다."

오고 감이 없고 어떤 표현도 할 수 없기 때문에 본래자리에서 답을 하고 계십니다.

"그렇다면 닦아 증득할 수는 있겠는가?"

공부가 완전히 잘 되어 있는지, 이분법 사고가 남아 있는지, 혜능 대사가 다시 질문을 하시는 장면입니다.

"닦아 증득하는 것이야 없지 않으나, 더러움에 물들지는 않습니다."

본래 증득할 것이 없으며 이분법 사고에서 벗어났다는 회양 대사의 대답입니다. 실상에 있어서는 경계가 다 끊어졌기 때문에 물들 것이 없습니다. 회양 선사의 답은 근본 실상인 하나 차원에서 답이 된 것입니다.

"더러움에 물들지 않는다는 것이야말로 바로 모든 부처님들이 염두에 두고 지키는 것이다."

근본 실상, 둘이 아닌 하나의 마음자리 차원에서 모든 부처님들이 그 자리를 지키는 것은 바로 보임(保任: 깨달음을 보호하고 지켜가는) 공부를 말씀하시는 겁니다. 항상 그 자리를 지키기 위해서는 정진을 해야 됩니다. 《천수경》에도 보면 '여래십대발원문'이 나옵니다. 여래도 열 가지 원을 세우고 끊임없이 정진한다는 말입니다. 그러므로 정진의 개념은 일체가 하나입니다. 깨닫지 못한 중생은 결국 나와 한 몸입니다. 그 중생을 위해서 끊임 없이 '하나'에 마음을 두고 정진해야 된다는 의미입니다. 정진하되 정진하지 않는다는 생각으로 정진을 해야 됩니다.

"그대가 이미 그러했고 나 또한 그와 같다."

혜능 대사가 회양 선사를 인정하는 부분입니다. 남악회양 화상이 혜능 스님에게 법을 받는 과정입니다. 혜능 대사에게 청원행사 선사와 남악회양 화상이 법을 받았기 때문에 양대 선 맥이 여기서 벌어지게 됩니다. 이 두 분을 달마 스님께서는 이미 아셨기 때문에 혜능 스님까지만 가사와 발우를 전하고, 그 다음에는 전하지 말라고 부촉을 내렸던 것입니다.

회양 선사는 마조가 좌선을 많이 익히고 있자, 어느 날 벽돌을 들고 마조의 암자 앞으로 가서 그것을 갈았다.

마조가 물었다.

"벽돌을 갈아서 무엇을 하려 하십니까?"

회양 선사가 답했다.

"벽돌을 갈아서 거울을 만들려고 한다."

"벽돌을 갈아서 어떻게 거울을 만들 수 있습니까?"

"벽돌을 갈아서 거울을 만들 수 없다면 좌선을 한다고 어찌 부처님이 될 수 있겠는가?"

"그러면 어떻게 해야 하겠습니까?"

"소가 수레에 매여 있을 때 수레가 가지 않는다면 소를 때려야겠느냐, 수레를 때려야겠느냐?"

해설

회양 선사께서 마조 스님이 정진하고 있는 암자 문 앞에서 벽돌을 갈고 계셨습니다.

마조 스님이 물었습니다.

"벽돌을 갈아서 무엇을 하려 하십니까?"

좌선을 하고 있던 마조 스님이 궁금하니까 밖을 내다보며 벽돌을 갈아서 무엇을 하시려하는가 물으십니다.

"벽돌을 갈아서 거울을 만들려고 한다."

황당한 답이었겠지요.

"벽돌을 갈아서 어떻게 거울을 만들 수 있습니까?"

마조 스님이 아직 공부가 안 된 상태이기 때문에 회양 스님이 벽돌 가는 뜻을 몰랐던 것입니다.

"벽돌을 갈아서 거울을 만들 수 없다면 좌선을 한다고 어찌 부처님이 될 수 있겠는가?"

좌선은 앉아 있는 모습입니다. 공부를 한다고 했을 때 경을 공부하는 것도 공부라고 할 수가 있겠지만, 깨닫고자 했을 때는 간경(看經)이 공부가 아닙니다. 불교에서 말하는 참다운 공부란 마음을 한 곳에 집중해서 그 마음에 요동이 없는 것을 말합니다. 그러면 마음을 집중하는 방법이 앉아서만 하는 것이겠습니까? 회양 선사는 그것을 지적하고 있습니다. 앉아 있기만 하고 마음을 바로 두고 하지 않기 때문에 회양 선사가 마조 스님에게 바로 일깨워 주기 위해 그를 찾아갔던 것입니다.

그럼 어떻게 해야 되겠습니까? 앉아만 있다고 부처가 될 수 있겠습니까?

"소가 수레에 매여있을 때 수레가 가지 않는다면 소를 때려야겠느냐, 수레를 때려야겠느냐?"

만해 스님이 주석했던 건물에 편액(扁額)이 걸려 있었는데 '심우당(尋牛堂)'이라고 쓰여 있었습니다. '심우'라는 것은 마음을 소로 비유해 찾는다는 것입니다. 여기 내용에도 소는 불성을 비유한 것이고 수레는 몸을 비유한 것입니다. 소가 수레에 매여있다는 표현은 마음이 몸에 집착하고 있을 때 즉, 마음이 몸에 대해서 이분법 사고를 가지고 있을 때를 말합니다. 마음을 집중시켜야만 깨달을 수 있는데 마조 스님은 앉아 있는 것만이 수행이라고 생각 했던 것입니다. "소를 때려야겠느냐, 수레를 때려야겠느냐?" 하는 부분이 이해가 가지 않고 의심이 생긴다면, 이것이 화두가 될 수 있습니다.

마조 스님께서 용맹정진하며 좌선을 열심히 하고 계셨지만 좌선을 하던, 행선을 하던 마음을 어디에 두고 하느냐가 중요한 것입니다. 본래마음인 둘이 아닌 하나의 자리를 어떤 표현도 할 수 없겠지만 부득이 그 자리를 선(禪) 또는 부처님이라고 했습니다. 그래서 교시불어(敎是佛語)요, 선시불심(禪是佛心)이라고 합니다. '교는 부처님 말씀'이고 '선은 부처님 마음'이라는 말입니다. 그런데 부처님과 마음은 둘이 아니니까, 선은 곧 부처님을 의미하는 것입니다. 즉, 본래 마음자리를 의미합니다.

간화선과 조사선이 다른 부분은 화두의 경우, 무조건 의심이 생겨야 한다는 점입니다. 의심이 생기지 않는다면 염불을 하던, 주력을 하던 염불이나 주력하는 놈이 끊어지지 않고 염념상속(念念相續: 생각생각 끊어지지 않고 이어짐)이 되면 그것이 '선'이 됩니다. 그렇다면 화두를 들던, 염불을 하던, 주력을 하던 앉아서만 할 수 있는 겁니까? 그것은 아닙니다. 일상생활이나 집안일을 하면서도 언제 어디서든 할 수가 있습니다. 그래서 공부는 걷고 머물고, 앉고, 눕는 동안에도 이어져야 됩니다. 더 나아가서 말할 때나, 침묵할 때나, 움직이거나 고요할 때도 돼야 되는데, 항상 이어진다면 이것은 부처님 경지까지 가는 수행입니다.

만약 이분법적인 사고를 갖고 있다면 정진은 앉아서 촛불을 켜놓고 해야 된다고 생각할 수 있지만 이것은 외도 수행을 하고 있다는 이야기입니다. 마음 밖에서 도를 찾고 있기 때문에 외도 수행이라고 하는 것입니다. 수행을 누워서 하던, 앉아서 하던, 법당이 따로 없고 부처님이 따로 없습니다. 내가 앉아 있는 곳이 법당이고 그 자리가 부처님 자리입니다. 여러분의 한 생각이 일상의 모든 행위 속에서 이어져서 놓치지 않고 있다면 그것이 참선입니다. 마조 스님께서 좌선만 하려고 하니까, 회양 선사가 그 부분을 지적하신 장면입니다.

三十四世永嘉眞覺禪師

•

영가현각(永嘉玄覺, 665~713)

영가는 온주(溫州)에 있는 출신 지명. 본성은 대(戴), 자는 명도이며, 호는 일숙각, 시호는 무상 대사, 진각 대
사이다. 8세에 출가해 두루 삼장을 탐구했으며 특히 천태지관의 법문에 통달했다. 처음 용주의 용흥사에 있다
가 선관을 닦았으며, 좌계 현랑의 권고로 무주 현책과 함께 육조혜능 대사에게 나아가 불꽃 튀는 선문답을 나
눈 뒤 곧바로 인가를 받았다. 그날 하룻밤을 묵고 갔다고 하여 '일숙각(一宿覺)'이라는 별명을 얻기도 했다. 당
나라 현종 선천 2년에 용흥사 별원에서 입적했으며, 저술로 《증도가》《영가집》이 있다.

10. 생멸이 없는데 어찌 이치가 있겠는가

영가현각

영가현각 대사가 조계에 가서 주장자를 짚고 서 있으니 6조혜능 대사가 물었다.

"사문은 삼천 가지의 위의와 팔만 가지의 세세한 행동거지를 갖추는 법인데 대덕은 어디에서 왔기에 이렇게 대단하게 자만심을 부리는가?"

영가 대사가 답했다.

"나고 죽는 일은 더없이 중대하고 무상은 빠르기만 한 것인데, 예의를 갖출 틈이 어디 있습니까?"

"생멸이 없음은 체득했으면서 어찌하여 빠름이 없는 것은 깨닫지 못하고 있는가?"

"체득함에는 생멸이 없고, 깨달음에는 본래 빠름이 없는 것입니다."

"바로 그렇다."

영가 대사가 바야흐로 위의를 갖추어 절을 올린 뒤 이내 작별 인사를 올렸다.

혜능 대사가 말했다.

"어찌 그리 바삐 돌아가려 하는가?"

영가 대사가 말했다.

"본래부터 움직이지도 않았는데 어찌 빠름이 있겠습니까?"

"누가 움직이지 않은 줄 아는가?"

"스님께서 스스로 분별을 내고 계십니다."

"그대는 생멸이 없는 이치를 아주 잘 체득하고 있구나."

"생멸이 없는데 어찌 이치가 있겠습니까?"

"이치가 없다고 하면, 누가 분별을 하겠느냐?"

"분별 또한 이치가 아닙니다."

6조 대사가 감탄하며 말했다.

"참으로 옳은 말이다."

─◦◦◦ 해설 ◦◦◦─

이 내용은 6조혜능 대사와 영가현각 대사의 선문답인데 하나의 본래마음 차원에서 보고 읽으셨다면 이해하실 수가 있습니다.

영가현각 대사가 혜능 스님께서 계시는 조계산을 찾아가게 되는데, 혜능 스님께서는《금강경》강의를 주로 하셨다고 합니다. 혜능 스님이 주석하시던 조계산 이름을 딴 것이 오늘날 조계종입니다.

혜능 스님을 친견하러 온 분이 주장자를 짚고 서 있다는 것은 거만하다고 볼 수가 있습니다. 현각 대사는 자기의 공부를 점검 받기 위해서 왔다고 봐야 됩니다.

영가현각 대사가 조계에 가서 주장자를 짚고 서 있으니, 혜능 대사가 물었습니다.

"사문은 삼천 가지의 위의 와 팔만 가지의 세세한 행동거지를 갖추는 법인데, 대덕은 어디에서 왔기에 이렇게 대단하게 아만을 부리는가?"

사문은 수행자를 말하는데 기본적인 예의를 갖추고 오지 못한 것에 대해서 지적하시는 부분입니다.

영가 대사가 답했습니다.

"나고 죽는 일은 더없이 중대하고 무상은 빠르기만 한 것인데, 예의를 갖출 틈이 어디 있습니까?"

출가를 한다는 것도 생사 문제를 해결하기 위해서입니다. 재가 불자님들도 마찬가지로 불교를 믿는다고 했을 때 나고 죽는 문제를 해결하기 위해서 불교를 믿어야 됩니다. 분명한 목적이 있어야 합니다. 영가 대사가 '왜 형상에 집착하느냐?'고 혜능 대사가 지적하시는 부분에 대해서 답변하시는 부분입니다.

"생멸이 없음은 체득했으면서, 어찌하여 빠름이 없는 것은 깨닫지 못하고 있는가?"

혜능 스님이 영가현각 대사의 법력은 알고 있었던 것입니다. 모든 물질의 근본은 마음으로 되어 있다고 했습니다. 마음은 물질이 아니기 때문에 오고 감이 없고, 생사가 없고, 더럽고 깨끗한 것도 없고, 늘어나거나 줄어듦도 없습니다. 그런데 혜능 스님께서 생사가 없는 도리를 깨달았으면서 어찌하여 빠름이 없는 것은 깨닫지 못하느냐고 현각 대사에게 묻고 계심니다.

"체득함에는 생멸이 없고, 깨달음에는 본래 빠름이 없는 것입니다."

수행을 통해 실상을 체험하는데 있어서는 본래 생멸이 없고, 마음은 물질이 아니기 때문에 오고 감이 없는 도리를 아셨다면 본래 빠름이 없다는 뜻을 이해하셨을 겁니다. 본래 깨달은 실상에는 생하고 멸함이 없고, 깨달음의 세계에서는 본래 빠름이 없다는 말씀은 근본 실상에서는 그 어떤 표현도 할 수 없음을 드러내고 있습니다.

"바로 그렇다."

혜능 스님이 영가현각 대사에게 인가를 해주는 부분입니다.

영가 대사가 바야흐로 위의를 갖추어 절을 올린 뒤 이내 작별인사를 올렸습니다. 혜능 스님께서 인가를 해주셨기 때문에, 영가 대사가 진심으로 스승에게 예의를 갖추는 모습입니다.

6조 대사가 말했습니다.

"어찌 그리 바삐 돌아가려 하는가?"

"본래부터 움직이지도 않았는데, 어찌 빠름이 있겠습니까?"

혜능 스님이 제자에게 다시 한 번 근기를 보기 위해서 질문을 하시는 부분입니다.

"본래부터 움직이지도 않았는데 어찌 빠름이 있겠습니까?" 이 말씀은 실상을 말하고 있습니다.

"누가 움직이지 않은 줄 아는가?"

"스님께서 스스로 분별을 내고 계십니다."

이 부분까지 다시 한 번 제자의 근기를 확인하는 것입니다.

"그대는 생멸이 없는 이치를 아주 잘 체득하고 있구나."

혜능 스님께서 영가현각 대사를 다시 한 번 인가해주는 부분입니다.

본래 하나의 마음자리에서는 마음이라고 해도 답은 아닙니다. 그 어떤 문자와 언어로 표현 할 수 없는 바로 그 자리를 '생멸이 없는 자리'라고 말씀하고 계십니다.

"생멸이 없는데 어찌 이치가 있겠습니까?"

"이치가 없다고 하면, 누가 분별을 하겠느냐?"

"분별 또한 이치가 아닙니다."

생사가 없는데 어찌 분별을 하느냐는 말씀입니다. 입을 떼면 그르칩니다.

6조 대사가 감탄하며 말했다.

"참으로 옳은 말이다."

6조 대사가 영가현각 대사를 선문답을 통해서 제자로 확실하게 인가를 해주는 부분입니다.

다음은 영가현각 대사의 《증도가》에 나오는 구절을 발췌한 내용입니다.

영가현각 선사는 말했다.

"마음은 근(6根)이요 법은 티끌(6境)이니, 이 두 가지는 거울의 흔적과도 같다. 먼지의 흔적이 모두 사라졌을 때 거울의 빛이 나타나고, 마음과 법을 함께 잊었을 때 성품이 곧 진실하다."

마음은 뿌리입니다. 6근이라고 표현했는데 마음이 여섯 가지 감각기관을 통해서 대상을 들여다보는 것입니다. 법은 티끌(6경)이라고 했는데, 마음에서 보았을 때는 일체가 물질이 아닙니다. 마음이 눈을 통해서 비춰보고 있는데, 이때 색을 본다고 합니다. 그리고 마음에서 분별을 일으킵니다. 육안으로 보고 듣는 세계에 대해서 생각을 일으키는 것이 번뇌이므로, 티끌이라 하는 것입니다. 마음이 눈을 통해서 보고 듣는 것은 사실이 아니니까, 보았어도 본 것이 아니고, 들었어도 들은 것이 아닙니다.

찬불가 중에서 '거울 같은 마음'이라는 노래가 있는데, 우리 마음은 거울과 같은 마음이 되어야 됩니다. 거울은 더럽고 깨끗한 것을 그대로 비춰 줍니다. 그러나 더러운 것을 비췄다고 해도 더러움이 물들지는 않습니다. 우리가 중생의 입장에서는 무시이래 익혀온 습 때문에 이론적으로는 알지만 현실에서는 불가능 합니다. 그럼에도 우리는 거울 같은 마음을 가져야 됩니다. 어떤 것을 보고 듣더라도 끄달려가지 않아야 된다는 말입니다. 거울에 때가 끼면 사물을 제대로 비춰볼 수가 없기 때문입니다.

영가현각 선사는 마음과 대상을 거울에 비유했습니다. 마음에 분별심이 없으면 어떤 대상에 끄달려가지 않지만 마음이 여섯 가지 기관을 통해 끄달려가면 번뇌를 일으키게 되는데 이것을 거울의 비추는 작용에 비유했습니다. 거울에 때가 끼면 어떤 사물도 비춰볼 수가 없습니다. 마찬가지로 우리 마음에 때가 끼면 분별을 일으키게 되어 실상을 바로 보지 못하게 됩니다. '거울'이라는 것과 '때'라는 것이 모두 없어져야 그것이 진실한 마음입니다. 마음이라는 생각이나 번뇌라는 생각이 있어도 진리하고는 거리가 멀다는 뜻입니다. 마음을 '법'이라고 했는데, 우주의 근본 실상은 어떤 표현도 할 수 없지만 부득이 그 자리를 마음이라고 하고 인격적으로 부처님이라고 부르고 또는 법이라고 부르는 것입니다. 법과 부처님은 똑같은 뜻이며 똑같은 자리입니다. 여기서는 마음을 거울에 비유한 것이고 거울에 때가 낀 것을 흔적(육경)에 비유를 한 것입니다.

영가현각 선사는 또 말했다.

"한물건도 없는 것을 분명하게 보니, 사람도 없고 부처도 없다. 삼천대천세계가 바다에 이는 거품이요, 모든 성현들은 번개가 번쩍하는 것과 같다."

해설

본래 실상자리에서는 어떤 표현도 할 수 없으니까 한 가지 물건도 없는 것입니다. 일체가 둘이 아닌 하나의 도리를 깨닫고 보니까, 사람도 없고 부처도 없다는 말씀입니다. 이 현상세계가 바다에 잠시 일어나는 거품과 같은 것이며 일시적으로 나타났다가 사라지니 진실이 아닙니다. 80년, 90년을 살았다고 해도 돌아가실 때 지난 세월을 뒤돌아보면 꿈속에서 꿈을 꾸다 깬 것과 똑같다는 것을 느낄 수가 있을 것입니다. 꿈속에서 경계에 휘둘리며 감각하는 대상이 사실인양 행동을 하지만 꿈을 깨고 나면 허망함을 느끼듯이, 현상세계뿐만 아니라 물질의 세계도 사실이 아닌 것을 옳으니 그르니 하며 살고 있는 셈입니다. 평생 우리는 속고 살다가 마는 것입니다. 사실이 아닌 이 몸뚱이 하나 즐겁게 해주기 위해서 살다가 숨 한번 못 쉬면 육체라는 것은 허망하기 짝이 없이 종말을 고합니다.

어떤 힘들고 어려운 일을 당했을 때 자살로 생을 마감하는 분들은 그것으로 끝났다고 생각하겠지만 사후세계는 더 힘든 곳입니다. 살아서 생사 문제를 해결하기 전에는 죽었다고 해서 모든 문제가 해결되는 것이 아닙니다. 오히려 그 고통은 더 심합니다. 성현들의 깨달음도 찰나간의 일입니다.

모든 대상이 사실인 것처럼 알고 살았지만 사실이 아닌 것을 알았을 때는 깨달음은 찰나간에 일어납니다. 그래서 깨달아가는 과정에 공식은 따로 없습니다. 누구든지 정진을 하게 되면 깨닫게 되는데, 성현의 세계라는 것은 내가 몰랐던 것을 알게 된 것일뿐입니다. 깨닫게 된다고 해서 큰 변화가 오는 것은 없습니다. 다만 마음이 편안해진다는 의미입니다.

영가현각 선사는 또 말했다.

"참을 구하지도 않고 허망을 끊지도 않으며 이 두 가지 법이 공하여 형상이 없는 줄 알아야 한다. 형상도 없고, 공도 없고, 공 아님도 없는 것이 바로 여래의 진실한 모습니다."

이 내용은 당신이 진리 실상을 확실하게 체험하신 후 돈오돈수(頓悟頓修: 단박 깨달아 단박 닦음) 차원에서 말씀하시는 부분입니다. 진리 실상차원에서 표현한 부분입니다. 내용에 보면 법, 공, 여래라는 세 개의 단어가 나왔는데 근본자리를 법(法)이라고 하고, 텅 빈 실상을 공(空)이라고 하고, 여래(如來)는 부처인 실상을 말합니다. 마음이라고 했다면 더 쉬울 텐데 법이니, 공이니, 여래라는 명사를 쓰다 보니 이해하지 못하는 분들 입장에서는 여래가 따로 있고, 법이나 공이 따로 있다고 생각하실 수 있습니다. 그러나 부처님께서 말씀하신 실상(實相)의 세계에 대해서는 그 어떤 표현도 할 수 없습니다. 다만 중생을 제도하기 위해서는 중생의 근기에 맞게 한 가지 법만을 말씀하실 수밖에 없기 때문에 방편상 다양하게 명사를 쓰게 됐던 것입니다. 그러니 불자님들께서는 근본 실상의 세계는 어떤 표현도 할 수 없다는 부분만큼은 확실하게 이해를 하셔야 합니다.

영가현각 선사는 또 말했다.

"모든 행이 무상하고 일체가 공한 것이 바로 여래의 대원각이다."

선사는 또 말했다.

"헐뜯을 수도 없고 칭찬할 수도 없으니 본체는 허공과 같아서 한계가 없다. 그 자리를 떠나지 않고 항상 고요하나, 찾아보려고 하면 그대는 볼 수 없음을 알게 되리라."

실상에 대해서는 그 어떤 표현도 할 수 없지만 부득이 대원각(大圓覺)인 실상을 표현하기 위해서 일원상(一圓相)으로 표현하기도 합니다. 일체가 모양이 아니라는 것이 바로 여래의 대원각이라는 말씀입니다. 근본 실상인 '체'에서는 어떤 표현도 할 수 없기 때문에 헐뜯을 수도 없고 칭찬할 수도 없고 근본은 텅 비어서 끝이 없습니다.

《금강경》에서도 무루복(無漏福: 새지 않는 복)을 많이 강조하셨습니다. 복을 짓기 위해서는 일체가 하나의 마음으로 되어 있는 그 자리에 마음을 두고 행하게 되면 우주는 무한대로 펼쳐져 있기 때문에 무한대를 상대로 복을 짓게 되는 것입니다. 영원히 변치 않는 실상 차원에서 행위를 했을 때 부처님으로서 완벽한 덕을 갖추게 됩니다.

내 마음을 본래 마음자리에 두고 있을 때 고요한 경계에 들어가게 되나, 그 자리를 찾아보려 해도 물질이 아니기 때문에 절대 볼 수는 없습니다. 그래서 물질이 아닌 세계에 대해 부처님께서는 '나는 한 마디도 설하지 않았다. 내가 법을 설했다고 하면 나를 비방하는 것과 다르지 않다'고 하셨습니다. 실상자리에 대해서는 그 누구도 입을 뗄 수가 없음을 알아야 합니다.

경(經)이라는 것도 깨달음에 이를 수 있는 길이기 때문에 길만 알면 길을 따라 그대로 가기만 하면 됩니다. 팔만사천 가지 법문의 핵심은 하나의 마음도리를 일러준 것입니다. 우리가 '직지'를 통해서 일체가 하나의 마음으로 된 소식을 이해하셨다면, 그 자리에 마음을 두고 열심히 정진하

면 되는 것입니다. 많이 안다는 것이 중요한 것이 아닙니다. 그것은 알음
알이에 지나지 않습니다. 하나의 마음도리만 알고 있으면 그것이 팔만사
천 경을 읽는 것보다 더 낫다는 의미입니다. 그 자리에 마음을 두고 있는
순간은 부처의 경지에 들어가는 것입니다.

영가현각 선사는 또 말했다.

"실상(實相)인 인(人)과 법(法)이 없음을 증득하면, 찰나에 아비지옥에 떨
어질 업을 없애게 된다. 만약 거짓말로 중생을 속인다면 티끌 같은 많은 겁
동안 발설지옥에서 받게 될 과보를 자초할 것이다.

해설

확실하게 우리가 깨닫게 되어 '나'도 없고 '법'도 없고 일체가 끊어진
경계를 알게 되는 순간 내 마음속에 끊임없이 일어나는 번뇌를 끊을 수가
있다는 말입니다. 아비(阿鼻)지옥이란 무간(無間)지옥을 말하는데 잠시라
도 고통 받지 않는 틈이 없다는 말입니다. 그 고통이라는 것은 우리 마음
속에서 끊임없이 일어나는 번뇌를 말합니다. 깨닫지 못했으면서 깨달은
것처럼 속이게 되면 자신도 속이고 부처님도 속이고 중생도 속이는 일이
됩니다. 발설(拔舌: 혀를 뽑는)지옥이란 혓바닥이 짧은 과보를 받는다고 하
는데, 둘이 아닌 하나의 소식에 마음을 두지 않는다면 좋은 생각이든 나
쁜 생각이든 인과는 반드시 받게 되어 있습니다.

"어떤 두 비구가 음행과 살생을 범하자 우바리 존자는 반딧불빛으로 그 죄를 더 무겁게 했다. 그런데 유마 대사가 이글거리는 태양이 서리와 눈을 녹이는 것처럼 그 의심을 단번에 풀어주었다."

("그저 뒤바뀐 생각으로부터 생겨났으니 머물 곳이 없는 것이다" 라거나 "생각의 본체가 본래 공하다면 그것이 변하더라도 어찌 실제이겠는가?" 라고 말하는 것과 같다. —백운 화상 풀이)

~~ 해설 ~~

부처님 당시에 뜻이 잘 맞는 도반이 있었는데 움막을 짓고 나름대로 열심히 정진하며 매일 탁발을 나가게 되었습니다. 어느 날 한 비구가 순간적인 감정으로 다른 도반의 여동생과 음행을 저지르게 되었는데, 마음이 괴로워서 고민을 하게 됩니다. 그런데 이 사실을 듣고 도반이 여동생을 쫓아가서 살인을 저지르게 됩니다. 두 비구는 순간적인 충동으로 음행과 살인을 저지르게 되자, 괴로움에 도저히 수행을 할 수 없게 됩니다.

그래서 그때 지계제일(持戒第一: 계를 가장 잘 지키는 부처님 제자) 이었던 우바리 존자를 만나게 되는데 음행과 살인을 저지른 괴로움에서 어떻게 벗어나겠느냐고 여쭈자, 우바리 존자는 "그대들은 오랜 겁(劫)을 통해서 참회를 한다고 해도 죄를 벗어날 수 없다"고 말씀을 해주셨습니다.

두 비구는 더욱 더 괴로움에 떨고 있는데, 그때 그 광경을 지켜보던 유마 거사가 비구들에게 "스님들께서 음행과 살인을 저질렀다고 하는데 죄를 내놔 봐라. 내 손바닥에 죄를 올려놓으면 내가 그 죄를 없애주겠다."

고 하셨던 것입니다. 그러자 비구들이 죄라는 것은 생각이었지 없다고 하시자, 유마 거사는 "그럼 됐다 참회가 다 됐다" 라고 하셨습니다. 당신들이 죄라고 하는 것은 생각이었을 뿐 죄 자체는 없다고 하시는 한 마디에 두 비구는 무거운 짐에서 벗어나게 됩니다. 그리고 두 도반은 유마 거사에게 감사의 인사를 드리고 열심히 정진해서 도를 깨쳤다고 합니다. 내가 어떤 행위를 해 놓고 했다는 생각을 하게 되면 참으로 죄가 됩니다. 지금 내가 행한 행위에 대해서 생각을 내려놓을 수만 있으면 되는 것입니다.

영가현각 선사는 말했다.

"몸은 허망한 허깨비요 자기 성품이 없음을 알면 색(色)이 바로 공(空)인 것이니, 나는 도대체 누구이겠는가? 모든 법은 거짓이름만 있을 뿐 일정한 실체가 없다. 이 나의 몸이라는 것도 사대와 오음 하나하나가 내가 아니니, 화합 또한 없다. 안팎으로 찾아보아도 물보라나 거품, 아지랑이와도 같아 끝내는 사람이라 할 것이 없다. 그런데 무명을 깨닫지 못하여 허망하게 나라고 집착하여 그것이 실체가 아님에도 그릇되게 탐내고 집착하고 살생하고 도둑질하고 음욕에 빠지고 미혹에 시달리면서 하루종일 쉬지 않고 업을 짓게 된다.

비록 진실이 아니라 하더라도 선악업에는 과보가 따르니 그림자가 형상을 따르는 것과 같다. 스스로 제 몸의 실상을 관찰하듯이 부처님을 관찰하는 것도 그리해야 한다. 그러므로 '도는 눈앞에 있다' 고 하며, '마음과 부처와 중생의 셋은 차이가 없는 것이다' 라고 말하는 것이다."

사대(四大)는 우리 몸을 말하는데, 현대 물리학에서는 일백다섯 가지 원소로 구성이 되어 있다고 합니다. 불교에서는 크게 지(地), 수(水), 화(火), 풍(風) 네 가지 원소로 구성되어 있다고 봅니다. 우리 몸은 약 60조의 세포로 구성되어 있는데 분석해 들어가 보면 '나'라고 할 수 있는 것은 아무것도 없습니다. 어떤 물질이라도 분석해 들어가 보면 물질이 아니라는 이야기이기도 합니다.

현대 물리학에서도 아인슈타인의 상대성이론 발표 이후에 하이젠베르그가 '불확정성 원리'를 통해서 명확하게 모든 물질의 구성요소를 밝혀낸 바 있습니다. 물질의 최소 구성요소가 입자인지, 파동인지 정의를 내릴 수 없다는 것으로 물리학자들이 물질의 실상에 대해서 밝혀내고 있습니다. 물리학자들은 어떤 물질이 어떻게 이루어졌는가는 파동을 통해서 밝혀 낼 수 있다고도 합니다.

오음(五陰) 또는 오온(五蘊: 생멸·변화하는 모든 것을 구성하는 다섯 요소인 色, 受, 想, 行, 識)이라고 할 때, 이것은 물질의 작용을 말하는데 일시적인 것을 말합니다. 우리 마음이 눈을 통해서 보고서 좋다, 나쁘다 분별하고 행동을 한 다음 잘했다, 잘못했다 판단을 하는데 오온의 작용은 일상생활을 통해 마음의 작용으로 나타나는 것입니다. 그러나 이것 역시 일시적인 것이기 때문에 사실이 아닙니다. 육신뿐만 아니라 모든 물질을 분석해 들어가 보면 사실이 아닙니다. 우리는 결국 평생 속고 사는 셈입니다.

"스스로 제 몸의 실상을 관찰하듯이 부처님을 관찰하는 것도 그리해야 한다."

　이 말씀은 '나'라고 할 수 있는 것은 없는 것임을 알라는 말입니다. 불교 공부를 하는 불자님들은 항상 하심을 하셔야 됩니다. 하심을 잘 하는 불자님들은 스스로 상대에 대해 존경심이 일어나게 됩니다. 생전에 청화 스님께서는 찾아오시는 분들께 먼저 머리를 숙여 인사를 하셨습니다. 인사를 받는 분은 미안한 생각이 들면서 저절로 존경심이 일어나게 됩니다. 제 몸이 사실이 아니라는 것을 관찰하듯이 부처님도 사실이 아닌 실상의 세계를 그와 같이 관해야 된다고 말씀하고 계십니다.

　'도(道)'라는 것이 따로 있는 것이 아니라 '도' 아닌 것이 없습니다. 근본 실상을 '도'라고 하고 마음을 '도'라고 하는 것이기 때문에 마음 아닌 것이 없습니다. 우리 생각에서 부처니, 마음이니, 중생이니 분별을 하는 것이지 실상에서는 마음과 부처와 중생은 조금도 분별할 것이 없습니다.

남양혜충(南陽慧忠, ?~775)

남양은 머물던 지역명. 어려서 6조혜능 대사에게 수학하고 그의 법을 이었다. 혜능 대사 입멸 후 하남성 남양 백애산 당자곡으로 들어가 40여 년간 산문을 나서지 않았다. 당 상원 2년(761) 숙종이 그의 명성을 듣고 수도로 모시고 스승의 예를 올렸다. 그는 청원행사, 남악회양, 영가현각 대사와 더불어 6조혜능 문하의 5대 종장으로서, 신회 대사와 더불어 북방선을 선양했으며, 마조 대사 등이 활성화시킨 남방선을 비평했다. 그의 선은 신심일여(身心一如) 즉심즉불(卽心卽佛)로서 무정설법(無情說法: 무생물도 설법한다)을 처음으로 말했다. 당나라 대력(大曆) 10년 12월 9일 입적.

하택신회(荷澤神會, 668~758)

양양(襄陽)인으로 속성은 고(高)씨. 어려서부터 유가경전과 노장(老莊)을 공부하고 관직에 대한 꿈을 가지고 있다가 불교와 인연을 맺고 혜능 대사 문하로 출가하게 된 것은 《후한서(後漢書)》의 열람을 통해서 세속의 뜻을 버리게 되면서부터다. 그는 영가현각, 남악회양, 청원행사, 남양혜충 대사와 더불어 이른바 혜능 문하의 5대 종장(宗匠)으로 남돈선(南頓禪)을 확립하는 데 중요한 역할을 했다. 혜능 대사 입적 후 그의 노력은 결실을 맺어 이후 남종선이 선종의 절대적 우위를 점하게 되는 데에 결정적인 역할을 하게 된다.

11. 선·악을 생각하지 않으면

남양혜충

남양혜충 국사가 어느 날 시자를 부르니 시자가 "예"하고 대답했다. 국사가 세 차례를 부르니 시자는 세 차례 모두 대답했다.

국사는 말했다.

"내가 너를 저버린다고 생각했는데 오히려 네가 나를 저버리는구나."

혜충 국사는 혜능 스님의 제자분입니다. 시자(侍者)는 항상 곁에서 스님을 시봉하는 분이니까 이름을 부를 수 있는데 한 번이 아니라 세 번을 부르셨어요. 여러분은 혜충 국사가 시자를 세 번 부르신 뜻을 아셔야 됩니다. 이 글의 핵심은 "내가 너를 저버린다고 생각했는데 오히려 네가 나를 저버리는구나." 이 말씀입니다.

시자를 부른 것은 시자의 본래자리를 부르셨던 것입니다. 그런데 시자는 그것을 몰랐던 것입니다. 시자의 본래면목을 점검하는 차원에서 시자를 불렀는데, 시자는 자기를 부르시는 줄 알고 '예'라고 세 번이나 대답을 했던 것입니다.

국사께서 본래자리를 불렀을 때는 '하나'의 차원에서 부르셨던 것입니다. 하나의 차원에서는 너와 내가 따로 없잖아요. 그래서 "너와 내가 없는 것으로 생각했는데, 오히려 네가 나를 저버리는구나." 라고 말씀하십니다. 이것은 아직 스승하고 제자가 하나가 못 되었기 때문에 너와 나를 구분한다는 뜻에서 표현한 부분입니다.

만약에 "시자야" 하고 부르셨을 때, 시자가 주먹을 내보였다면 시자와 스승이 하나가 되는 순간입니다. 너와 내가 본래 없는 것인데 시자는 참 뜻을 몰랐습니다. 시자 입장에서는 스승과 제자를 나누었던 셈입니다. 그래서 스승께서 "오히려 네가 나를 저버린다"고 점검하신 것입니다.

어떤 스님이 혜충 국사에게 물었다.

"어떤 것이 본신인 노사나 부처님[盧舍那佛: 보신불]입니까?"

국사가 답했다.

"깨끗한 물병을 내게로 가져오너라."

스님이 물병을 가지고 오자 국사가 말했다.

"본래 있던 곳에 도로 가져다 두어라."

스님이 다시 물었다.

"어떤 것이 본신인 노사나 부처님입니까?"

"옛 부처님께서 지나가신 지가 오래 되었구나."

해설

이 부분은 실상의 '용'차원에서 질문을 했고 '용'차원에서 대답을 한 내용입니다. 먼저 '무아(無我)'에 대해 설명을 드려야 이해하실 수 있는 부분입니다. 본래 실상은 마음으로 되어 있기 때문에 물질이 아닙니다. 물질이 아니니까 어떤 표현도 할 수 없고 너와 내가 구분이 안 됩니다. 있다면 무언가 있어야 있는 것이고 없다면 아주 없어야 없는 것인데, 있는 것도 아니고 없는 것도 아닌 그 자리는 어떤 표현도 할 수가 없습니다.

그런데 여기서 질문하신 스님은 노사나 부처님이 따로 있다고 생각을 했습니다. 그 스님께서는 노사나 부처님이 따로 있는가를 물으셨던 것입니다. 그러자 혜충 국사께서 "깨끗한 물병을 내게로 가져오너라." 하고 질문에 대한 답을 하십니다.

물병하고 노사나 부처님하고 둘입니까, 하나입니까? 하나이기 때문에 노사나 부처님이 무엇이냐 물었을 때 깨끗한 물병을 가져오라고 말씀하셨던 것입니다. 깨끗한 물병을 가져오라는 그것이 노사나 부처님입니다. 물병을 가지고 오자 국사가 본래 있던 곳에 다시 가져다 놓으라고 하십니다. 그 스님은 몰랐기 때문에 시키는 대로 물병을 가지고 왔다가 다시 도로 갖다 놓았어요.

갖다 놓고 "어떤 것이 본신인 노사나 부처님입니까?" 하고 다시 묻습니다. 그러자 국사께서 "옛 부처님께서 지나가신 지가 오래 되었구나." 라고 하십니다.

본래 실상을 인격적으로 부득이 '부처님'이라고 이름 붙여놓았다면 본래자리에서 나온 현상계도 역시 부처 아닌 게 없다고 말씀드렸습니다. 편리한 대로 이름만 붙여놓았을 뿐인데 우리가 착각하는 것이지, 육신뿐만 아니라 모든 물질은 마음으로 되어있어서 안과 밖이 없는 것입니다. 그렇기 때문에 노사나 부처님이 곧 물병이 되고, 물병이 곧 노사나 부처님이 됩니다. 노사나 부처님과 물병은 곧 하나라는 이야기입니다.

이는 실상의 '용(用)'차원에서 말씀하시는 부분입니다. 우리도 편리한 대로 이렇게 저렇게 이름을 붙여 놓았지만 대답하는 그 놈은 이름이 없다는 뜻입니다. 묻는 분이 본래 실상을 모르기 때문에 노사나 부처님이 따로 있다는 생각으로 물었던 것입니다. 이분법적인 사고를 가지고 있다면 이해를 못 하지만 우주를 있는 그대로 하나로 본다면 이해를 하실 수가 있습니다. 본래자리는 어떤 이름도 붙일 수 없지만 부득이 인격적으로 노사나불, 석가모니, 관세음보살, 지장보살이라고 붙여 놓았을 뿐입니다. 형상에 속고 이름에 속고 사는 것이 중생의 삶입니다. 본래는 형상도 없고 이름도 없는 것인데, 우리가 스스로 붙여놓은 이름이나 형상에 속고 사는 모습입니다. 우주의 근본 실상과 둘이 아닌 하나의 도리를 몰랐을 때를 무명(無明) 또는 무지(無知)라고 하는 것입니다.

어떤 스님이 혜충 국사에게 물었다.

"어떤 것이 한생각[一念]이 서로 응하는 것입니까?"

국사가 답했다.

"기억과 지혜를 모두 잊으면 그것이 서로 응하는 것이다."

"기억과 지혜를 모두 잊는다면 어떻게 모든 부처님을 볼 수 있겠습니까?"

"잊으면 없는 것이고, 없으면 그것이 바로 부처인 것이다."

그 스님이 다시 물었다.

"없으면 '없다'고 말하면 될 일인데 어찌 감히 부처님이라고 하시는 것입니까?"

"없음도 공하고, 부처도 공하다. 그러므로 없으면 곧 부처이며 부처는 곧 없다고 말하는 것이다."

해설

어떤 스님이 혜충 국사에게 물었습니다.

"어떤 것이 한생각이 서로 응하는 것입니까?"

'어떤 것이 일념(一念)이 서로 통하는 것입니까?' 라는 뜻입니다. 즉, '모든 분별을 떠나는 도리가 어떤 생각입니까?'라는 의미입니다.

이 부분에 대해서 국사가 다음과 같이 답을 하십니다.

"기억과 지혜를 모두 잊으면 그것이 서로 응하는 것이다."

만약 우리 마음에 과거의 일이나 내가 알고 있는 것에 대해서 분별을 하고 있다면 이것은 너와 나라고 하는 이분법적인 사고를 가지고 있는 것입니다. 그리고 안다는 생각을 갖게 되면 이미 진리에서는 어긋납니다.

본래 실상자리는 어떤 표현도 할 수 없다고 했습니다. 기억이라는 생각이나 지혜라는 생각이 있다면 그것은 이미 분별하는 것이 되겠지요.

《반야심경》에서도 '무지 역무득(無智 亦無得)'이라는 말이 있습니다. '지혜도 없고 얻을 것도 없다'는 뜻입니다. 어떤 생각이 모두 끊어졌다면 우리는 하나가 된 것입니다. 더 나아가서는 우주와 하나가 된 상태로 들어가는 것입니다. 일상생활에서 내가 좋아하는 일을 하고 있을 때 시간 가는 줄도 모르고 푹 빠져서 할 때가 있는데, 그 순간 우리는 내가 하는 일과 하나가 됩니다. 하나가 되었을 때는 시간성, 공간성이 없습니다. 그래서 시간 가는 줄도 모릅니다. 내 마음 속에 번뇌가 모두 끊어졌다면 그런 경지에 있게 되는데, 그 순간 부처님 경지에 들어가는 것입니다.

어떤 일을 하던지 대상과 하나가 되어야만 시간 가는 줄도 모르고 잘할 수가 있습니다. 우리가 본래 실상에 마음을 두고 있다면 우주와 하나의 경지에 들어가기 때문에 그 경지에서는 마음대로 쓸 수가 있습니다. 실상에서 보면 물질이 아니라 마음이라고 했으니까 무게가 없고 텅 빈것입니다. 그렇다면 내가 가고 싶은 곳도 마음대로 갈 수가 있고 비행까지도 할 수 있는 능력이 됩니다. 우리가 할 수 없는 것은 '나'라는 생각과 '이것'이라는 생각으로 인해서 능력이 숨겨져 있는 것입니다. 그래서 그 능력을 찾기 위해서는 정진이 꼭 필요합니다. 부처님 공부에서 아상(我相) 즉, 나를 버려야 된다고 하는데 내가 많이 알고, 내가 최고라는 생각을 갖게 되면 그 능력들은 더 숨어있게 됩니다. 나를 낮추면 낮출수록 본래자리는 더 드러나게 되어있습니다.

"기억과 지혜를 모두 잊는다면 어떻게 모든 부처님을 볼 수 있겠습니까?"

"잊으면 없는 것이고, 없으면 그것이 바로 부처인 것이다."

공부하는 스님이 '기억과 지혜를 모두 잊으면 하나가 되는 도리'라는 이 뜻을 이해하지 못했기 때문에 다시 질문을 하십니다. 그러자 국사는 모든 것을 내려놓으면 너와 내가 모두 끊어졌기 때문에 없는 것이고, 없으면 그것이 바로 부처라고 말씀을 하십니다. 모든 것을 놓고 너와 나가 끊어졌다면 분별이 다 끊어진 경지에 들어가게 되는데, 이때 우리는 모든 것이 공하다고 이야기합니다. 그것이 바로 부처님이라는 말입니다.

그 스님이 다시 물었습니다.

"없으면 '없다'고 말하면 될 일인데 어찌 감히 부처님이라고 하시는 것입니까?"

"없음도 공하고, 부처도 공하다. 그러므로 없으면 곧 부처이며 부처는 곧 없다고 말하는 것이다."

없다는 것도 본래 없는 것이고 본래는 어떤 이름도 붙일 수가 없으니 부처도 공하다고 하는 것입니다. 없음도 공하고 부처도 공하고 일체가 다 공한 것을 알게 되면 곧 부처이며 부처는 곧 없다고 하는 것입니다. 실상을 모르면 이해하기 힘든 부분입니다. 불교를 믿는다고 했을 때 부처님을 믿는 것이 아니라 '내 마음이 부처'라는 것을 믿으셔야 됩니다. 부처님을 믿는다면 법당에 모셔져 있는 불상을 믿는 겁니까? 절을 할 때도 자세는 불상을 향해서 절을 하지만 마음은 어디에 두고 해야겠습니까? 절을 하는 순간 우주를 하나의 마음으로 보고 본래자리로 돌아가는 것입니다. 삼 귀의(三歸依: 부처님과 진리, 승가에 귀의하는 의식)를 할 때도 어떤 대상을 두고 귀의한다고 하면 안됩니다. 본래의 실상인 하나의 자리로 돌아간다는 생 각으로 삼귀의를 해야 됩니다. 위 내용에서 없음도 공하고 부처도 공하다 는 표현들은 실상차원에서 표현한 부분입니다.

숙종 황제가 혜충 국사에게 연극을 보러 가자고 권하자, 국사가 말했다.
"어떤 몸과 마음이 연극을 보겠습니까?"
황제가 거듭 권하자, 국사가 말했다.
"참으로 연극을 좋아하십니다, 그려."

해설

황제가 국사에게 연극을 보러가자고 하자 "어떤 몸과 마음이 연극을 보겠습니까?" 라고 하셨습니다.

혜충 국사의 마음자리에서 보면 대상이 없어서 모든 경계가 끊어졌습 니다. 볼 대상이 없으니 "어떤 몸과 마음이 연극을 보겠습니까?" 라고 되 물으시는 겁니다. 연극은 배우가 작가의 뜻에 따라서 연기를 하는 것인 데, 우리의 삶도 연극과 같다고 말할 수 있습니다. 연극이 사실이 아닌 꾸 며낸 이야기인 것처럼 우리도 사실이 아닌 것을 보고 듣고 생각하고 끄 달리며 행동하고 살고 있는 셈입니다. 혜충 국사께서는 우리가 하는 모든 행동이 연극이라고 말하는 것인데, 황제는 참뜻을 모르고 있습니다.

  혜충 국사가 어떤 스님에게 물었다.

  "근자에 어느 곳에서 떠나 왔는가?"

  스님이 답했다.

  "남방에서 왔습니다."

  "남방의 선지식은 어떤 법으로 사람들을 가르치는가?"

  "남방의 선지식들은 한결같이 '하루아침에 풍화가 흩어진 후에는 뱀이 허물을 벗고 용이 뼈를 바꾼 것과 같으니, 본래 그러한 참된 성품은 또렷하여 무너지지 않는다'고 말씀하셨습니다."

  이에 국사가 말했다.

  "그렇지 않다. 남방 선지식들의 설법은 반은 생멸(生滅)하고, 반은 생멸하지 않는 것이구나."

  그 스님이 물었다.

  "남방의 선지식들은 그렇거니와, 스님께서는 이곳에서 어떤 법을 설하십니까?"

  국사가 대답했다.

  "나는 여기에서 '몸과 마음이 하나요, 몸 이외에 달리 아무것도 없다'고 설법 한다오."

  "스님은 어찌하여 물거품이나 허깨비 같은 이 몸을 법체와 같다고 하십니까?"

"그대는 어찌하여 그릇된 도에 들어갔는가?"

"저의 어떤 점이 그릇된 도에 들어갔다는 말씀입니까?"

"경(經)에서 '만일 형상으로 나[如來]를 보려 하거나 음성으로 나를 찾으려 한다면 그 사람은 그저 그릇된 도를 행하는 사람일뿐이니 결코 여래를 볼 수 없다'고 하신 말씀을 보지 못했는가!"

공부하는 스님이 말했습니다.

"남방의 선지식들은 한결같이 '하루아침에 풍화가 흩어진 후에는 뱀이 허물을 벗고 용이 뼈를 바꾼 것과 같으니, 본래 그러한 참된 성품은 또렷하여 무너지지 않는다'고 말씀하셨습니다."

여기서 풍화(風火)라고 했을 때 '풍'은 움직임, '화'는 열을 말하는데 우리 마음속에서 일어나는 갖가지 분별을 이야기 합니다. 분별이 다 끊어지면 뱀이 허물을 벗는 것과 같고 중생이 중생의 몸을 벗는 것과 같다는 말씀입니다. 용이 뼈를 바꾼 것과 같다는 말은 걸림이 없는 것을 말합니다. 본래 실상자리는 물질이 아니니까, 생멸이 없고 무너질 것도 없습니다. 그 스님이 남방에서는 이렇게 법을 설하고 있다고 설명하고 있습니다.

이에 국사가 말했습니다.

"그렇지 않다. 남방 선지식들의 설법은 반은 생멸하고, 반은 생멸하지 않는 것이구나."

남방 쪽에서는 간화선 수행을 하고 있지 않았나 하는 생각이 드는데,

혜충 국사는 우주를 하나로 보는 수행법인 조사선 수행을 하셨던 분입니다. 혜충 국사가 보았을 때, 모든 번뇌가 다 끊어진 후에 뱀이 허물을 벗는 것과 같다고 설명한 것은 남방 쪽에서는 뱀이나 허물을 둘로 본 것으로 판단했던 것입니다. 국사의 입장에서 남방 선지식들이 둘로 본 것에 대해 반은 생하고 반은 멸했다고 하시는 겁니다. 참된 성품은 또렷하여 무너지지 않는다고 하는 부분은 '반은 생멸하지 않는다'는 부분을 표현한 말입니다. 한 번 해탈에 들어가게 되면 무너지고 무너지지 않는다는 표현이 끊어지고 그 어떤 표현도 할 수 없기 때문입니다.

그 스님이 다시 국사께 물었습니다.

"남방의 선지식들은 그렇거니와 스님께서는 이곳에서 어떤 법을 설하십니까?"

"나는 여기에서 '몸과 마음이 하나요, 몸 이외에 달리 아무것도 없다'고 설법한다오."

혜충 국사께서는 마음과 몸이 둘이 아닌 하나라고 설법하고 계시다는 말씀입니다. 이것이 우주를 하나로 보는 조사선입니다. 《반야심경》에서 과거 · 현재 · 미래의 부처님이 반야바라밀다에 의지한다고 했을 때, 반야라는 것은 우주의 근본 실상인 둘이 아닌 하나의 자리를 말합니다. 혜충 국사는 우주를 하나로 보는 수행법을 설하고 있고, 남방 쪽에서는 번뇌를 끊어야만 해탈할 수 있다고 설명하고 있는 부분입니다. 우주를 하나로 보고 수행하라고 하는 말씀은 조사선 수행을 일러주고 있는 것입니다. 볼펜도 우주와 하나라고 생각하고 볼펜을 찾는다면 그것도 선이 된다는 이야기입니다.

"스님은 어찌하여 물거품이나 허깨비 같은 이 몸을 법체와 같다고 하십니까?"

혜충 국사가 몸과 마음이 하나라고 하신 것에 대해서 이 스님이 알아듣지 못하고 몸 따로 마음 따로 생각을 하고 있는 모습입니다.

"그대는 어찌하여 그릇된 도에 들어갔는가?"

"저의 어떤 점이 그릇된 도에 들어갔다는 말씀입니까?"

"경에서 '만일 형상으로 나[如來]를 보려 하거나 음성으로 나[如來]를 찾으려 한다면 그 사람은 그저 그릇된 도를 행하는 사람일뿐이니 결코 여래를 볼 수 없다'고 하신 말씀을 보지 못했는가!"

몸과 마음이 따로 있다는 생각으로 수행하고 있다면 외도입니다. 그래서 《금강경》에 "형상으로써 진리를 보려 하거나, 소리로써 나를 찾으려 한다면 그 사람은 그릇된 도를 행하는 사람일 뿐이니 결코 여래를 볼 수 없다"고 하신 말씀을 보지 못했는가 하고 안타까워하시는 말씀입니다. 실상은 물질이 아니니까 형상으로 볼 수 있는 것도 아니고 소리로 들을 수 있는 것도 아닙니다.

어떤 스님이 혜충 국사에게 물었다.

"경에서 '유정(有情: 생명체)이 부처가 되었다는 말만 보이고, 무정(無情: 물질)이 수기(授記: 부처가 되리란 예언)를 받았다는 말은 보지 못했습니다. 그렇다면 현겁의 천 부처님 중에서 도대체 어느 분이 무정의 부처님이십니까?"

국사가 답했다.

"그것은 황태자가 왕위를 물려받기 전에는 오직 자기 몸 하나 뿐이었지만 왕위를 물려받은 후에는 온 국토가 모두 국왕에게 예속되는 것과도 같은 이치이니, 어찌 국토가 별도로 왕위를 물려받는 일이 있겠는가? 지금 그저 유정이 부처가 되리라는 수기를 받을 때 시방의 모든 국토가 다 비로자나 부처님의 몸일진대, 어떻게 달리 무정물이 수기 받는 일이 있을 수 있겠는가?"

해설

유정은 우리와 같이 말을 하고 생각하는 존재를 말하고, 무정은 움직이지 않는 물체를 말합니다. 질문한 스님은 유정이 부처가 되었다는 말은 들었는데 무정이 수기를 받았다는 말은 못 들었다고 하십니다. 그래서 혜충 국사가 예를 들어서 다음과 같이 설명을 하십니다.

"그것은 황태자가 왕위를 물려받기 전에는 오직 자기 몸 하나 뿐이었지만 왕위를 물려받은 후에는 온 국토가 모두 국왕에게 예속되는 것과도 같은 이치이니, 어찌 국토가 별도로 왕위를 물려받는 일이 있겠는가?"

황태자가 왕위를 물려받기 전에는 자기 자신 밖에 몰랐지만 왕위를 물려받은 후에는 전 국토와 국민을 다스려야 되는데, 국토 자체가 왕위를 물려받을 수 있겠느냐는 말씀입니다. 이 말씀의 뜻은 우리가 수행을 통해서 깨달아야만 '하나'로 쓸 수 있다는 뜻입니다. 깨닫지 못하면 절대로 '하나'를 자유자재로 쓸 수가 없습니다.

누구든지 수행을 통해 깨닫게 되면 우주와 내가 하나라는 사실을 체험

하게 됩니다. 체험하게 되면 일체 대상이 부처 아닌 게 없음을 알게 된다
는 이야기입니다. 그래서 유정물만 성불할 수 있고 무정물은 성불할 수
없습니다. 천상세계에서도 성불할 수 없고 사바세계에서만 성불할 수 있
답니다. 성불하게 되면 국토가 우주와 한 몸이고 부처 아닌 게 없다는 것
을 알게 된다는 가르침입니다. 즉, 유정물만 수기를 받을 수 있지 무정물
은 수기를 받을 수 없다는 말씀입니다.

영각 스님이 혜충 국사에게 물었다.

"발심하여 출가하는 일은 본래 부처님이 되고자 하는 것인데, 어떻게 마
음을 써야 그리 될 수 있겠습니까?"

국사는 말했다.

"쓸 수 있는 마음이 없어야만 부처가 될 수 있소."

"쓸 수 있는 마음이 없다면 그 누가 부처가 될 수 있겠습니까?"

"마음이 없으면 저절로 이루어지니, 부처님도 마음이 없소."

"부처님에게는 위대한 불가사의가 있어서 중생을 제도하실 수 있었는
데, 만약 마음이 없다면 그 누가 중생을 제도하겠습니까?"

"마음 없는 것이 바로 진실로 중생을 제도하는 것이오. 만일 제도해야 할
중생을 보았다면 그것이 바로 마음이 있는 것이며, 틀림없이 생멸하는 것
이오."

만약 제도할 대상이 있다고 말한다면 그는 중생입니다. 우리가 수행을 통해서 실상을 체험 했다면 대상이 끊어짐을 알게 됩니다.

혜충 국사는 "쓸 수 있는 마음이 없어야만 부처가 될 수 있다."고 했습니다. 이는 분별하는 마음으로 도를 이루고 지혜를 얻어야겠다는 생각을 하게 되면 부처가 될 수 없다는 말씀입니다.

《열반경》에 나와 있는 게송을 보면 "諸法從本來 常自寂滅相(제법종본래 상자적멸상) 佛子行道已 來世得作佛(불자행도이 내세득작불)"이라고 나와 있습니다. '제법종본래 상자적멸상'이란 제법이 본래 고요하다 즉, 본래 실상은 생멸도 없고 오고감도 없고 늘어나고 줄어드는 것도 없다는 뜻입니다. 우리는 부지런히 움직이며 바쁘다고 하지만 본래 마음자리는 조금도 움직이는 게 아닙니다. '불자행도이 내세득작불'이란 불자들이 항상 고요한 본래자리에 마음을 두고 수행을 하면 내세에 반드시 성불한다는 뜻입니다. 우리가 수행한다고 했을 때 마음을 어디에 두어야 되는지를 일러주는 게송입니다. 모든 것이 끊어진 자리, 실상에 마음을 두고 정진하면 반드시 내세에 성불한다는 뜻입니다.

혜충 국사께서 "쓸 수 있는 마음이 없어야만 부처가 될 수 있다"고 하시는 것도 어떤 생각이 일어나게 되면 부처가 아니라는 말씀입니다. 마음에 조금도 동요가 없는 마음이어야만 부처가 될 수 있다는 뜻입니다.

"쓸 수 있는 마음이 없다면 그 누가 부처가 될 수 있겠습니까?"

학인스님은 아직까지도 그 뜻을 몰랐기 때문에 위와 같이 질문을 하고 있습니다.

"마음이 없으면 저절로 이루어지니, 부처님도 마음이 없소."

마음에 분별하는 마음이 없으면 저절로 부처가 되며, 부처의 경지에 들어가면 대상이 모두 끊어지기 때문에 어떤 생각도 일어나지 않습니다. 마음이 일어나게 되면 그것은 번뇌입니다. 어떠한 표현도 할 수 없는 자리에 들어가 있다는 말입니다.

학인스님의 계속된 의문입니다.

"부처님에게는 위대한 불가사의가 있어서 중생을 제도하실 수 있었는데, 만약 마음이 없다면 그 누가 중생을 제도하겠습니까?"

"마음 없는 것이 바로 진실로 중생을 제도하는 것이오."

마음에 중생을 제도하겠다는 생각 없이 행해야만 중생을 제도하는 것이라는 의미입니다. 만일 제도할 중생이 있다고 한다면 그것은 마음이 있는 것이며 틀림없이 윤회를 면치 못한다는 말씀입니다. 혜충 국사 말씀처럼 우리가 행한다는 것은 결코 쉬운 일이 아닙니다. 우주의 근본 실상, 문자와 언어로 표현 할 수 없는 그 자리에 마음을 두어서 대상이 다 끊어져야만 중생을 제도할 수 있고 제도하겠다는 생각조차도 없어야 되는 것입니다. 그래서 부처님께서도 중생을 제도했지만 "한 중생도 제도할 중생이 없다"라고 말씀 하셨던 겁니다. 마음에 제도해야 할 대상이 따로 없기 때문입니다.

어떤 스님이 혜충 국사에게 물었다.

"어떻게 해야 서로 응할 수 있겠습니까?"

"선과 악을 생각하지 않으면 저절로 불성을 보게 될 것이며, 부처님과 중생을 동시에 놓아 버리면 그 자리가 해탈이다."

해설

'어떻게 해야 하나가 되겠습니까?' 하는 질문입니다. 그러자 혜충 국사는 선이니 악이니 하는 생각을 하지 않게 되면 저절로 본래성품을 보게 될 것이며, 부처님이니 중생이니 하는 생각이 끊어지게 되면 그 자리가 바로 해탈이라고 말씀을 하십니다.

12. 한물건도 생각하지 않는 것이 본래마음

하택신회

하택신회 선사는 대중에게 설법했다.

"한물건도 생각하지 않는 것이 바로 자기 마음이다. 이것은 지혜로 알 수 있는 것이 아니고 그렇다고 다른 수행도 없다. 이 점을 깨닫는 것이 참다운 삼매인 것이다. 법에는 오고 가는 것이 없고 과거와 미래는 끊어졌으니 생각 없음이 최상승이 되는 줄을 알아야 한다. 여러 학인 대중에게 이르니, 밖에서 이리저리 내달리며 그것을 구하지 말라. 만약 그것이 최상승의 선법이라면 짓는 것이 없어야 하리라."

∽꿏 해설 꿏∼

하택신회 선사는 신수 대사의 제자였지만, 나중에는 5조홍인 법사와 혜능 스님 문하에서 공부했던 제자분입니다. 다음은 하택신회 선사가 대중에게 법문하신 내용입니다.

"한물건[一物]도 생각하지 않는 것이 바로 자기 마음인 것이다."

우리 본래마음인 '체'차원에서 말씀하시는 내용입니다. 우주의 근본 진여당체는 일체가 하나의 마음으로 되어 있는 자리에서 말씀하신 것입니다. 한물건도 생각하지 않는 것이 바로 자기 마음이라는 말씀은 본래의 마음자리는 마음에서 본다면 우주는 일체가 마음으로 되어 있기 때문에 물질이 아니어서 대상이 다 끊어진 상태임을 나타냅니다. 대상이 다 끊어졌기 때문에 어떤 생각을 일으켜도 번뇌입니다. 참으로 순수한 나의 마음자리가 아니라는 말입니다. 한물건도 생각하지 않는 것이 나의 참 마음자리라는 가르침입니다.

"이것은 지혜로 알 수 있는 것이 아니고 그렇다고 다른 수행도 없다."

지혜는 우주를 하나로 보는 견해를 말하는데, '하나'라는 생각을 일으켜도 번뇌라는 뜻입니다. 우주가 하나의 마음자리로 되어 있다면 그 자리는 어떤 표현도 할 수 없다고 했습니다. 물질이 아니기 때문에 있다는 생각을 해도 그르치고 물질이 아니라고 아주 없다고 부정해도 그르치는 자리입니다. "이것은 지혜로 알 수 있는 것이 아니고 그렇다고 다른 수행도 없다."는 이 말씀이 조사선 수행입니다. 어떤 생각을 하던 이미 번뇌라는 말씀입니다.

계속 되는 법문입니다.

"이 점을 깨닫는 것이 참다운 삼매인 것이다."

이 내용은 《육조단경》에 나오는 일상삼매(一相三昧)를 말씀하고 있는 부분입니다. 하나의 마음자리를 표현할 수 없지만 부득이 하나의 일원상으로 표현한 것입니다. 하택신회 선사는 우주를 하나로 보되 어떤 생각을 일으켜도 번뇌라고 하시는 겁니다. 진리를 말할 때 이것이 진리고 저것이 진리라고 말할 수 있는 부분이 아니라는 것입니다. 또한 깨달은 사람이 스스로 깨달았다고 해도 그것은 번뇌라는 말입니다. 그 자리는 어떤 표현도 할 수가 없습니다.

조사선 수행에서는 어떤 수행이 따로 있다고 주장한다면 이것은 상(相)입니다. 그래서 《육조단경》에서는 우주를 하나의 마음으로 보는 수행법을 최상승(最上乘) 수행법이라고 하는데, 하나에 마음을 둔다는 것은 결코 쉬운 것이 아닙니다. 묵조선 수행법은 아무 생각도 일으키지 않고 고요히 마음자리에 두고 있는 것을 말합니다. 간화선 수행에서는 한 생각이 성성(惺惺: 또렷또렷이)히 깨어있어야 하기 때문에 화두가 필요하다는 것입니다. 염불도 마찬가지입니다. 간화선에서는 반드시 화두가 의심이 돼야겠지만 조사선 수행에서는 '이 뭣꼬?'를 하더라도 우주와 하나라는 생각으로 정진하면 된다는 것이며, 이것이 최상승 수행입니다. 우주를 하나로 보는 수행을 보살수행이라고도 하고 대승수행이라고도 합니다. '삼매'라는 것은 하나의 마음자리에 두고 그 자리에서 조금도 번뇌가 일어나지 않는 마음상태입니다.

"법에는 오고 감이 없고 과거와 미래는 끊어졌으니 생각 없음이 최상승이 되는 줄을 알아야 할 것이다."

실상자리에서는 법이라는 말도 일으키면 안되지만, 부득이 중생을 인도하기 위해서 하나의 자리를 방편상 '법'이라고 말합니다. 하나의 마음 자리는 물질이 아니니까 오고 감이 없고 과거, 현재, 미래가 끊어졌으며 인과와 윤회도 모두 끊어진 자리입니다. 지금 우리 마음자리는 억겁 전에 도 그 자리였고, 억겁 후에도 그 자리입니다. 수없이 많은 생을 통해서 몸 만 다른 모습으로 태어났을 뿐 본래마음은 바로 이 자리입니다. 대자연의 모든 생명체도 우리와 똑 같은 마음자리라는 뜻입니다. 그래서 마음을 깨 달으면 부처라고 했습니다.

'생각 없음이 최상승'이라는 말은 어떤 생각이 일어나도 번뇌이니까, 무념(無念) 차원에서 말씀을 하시는 겁니다. 일체가 하나 된 경지를 말합 니다.

"밖에서 이리저리 내달리며 그것을 구하지 말라. 만약 그것이 최상승의 선법이라면 짓는 것이 없어야 하리라."

우주는 하나의 마음으로 되어 있기 때문에 대상이 다 끊어져서 거기에 는 안과 밖이 없습니다. 안팎이 없는데 만약 내 마음 밖에서 무언가 구한 다면 외도라는 말씀입니다. 이제까지 불자님들이 관세음보살이나 지장보 살이 따로 있다는 생각으로 정진했다면 이런 수행을 통해서는 깨달을 수 없으며 영원히 깨달음과 거리가 멉니다. 정도와 외도를 논할 때 우주를 하나의 마음자리에서, 생사가 다 끊어진 자리에 마음을 두고 정진할 때 정도 수행이라고 하고 내 마음 밖에서 대상을 찾고 있다면 외도 수행입니 다. 그렇다면 수행의 공간이 따로 있는 것이 아니라 어디든 그 자리가 수 행처가 되고 법당이 됩니다. 수행은 행·주·좌·와 어느 때도 되어야 합니다. 내 마음속에서 한생각이 성성히 깨어있어야만 하나의 자리로 돌아갈 수가 있다는 의미입니다.

하택신회 선사는 또 말했다.

"생각이 없음을 종지로 삼고, 짓지 않는 것을 근본으로 삼아야 한다. 진여는 생각 없음이요, 생각을 한다 하여 알 수 있는 것은 아니다. 진실한 모습은 생겨나지 않았는데 어떻게 몸과 마음으로 그것을 볼 수 있겠는가. 생각 없음으로 생각하면 바로 진여를 생각하는 것이며, 생겨나지 않음으로 생겨나면 곧 진실한 모습이 생기게 되는 것이다. 머무르지 않으면서도 머무르면 항상 열반에 머무르게 될 것이며, 수행하지 않으면서도 수행하면 바로 피안으로 건너가게 될 것이다. 생각생각 마다 구하지 않으니, 구함은 본래 생각 없음이다."

◈◈ 해설 ◈◈

"생각이 없는 것을 종지로 삼고, 짓지 않는 것을 근본으로 삼아야 한다."

'생각 없음을 종지로 삼는다'는 말씀은 '하나'의 자리에 마음을 두면 생각을 일으킬 것도 없는데 그 자리에 마음을 두는 것을 말합니다. 생각을 '하나'에 둔다는 것이 어렵다면 염불하는 그 놈이 우주와 하나라고 믿으시면 됩니다. 만약에 사이다를 생각한다면 '사이다' 라고 생각하는 그놈이 우주와 하나라고 보시면 그것 또한 선이 됩니다. 이분법적인 사고를 갖고 있다면 선이 아닙니다.

청화 스님께서는 '나무 아미타불'이 우주와 하나라고 생각하고 '나무 아미타불'을 찾으라고 하셨는데, 문장이 기니까 대부분 집중이 잘 안 된다고 하셨습니다. 제 경험으로는 염불을 짧게 하는 것이 집중도가 높았습니다. '아미타불' '아미타불'을 염하신다면 깊게 들어가서 집중이 되어야 됩니다. 볼펜이 우주와 하나라는 것을 아셨다면 볼펜이라는 문자나 형상에 생각을 두시면 안됩니다. 볼펜이라는 것은 이름에 지나지 않으며 '하나'의 자리에서 나온 것이기에 볼펜이 우주와 하나라는 뜻입니다.

'생각 없음[無念]'을 종지로 삼으라는 뜻은 시공을 초월해서 있고 없는 것이 아닌 하나의 마음자리를 종지로 삼으라는 말씀입니다. 수행하는 불자들에게는 생각이 없는 것 즉, 하나의 마음자리를 종지를 삼는 것이 생명이라는 것입니다. '생각을 짓지 않는 것을 근본으로 삼아야 한다'는 말씀은 어떤 마음도 일으키게 되면 번뇌가 되니까 분별하는 마음을 일으키면 안 된다는 가르침입니다.

신회 선사는 "진여는 생각이 없는 것"이라 했습니다. 진여, 불성, 마음, 공, 선이라는 표현은 똑같은 자리를 가리킵니다. 실상의 마음자리는 조금도 차별이 없기 때문에 하나라는 말입니다. 하나의 마음자리는 안과 밖이 끊어졌고, 좋고 나쁘다는 생각이 끊어졌고, 생사가 끊어진 자리입니다.

《반야심경》을 독경할 때도 하나의 마음으로 한다면 더욱 와닿게 됩니다. 문자나 뜻을 생각 하시면 안됩니다. 심경(心經)이란 하나의 마음도리를 일러준 길이라는 뜻입니다. 석가모니 부처님께서도 하나의 마음도리를 전해 주시기 위해서 고구정녕 말씀하셨던 것입니다. 이 도리를 이해하신다면 중근기(中根機)는 된다고 봅니다. 상근기는 전생에 공부한 습으로 인해서 다 받아들이고 중근기는 의심은 하지만 물러서지는 않는답니다. 하근기 중생은 진리를 설하면 도망을 간답니다. 불자님들이 불교와 인연이 되었다면 우주의 근본 실상, 하나의 마음자리를 '법' 또는 '부처'라고 하는 것을 아셔야 됩니다. 그 법 만나기가 불교 경전에서도 어렵다고 합니다. 그러나 여러분들은 '직지'를 통해서 만나기 어려운 그 법을 만난 것입니다.

또 신회 선사는 "생각을 한다 하여 알 수 있는 것은 아니다." 하셨습니다.
문자와 언어로 표현 할 수 없는 하나의 마음자리는 생각을 일으키면 번뇌이니까 생각으로 알 수 있는 것이 아니라 자기 스스로 체험하는 것입니다. 학문적으로나 법문을 통해서도 이해는 할 수 있겠지만 깨칠 수 있는 것은 아닙니다.
"진실한 모습은 생겨나지 않았는데 어떻게 몸과 마음으로 그것을 볼 수 있겠는가."
실상은 물질이 아니니까 오고 감이 없고 생멸이 끊어진 자리이기 때문에 진실한 모습은 생겨나지 않았는데 어떻게 몸과 마음으로 그것을 볼 수 있겠냐고 말씀하십니다.

"생각 없음으로 생각하면 바로 진여를 생각하는 것이며…"
생각 없음으로 생각한다는 말씀은 하나의 마음자리에 두고 있음을 말합니다. 그것이 바로 진여(眞如)를 생각하는 것입니다. 아미타불을 생각하고 있다면 '아미타불'을 염하는 그 놈이 하나로 집중이 되어 있는 상태가 곧 진여의 경지에 들어가 있는 것입니다.

"생겨나지 않음으로 생겨나면 곧 진실한 모습이 생기게 되는 것이다." 이 말은 어떤 생각도 일어나지 않는 것이 진실한 모습이라는 말씀입니다.

"머무르지 않으면서도 머무르면 항상 열반에 머무르게 될 것"이란 말씀은 어디를 가든 마음이 하나에 집중되어 있다면 참나는 움직이되 움직이지 않은 것이란 법문입니다. 마음이 눈을 통해서 사물을 보는데 실상 차원에서는 보았어도 본 것이 아닙니다. 들어도 들은 것이 아닙니다. 파동에 의해서 감각기관이 있는 것처럼 착각할 뿐이지 진실한 모습이 아닙니다.

"수행하지 않으면서도 수행하면 바로 피안으로 건너가게 될 것이다."

이 부분이 바로 성철 스님께서 말씀하셨던 돈오돈수(頓悟頓修)와 같은 의미를 담고 있습니다. 신회 선사 당신은 하나의 마음자리에 두고 있기 때문에 수행한다는 생각도 하지 않는 것입니다.

정진을 하면서 화두에 일념이 되어 있다면 돈오 상태에 있다고 할 수 있습니다. 오매일여(寤寐一如)는 앉으나 서나, 자나 깨나 한생각[一念]에 매달리는 상태를 말하는데 삼매도 또한 같은 뜻입니다. 처음에는 3분씩, 5분씩, 점점 시간을 늘여서 한생각으로 '관음' '관음'을 찾는다면 뇌에서 계속 끊어지지 않게 되어 먹고 자고자 하는 생각조차도 사라집니다. 그러면 염불한다는 생각조차도 잊게 됩니다. 이 경지가 오매일여에 들어가는 상태입니다. 이렇게 깊게 들어가야 안심(安心)의 경지에 들어가서 공중부양(空中浮揚)을 한 것처럼 몸이 아주 가볍고 편한 상태가 됩니다. 의식하지 않아도 뇌에서 염불이 끊어지지 않는 자성염불(自性念佛)이 되는 겁니다. 수행을 하되 수행한다는 생각을 하고 있다면 그것은 번뇌 속에 있는 상태입니다. 정진하고 있으면서 정진한다는 생각이 없는 상태가 된다면 피안(彼岸)으로 건너가게 될 것이라는 법문입니다.

"생각 생각마다 번뇌가 일어나지 않으니, 구함은 본래 생각이 없는 것"은 하나의 경지로 가는 상태를 뜻합니다. 구한다는 것은 무언가를 얻는 게 아니라 생각생각이 다 끊어지면 우주와 내가 하나가 된 도리로 가게 된다는 말입니다. 그러면 우주와 내가 하나가 되어 우주를 마음대로 잡아 쓸 수 있습니다.

광보 스님이 하택신회 선사에게 물었다.

"눈과 귀가 소리와 형상을 반연할 때에는 서로 앞서거니 뒤서거니 하는 것입니까, 서로 어울리는 것입니까?"

선사가 말했다.

"서로 앞서거니 뒤서거니 하거나, 서로 어울리는 것은 잠깐 미루어 두세. 그대는 대체 어떤 법을 소리와 형상의 본체라 여기는가?"

"스님께서 말씀하셨듯이 소리와 형상은 얻을 수 없는 것입니다."

"소리와 형상의 본체가 공하다고 깨닫고, 눈과 귀 같은 감각기관이나 범부와 성인들이 모두 똑같이 허깨비 같은 줄을 믿는다면 서로 앞서거니 뒤서거니 하는 일과 서로 어울리는 그 이치가 분명해질 것이다."

광보는 이 말을 듣고 종지를 깨달았다.

해설

"눈과 귀가 소리와 형상을 반연할 때에는 서로 앞서거니 뒤서거니 하는 것입니까, 서로 어울리는 것입니까?"

마음이 눈과 귀를 통해서 보고 들을 때 보고 들은 것에 끄달려가야 됩니까? 아니면 하나가 돼야 됩니까? 하는 광보 스님의 질문입니다.

"서로 앞서거니 뒤서거니 하거나, 서로 어울리는 것은 잠깐 미루어 두세. 그대는 대체 어떤 법을 소리와 형상의 본체라 여기는가?"

신회 선사가 대답하시길 '우리가 경계에 끄달려 가거나 하나가 되는 것은 미루어 두세. 그대는 대체 어떤 법을 소리와 형상의 본체라 여기는가?' 하고 광보 스님께 반문 하십니다.

"소리와 형상은 얻을 수 없는 것입니다."

광보 스님은 소리나 물질은 사실이 아니니까 얻을 수 없는 것이라고 대답을 하십니다.

"소리와 형상의 본체가 공하다"는 말씀은 모두 마음으로 되어 있다는 뜻입니다. 공과 마음은 똑같은 뜻을 가지고 있습니다.

신회 선사의 법문이 이어집니다.

"눈과 귀 같은 감각기관이나 범부와 성인들이 모두 똑같이 허깨비 같은 줄을 믿는다면 서로 앞서거니 뒤서거니 하는 일과 서로 어울리는 그 이치가 분명해질 것이다."

'허깨비'란 사실이 아님을 말하는데 물질의 세계는 마음이 작용을 통해서 나타난 세계이기에 마음의 그림자라고 이야기합니다. 본래마음[本心]은 모양이 없는 것이니까 마음이 인연 따라 나타나는 것도 사실은 모양이 아니라는 말씀입니다. 즉, 마음과 물질이 똑같이 하나라는 뜻입니다. 눈과 귀 등 여섯 가지 기관이나 범부와 성인들이 모두 진실이 아님을 알아야 됩니다.

일체 현상계를 하나로 본다면 대상이 끊어졌기 때문에 앞서거니 뒤서거니 할 것도 없고 그대로 하나가 됩니다. 우리가 이치를 이해하고 일체 현상계가 다 허깨비인줄 믿는다면 서로 앞서거니 뒤서거니 하는 일과 서로 어울리는 그 이치를 깨닫게 된다는 말씀입니다.

13. 그대는 도대체 어디에 머물고 있는가?

장폐

장폐 마왕이 권속들을 거느리고 천년 동안 금강제 보살을 따라다니며 보살이 기거하는 곳을 찾아다녔으나 끝내 찾지 못했다. 그러던 어느 날 장폐 마왕이 우연히 금강제 보살을 만나게 되자 이렇게 물었다.

"그대는 도대체 어디에 머물고 있는가? 내가 천 년 동안 그대의 거처를 찾아다녀도 찾지 못했소."

"나는 머묾이 있는데 의지해서 머무르지도 않았고, 머묾이 없는 데 의지해서 머물지도 않으면서 이와 같이 머물러 왔소이다."

해설

장폐 마왕은 능력을 자유자재로 쓸 수 있는 분이었는데, 시기가 심해서 지상에서 누가 성불 하는 것을 보면 가만히 놔두지를 않는 분이었답니다. 이 장폐 마왕이 권속들을 거느리고 천년 동안 금강제 보살을 따라다니며 보살이 기거하는 곳을 찾아다녔으나 끝내 찾지 못했다는 것입니다.

금강(金剛)은 반야(般若)를 말합니다. 일체를 마음으로 보는 것을 '반야' 또는 '지혜'라고 하는데, 단단해서 부서지지 않는 것을 금강에 비유하곤 합니다. 반야는 육안으로 볼 수 있는 것이 아니며 금강제(金剛齊) 보살은 반야를 실천하는 분입니다.

부처로서 갖추게 되는 덕과 지혜를 완벽히 갖춘 분이 부처님입니다. 부처가 되기 위한 수행 단계에서 닦는 실천행을 보살행이라고 합니다. 여자 신도를 보통 보살님이라고 부르는데 어머니가 자식을 사랑하는 마음이 부처가 중생을 사랑하는 마음과 다르지 않다고 합니다. 불자님들은 성불을 목적으로 절에 다녀야 되기 때문에 우주를 하나로 보고 어떤 일을 실천했을 때 보살행이 되며, 보살로서 갖추게 되는 덕을 갖추게 되는 것입니다.

부처님의 덕이란 우주와 하나가 되는 것이기 때문에 무한대로 펼쳐져서 끝이 없습니다. 부처로서 갖추게 되는 덕성은 단계를 거쳐서 깨닫게 되면 우주와 내가 둘이 아닌 하나의 소식을 알게 되는데, 하나의 행을 행하는 것을 보살행이라고 합니다.

보살의 여섯 가지 수행 덕목인 육바라밀(六波羅蜜) 가운데 보시바라밀에 대해서 잘못 해석하시는 분들이 많은데, 보시를 통해서 반야를 이룬다고 하시면 안됩니다. 보시행이 바라밀 행이 된다는 것은 내가 베푸는 대상을 하나로 보고 행했을 때 바라밀이 됩니다. 바라밀은 저 언덕에 이른다는 뜻인데, 중생의 세계에서 벗어나 해탈의 세계에 이르는 것을 말합니다. 우주와 둘이 아닌 하나의 소식을 이론으로만 아는 것이 아니라, 부처님께서 갖추신 덕성(德性)인 우주와 한 몸이 된 경지와 마찬가지로 하나의 행을 행할 때 완벽한 바라밀을 성취하게 됩니다.

지계(持戒)라는 것도 보살행 차원에서는 오계(五戒)를 지키는 일만 해당되는 것이 아닙니다. 어머니가 자식을 키울 때 자식이 내 몸의 일부라고 생각하며 키우기 때문에 똥·오줌이 더럽다고 생각하지 않습니다. 그와 마찬가지로 우주와 내가 하나라는 도리를 알고 그러한 안목으로 행위를 할 때 모든 괴로움에서 벗어나게 됩니다. 거기서는 마음 밖에 대상이 따로 없기 때문에 집착이 끊어지는 것입니다. 집착이 있다는 것은 바른 보살행이 되지 못한다는 뜻입니다. 살생하지 말라는 것도 너와 내가 한 몸이니까 다른 생명을 죽인다는 것은 결국 내 생명을 죽이는 일이 됨을 의미합니다. 마찬가지로 남의 것을 훔쳤다면 내 것을 훔친 일이 됩니다. 대상이 따로 없기 때문에 우리는 한 몸입니다. 이렇게 알고 행할 때 바른 보살행이 됩니다.

금강제 보살은 부처님 전 단계에서 수행을 하던 분이셨습니다. 마왕 파순이 이 분을 친견하기 위해서 천년 동안을 따라 다녔다고 하는데, 천년 동안을 따라 다녔다는 것은 마왕 파순이 큰 발심을 했던 것 같습니다.

그러던 어느 날 장폐 마왕이 우연히 금강제 보살을 만나게 되자 이렇게 물었습니다.

"그대는 도대체 어디에 머물고 있는가? 내가 천 년 동안 그대의 거처를 찾아다녀도 찾지 못했소."

"나는 머묾이 있는데 의지해서 머무르지도 않았고, 머묾이 없는 데 의지해서 머물지도 않으면서 이와 같이 머물러 왔소이다."

　금강제 보살의 말씀은 우주를 하나의 마음으로 보고 행하는 보살행을 그대로 표현한 부분입니다. 금강제 보살의 보살행은 마음 밖에 일체의 대상이 없기 때문에 머묾이 있는데 의지해서 머무르지도 않았다고 하십니다. 《반야심경》에서 말씀하시는 과거·현재·미래의 모든 부처님이 반야를 의지해서 최고의 깨달음을 얻는다는 부분은 금강제 보살의 행을 말합니다. 반야를 의지한다는 것이 바로 우주를 하나로 보는 견해를 말합니다.

三十五世江西道一禪師

•

마조도일(馬祖道一, 709~788)

속성은 마씨(馬氏). 시호는 대적(大寂)선사이다. 709년 사천성 모주(漠州)에서 태어났으며, 19세 때 출가해 6조혜능 대사의 제자인 남악회양 대사의 법맥을 이었다. 강서성 홍주(洪州)를 중심으로 교화했기 때문에, 그 문파를 홍주종(洪州宗)이라고도 한다. 문하생이 백장, 대매(大梅), 남전 선사 등 139명, 입실(入室)제자가 84명이라고 전한다. 남악의 종풍(宗風)이 일시에 융성해져 훗날 임제종으로서 발전했다. 그는 '평상심시도(平常心是道)'를 주창했고, 일상생활 속에서 선(禪)을 실천하는 조사선을 확립하는 데 결정적인 역할을 했다. 법어와 선문답을 기록한 《마조어록》이 전한다.

14. 도는 닦는 데 있지 않다

마조도일

어떤 스님이 마조 스님께 여쭈었다.

"어떤 것이 부처입니까?"

그러자 마조 대사가 답했다.

"마음 그대로가 바로 부처이다."

"그렇다면 어떤 것이 도입니까?"

"마음 없음이 바로 도이다."

"부처와 도는 얼마나 떨어져 있습니까?"

"도는 손을 편 것과 같고 부처는 주먹을 쥔 것과 같다."

해설

앞에서 남악회양 선사가 돌을 갈아서 거울을 만드는 것을 예로 들어
마조도일 스님에게 "앉아서 좌선하는 것만이 수행이라고 한다면 잘못된

것"이라고 말씀하셨습니다. 우리의 마음이 어디에 있든 대상이 끊어져야 되고 내 마음자리에서 성성히 깨어있다면 그것이 그대로 수행이라는 말씀입니다. 또 소가 수레에 매여있을 때 수레가 가지 않는다면 소를 때려야겠느냐, 수레를 때려야겠느냐?" 하고 말씀하신 부분은 대중에게 의심을 던져준 화두입니다.

어떤 스님이 마조 스님에게 물었습니다.

"어떤 것이 부처입니까?"

질문한 스님은 부처님이 따로 있다는 생각으로 묻고 있습니다. 부처라고 했을 때는 부처 아닌 게 없습니다. 반야의 차원인 우주의 근본 실상은 하나의 마음으로 되어 있으니까 어떠한 표현도 할 수 없다고 했습니다. 그 자리가 진짜 부처님입니다. 모양이 없는 마음이 작용을 통해 나타나는 현상계도 마음입니다. '부처'라고 했을 때는 선(禪)적인 차원에서 말씀하는 것입니다. 우주 그대로 부처 아닌 게 없습니다. 진리를 법이라고 하는데, 우주를 있는 그대로 하나의 마음으로 보는 것을 우리가 법이라고 부른 것입니다. 하나의 마음으로 된 자리는 어떤 표현도 할 수 없으며 법이라고 해도 사실은 맞지 않습니다. 본래는 어떤 표현도 할 수 없는 자리이니까 '용(用)' 차원에서 질문하는 장면입니다.

그러자 마조 대사가 답했습니다.

"마음 그대로가 바로 부처님이다."

마음 그대로가 부처님이라면 마음 아닌 것이 없습니다. 어떤 것도 마음에서 나오지 않은 것이 없기 때문에 부처가 바로 마음입니다.

"그렇다면 어떤 것이 도입니까?"

"마음 없음이 바로 도이다."

질문한 스님이 이해를 하지 못하자 다시 '체(體)' 차원에서 대답을 해주십니다. 실상에서는 어떤 표현도 할 수 없으니까, 어떤 생각을 일으켜도 이미 '도'는 아닙니다.

"부처님과 도는 얼마나 떨어져 있습니까?"

"도는 손을 편 것과 같고 부처는 주먹을 쥔 것과 같다."

마음 그대로가 '부처'이며 마음이라는 생각 조차도 끊어져야 '도'라고 한다면 부처님과 도는 하나일 것입니다. 이 도리를 이해하고 하나로 본다면 주먹을 쥔 것과 편 것도 하나로 보실 수가 있습니다.

마조 대사가 말했다.

"도는 닦는 데 있지 않다. 만약 '닦아서 이룰 수 있는 것'이라 한다면 닦아서 이루었을 때 도리어 무너지고 말 것이니 이는 성문(聲聞)과 같을 것이요, '닦지 않는 것'이라 한다면 범부와 같다."

어떤 사람들이 물었다.

"어떤 견해를 가져야 도를 깨달을 수 있겠습니까?"

마조 대사가 답했다.

"자기 성품에 본래부터 갖추어져 있으니 선악에 막히지 않는다면 도를 닦는다고 말할 것이다."

이 내용은 안과 밖이 없는 '하나'의 차원에서 본다면 이해할 수가 있습니다. '도'는 문자와 언어로 표현할 수가 없습니다. 닦는다는 생각만 해도 이미 그르치는 것입니다.

마조 대사는 "도는 닦는 데 있지 않다."고 설했습니다. 근본 실상인 '도'를 닦아서 얻는다고 한다면 그르친다는 말씀입니다. 도는 본래 있는 것이지 닦아서 얻는 것이 아닙니다. 부처님께서 깨달으신 진리의 세계는 없던 것을 발견한 게 아니라, 본래 있던 자리를 확인 한 것이고, 중생은 아직 확인을 하지 못한 차이만 있을 뿐입니다.

가섭 존자가 부처님 법을 전해 받았을 때, 아난 존자는 가섭 존자가 부처님께 다른 무언가를 전해 받았다고 생각을 했습니다. 도가 닦아서 얻는 것이라고 한다면 열심히 정진해서 무언가 얻은 게 있어야 된다고 생각할 수가 있습니다. 그러나 도는 절대 얻는 것이 아닙니다. 본래 갖추고 있는 마음자리는 원래 있는 것입니다. 과거로부터 '하나'의 도리를 모르고 너와 나를 따로 보는 이분법적인 사고로 인해서 본래 있는 불성이 가려져 있을 뿐입니다. 태양이 구름이 끼면 빛을 발할 수 없듯이 가려져 있을 뿐입니다. 가려져 있는 것을 맑히는 것이 '수행' 또는 '정진'이라고 하는 겁니다. 그러니 절대 절대자에게 비는 것이 아닙니다. 맑은 기운을 끌어내서 탁한 기운들을 정화시키는 것입니다. 깨달았다고 해도 무언가 얻는 것이 아니라는 말씀입니다. 나의 참 본래자리로 돌아갈 뿐입니다. 그래서 마조 대사는 "얻는다는 생각을 한다면 닦아서 이루었을 때 도리어 무너지고 말 것"이라고 말씀하십니다.

성문은 '소리 성(聲)'자, '들을 문(聞)'자를 쓰는데, 사성제(四聖諦)의 가르침을 따라 수행하는 분들입니다. '네 가지 높은 깨우침'을 뜻하는 사성제는 고(苦), 집(集), 멸(滅), 도(道)의 4가지의 성스러운 진리로 나뉩니다. '고집멸도'에서 우리가 사물이 있다는 생각을 갖게 되면 그것은 괴로움의 연속입니다. 괴로움이란 집착에서 옵니다. 본래 우주의 근본 실상은 마음으로 되어 있다고 했습니다. 어떤 표현도 할 수 없는 마음자리에서 나타난 현상계도 본래 모양이 아니니까 사실이 아닌 것입니다. 하지만 우리는 진실이 아닌 것을 진실인 것처럼 착각하고 살고 있습니다. 육신은 잘 먹이고 잘 입히고 애착한다고 해도 언젠가는 썩어서 없어지고 맙니다. 결국 육신뿐만 아니라 일체의 대상은 사실이 아닙니다. 사실이 아닌 것을 사실인 것처럼 집착하다가 결국은 아픔을 겪게 됩니다. 불자님들도 주위에서 믿었던 사람에게 배신을 당한 일들이 많았을 것입니다. 믿음을 준 대상이 진실이 아닌데 스스로 진실인 것처럼 집착을 하다가 괴로움을 겪는 것입니다.

그러나 과거로부터 익혀온 습(習)이라는 것은 한 순간에 끊어지는 것이 아닙니다. 출가한 수행자들도 수행을 통해서 금생의 인연을 끊는다 해도 과거 생에 지은 인연들이 얼마나 많겠습니까. 얽히고 설킨 과거 생에 지은 인연의 끈은 계속 따라다니고 있습니다. 성불 한다는 것이 결코 쉬운 게 아닙니다. 육신통 가운데 누진통(漏盡通: 번뇌와 망상이 완전히 끊어진 경지)까지 쓰셨던 석가모니 부처님께서도 사촌인 제바달다에게 시달리게 됩니다.《법화경》에 보면 석가모니 부처님께서 법문 하시는 중에 오백 명의 제자들이 제바달다에게 모두 돌아가는 내용이 나오는데, 얼마나 속이 상하셨겠습니까? 그러나 석가모니 부처님께서는 과거의 인연들을 모두 보고 아셨기 때문에 포용을 하십니다. 우리는 전생의 인연을 모르기 때문에 가까운 사람이 배신한다면 서운한 생각이 먼저 일어납니다. 그러나 부처님 처럼 전생의 일을 안다면 서운한 생각이 일어나지 않을 것입니다.

석가모니 부처님께서는 초기에 《화엄경》에서 하나의 도리를 말씀하셨지만 알아듣지 못하니까 《아함경》에서 인간이 살아가는 도리를 먼저 말씀하셨습니다. 부처님께서 진짜 하시고자 하는 말씀은 21년 동안 반야부(般若部)에서 말씀하셨습니다. 반야부에서는 '체'에 대해서 설명을 하시는데 성자들이 깨달은 부분과 별반 다르지 않습니다. 실상을 이해시키기 위해서 《금강경》에서 충분히 말씀하셨던 것입니다. 성문승들은 부처님 법문을 듣고 열심히 정진을 하게 되면 도를 얻을 수 있다고 하나, 선종에서는 만약 도를 얻는다는 생각을 하고 정진을 하게 되면 결국 무너지고 말 것이라고 하는 점이 다릅니다.

어떤 사람들이 물었습니다.

"어떤 견해를 가져야 도를 깨달을 수 있겠습니까?"

마조 대사가 대답했습니다.

"자기 성품에 본래부터 갖추어져 있으니 선악에 막히지 않는다면 도를 닦는다 할 것이다."

본래 갖추고 있는 성품자리, 하나의 마음자리에 마음을 두고 있다면 선과 악이 있을 수가 없습니다. 선과 악에 끄달려가지 않는다면 그 사람은

중국선의 근간을 이룬 마조 스님이 출가했던 사천성 시방현에 위치한 나한사.

도를 닦는다고 할 수 있습니다. 그렇다면 '도'를 닦는다고 했을 때 마음을 어디에 두고 해야 되겠습니까? 내용에서 보면 깨닫고자 정진을 했을 때 선악이 일어나지 않으면 도를 닦는다고 했습니다. 예를 들어서 여러분이 염불이나 진언이나 화두를 든다고 했을 때 중국의 조사스님들의 수행법은 다르다는 이야기입니다. 조사선에서는 우주의 근본이 마음으로 되어 있고 어떤 표현도 할 수 없다고 했습니다. 그런데 '용' 차원에서 보면 '관음' 하고 염하는 그 놈이 둘이 아닌 하나입니다. 이것을 묻고자 했던 것입니다. 정진한다면 '관세음보살'이나 '지장보살' 또는 진언을 외운다고 했을 때, 내 마음을 어떻게 할 것인가를 물었던 것입니다. '지장보살'을 염한다면 '지장보살'을 염하는 그 놈이 하나잖아요. 그 이상이나 이하의 생각이 일어나도 안됩니다. 어떤 분들은 지장보살님이 보이는지 찾고 계시는 경우가 있는데 이것은 큰 착각입니다.

선악이라는 생각뿐만 아니라 어떤 생각이 일어나도 도가 아닙니다. '관음' '관음'을 염하신다면 '관음'에만 집중하시면 됩니다. '관음' '관음'하고 염하는 그 놈과 하나가 되는 것만 염두에 두시고 다른 것은 걱정할 필요가 없습니다. 분명한 것은 여러분이 바르게 알고 십분 정진 했다면 십분 정진 한만큼 마음은 맑아지게 되어 있습니다.

옛날에 진묵 스님께서는 마음이 얼마나 밝고 광채가 났는지 붓으로 글씨를 쓰게 되면 밤에는 글씨에서 야광처럼 광채가 났다고 합니다. 마음에서 빛이 나니까 글씨까지도 그 빛이 그대로 배어나온 것입니다. 그와 같이 우리 마음은 광명체라고 합니다. 우리 마음도 광명체의 능력을 가지고 있지만 잘못된 견해에 의해서 그 능력이 가려져 있을 뿐입니다.

마조 대사가 말했다.

"사람들은 선을 취하고 악을 버리고 공(空)을 관하고 선정에 드는데, 이것은 곧 짓는 일에 속한다. 다시 밖을 향해 정신없이 구한다면 더욱 멀어져 갈뿐이다. 그저 삼계의 마음과 헤아림을 다해야 한다. 한 순간의 헛된 생각이 곧 삼계 생사의 근본이니, 그저 한 순간의 헛된 생각이 없다면 생사의 근본도 없을 것이다."

해설

"사람들은 선을 취하고 악을 버리고 공을 관하고 선정에 드는데, 이것은 곧 짓는 일에 속한다.

　마조 스님께서 대중을 상대로 교학적인 부분에 대해서 지적하시는 내용입니다. 선을 취하고 악을 버리고 공을 관하고 선정에 드는데 이것은 곧 윤회에 떨어지게 된다는 말씀입니다.　선과 악을 생각하는 것은 이분법적인 사고입니다. 선을 취하고 악을 버린다는 생각 자체가 이미 분별심을 가지고 있는 것입니다. '공을 관하라'고 하시는 부분도 조사스님들의 가르침에서는 관하라는 가르침이 나오지 않습니다. 일체를 하나로 보는 것을 관한다고 하기도 하지만, '하나'에 마음을 두지 않고 하는 수행은 모두 윤회에 걸린다는 얘깁니다.

　"다시 밖을 향해 정신없이 구한다면 더욱 멀어져 갈 뿐이다. 그저 삼계의 마음과 헤아림을 다해야 할 뿐이다."

　내 마음 밖에서 진리를 구하거나 관세음보살님이나 지장보살님이 따로 있다는 생각을 하게 되면 더욱 진리와는 멀어질 뿐입니다. 색계, 욕계, 무색계를 삼계라고 합니다. 우주를 하나로 보라는 말씀입니다.

　"한 순간의 헛된 생각이 곧 삼계 생사의 근본이니, 그저 한 순간의 헛된 생각이 없다면 생사의 근본도 없을 것이다."

　한생각[一念] 잘못 일으키면 잘못된 한생각으로 인해서 윤회를 벗어나지 못합니다. 그러나 한생각에 머무를 수 있는 분이 얼마나 있겠습니까? 수행은 하면 할수록 편안함을 느껴서 찾아 들게 되는데, '도'라는 것도 생각하지 않고 끊임없이 나아갈 뿐이라는 법문입니다.

마조 대사는 말했다.

"도는 닦는 것이 아니니 그저 더러움에 물들지 않게 해라. 무엇을 더러움에 물든다고 하는가? 생사의 마음이 있기만 하면 조작하고 나아가니 이 모든 것을 더러움에 물든다고 한다. 도를 알고 싶다면 평상의 마음이 바로 도이다. 무엇을 평상의 마음이라 하는가? 만들거나 짓는 일도 없고 옳고 그름도 없으며, 취하거나 버림도 없고 단멸하거나 항상함도 없으며, 범부나 성인도 없는 경지다. 그러므로 경에서는 '범부의 행도 성현의 행도 아닌 것이 바로 보살행이다.' 라고 말씀하신 것이다."

∾ 해설 ∾

마조 스님께서 말씀하신 '평상심(平常心)이 도'라는 말을 들어 보셨을 겁니다. '평상심이 도'라는 말은 '평상의 마음' 즉 항상 '하나에 마음을 두고 있는 것'이 도라는 말씀입니다.

"도는 닦는 것이 아니니 그저 더러움에 물들지 않게 해라. 무엇을 더러움에 물든다고 하는가? 생사의 마음이 있기만 하면 조작하고 나아가니 이 모든 것을 더러움에 물든다고 한다."

도는 본래 있는 것이고 닦는 것이 아니니 더러움에 물들지 않게 하라는 말씀입니다. 생사(生死)에 마음이 있다는 것은 내 마음에서 번뇌가 일어났다 사라지는 것을 말합니다. 죽고 태어남도 생사라고 할 수 있지만, 내 마음에서 끊임없이 생겼다 사라지는 생각 자체를 생사라고 합니다. 조작한다는 것은 다시 업을 짓는 것을 말합니다. 업이라고 했을 때 나쁜 일만 업이라고 생각 할 수 있는데, 좋은 생각을 하던 나쁜 생각을 하던 모두 업이 됩니다. 현대 물리학에서는 '에너지 보존 법칙'으로 설명을 하는데, 어떤 생각을 하던 그것은 에너지로 남습니다. 현대 물리학에서는 '에너지'라고 하고 불교에서는 '업'이라고 하는 것입니다. 좋은 생각이던 나쁜 생각이던 본래의 불성을 탁하게 가릴 뿐입니다. 잠을 자면서 꿈을 꿀 때도 마음은 계속 움직이고 있습니다. 꿈속에서도 업을 짓고 있는 것입니다. 오매일여(寤寐一如)가 된다는 것은 꿈속에서 조차 한생각이 끊어지지 않아야 된다는 의미입니다. 한생각이 성성히 깨어있다면 자고 있건 눈을 떴건 머릿속에는 한생각이 성성히 깨어있게 됩니다. 그렇게 알고 갈 때 다시 조작하는 일이 되지 않는다는 말씀입니다. 수행자의 길은 결코 쉬운 길이 아니며 우리 마음은 순간순간 밖으로 나가려고 하기 때문에 그 마음을 다 잡아서 수행을 한다는 것은 정말 어려운 일입니다. 그렇다고 가지 않을 수도 없습니다. 그래도 가야 하는 길입니다.

마조 스님은 평상의 마음이 도라고 말씀을 하시는데 평상심 즉, 항상 하나에 마음을 두고 있는 것이 도라는 법문입니다. 모든 경계가 다 끊어진 본래 마음자리에서는 누군가를 좋아하고 미워하는 생각들을 만들거나 짓는 일도 없고, 옳다 그르다 분별해서도 안 되고, 취하거나 버려도 안 되고, 단멸하거나 항상함도 없으며, 범부나 성인도 없는 경지입니다. 보살행이니 범부의 행이니 하는 어떤 생각을 일으켜도 이미 번뇌입니다. 그러니 항상 한생각 놓치지 않고 있는 순간, 업을 짓지 않게 됩니다. 금생에 내가 한번 깨달아야겠다는 생각을 일으켰다면 마음속에서 항상 한생각을 놓치지 않아야 됩니다.

마조 대사가 말했다.

"유위(有爲)를 없애지 말고 무위 (無爲)에 머물지도 말라. 유위가 바로 무위의 작용이며 무위가 바로 유위 의 의지처이니, 의지처에 머무르지 도 말라. 그러므로 경에서는 '허공 은 의지할 곳이 없다'라고 했다. 마 음에는 생멸의 뜻이 있고, 마음에는 진여의 뜻이 있다. 마음의 진여란, 깨끗한 거울이 모습을 비추어 내는

나한사에 있는 마조도일 선사상.

것과 같으니 거울은 마음을 비유하고, 모습은 법을 비유한다. 만약 마음이 법을 취하면 바깥 인연에 얽매이게 되며 이것이 바로 생멸의 뜻이고, 법을 취하지 않는다면 이것이 진여의 뜻이다."

∽ 해설 ∽

마조 스님께서 거울을 예로 들어 설명을 하셨습니다. '유위'란 물질의 세계를 말하며 '무위'는 정신세계를 말합니다.

마조 스님은 "유위를 없애지 말고 무위에 머물지도 말라." 하셨습니다.

하나의 마음자리에서 보면 물질이 아니까, 본래자리에 마음을 두고 있다면 유위와 무위를 떠난 자리이기 때문에 무언가를 없애겠다는 생각 이 일어날 수도 없습니다. 하나로 보아야 되니까 유위를 생각해서도 안

되며, 없다는 생각을 하게 되면 공에 떨어지게 되니까 아무 것도 없다는 생각에 머물지도 말라는 말씀입니다.

그래서 마조 스님은 "유위가 바로 무위의 작용이며 무위가 바로 유위의 의지처이니, 의지처에 머무르지도 말라."고 당부하십니다.

유위라는 것은 내가 무언가 있다는 생각을 내어서 정신작용을 일으키는 것입니다. 마음에서 일으키는 생각이 유위의 의지처가 되며 번뇌가 된다는 말입니다. 마음 가운데 대상이 없더라도 멍청함에 빠지면 우리는 무기공(無記空)에 떨어지게 됩니다.

마조 스님은 일체가 마음으로 되어 있다면 물질이 아니며 허공과 같다고 말씀합니다. 《반야심경》에서 '공'사상을 말씀하신 것도 물질이 아니기 때문에 텅 빈 '공'이라고 했습니다. 물질이 아니니까 의지할 곳이 없습니다. '부처님께 귀의한다'고 하면 의지처가 없지 않을 것입니다. 부처님은 우주의 근본 실상인 마음자리이니까 의지처라고 하지만, 그 자리로 돌아간다는 의미가 될 것입니다. 그렇다면 의지할 대상이 따로 없는 것입니다.

마조 스님은 또한 "마음에는 생멸의 뜻이 있고, 마음에는 진여의 뜻이 있다."고 하셨습니다. 마음에서 일어나는 번뇌가 있다면 생멸이 있고, 진여는 안과 밖이 같은 자리 즉 물질과 마음이 둘이 아니라는 말입니다. 마음에 대상이 따로 없다면 진여의 자리를 말합니다.

"마음의 진여란, 깨끗한 거울이 모습을 비추어 내는 것과 같으니 거울은 마음을 비유하고, 모습은 법을 비유한다."

먼지가 끼지 않은 맑은 거울이라면 어떤 사물이라도 깨끗하게 비추어 볼 수가 있습니다. 좋던 나쁘던 거울은 있는 그대로 다 비춰냅니다. 거울이 더러운 것을 거부하겠습니까? 좋다고 해서 더 빛을 내겠습니까? 마음은 깨끗한 거울에 비유하고 대상은 법으로 비유했는데 대상은 물질을 말하는 것입니다. 거울이 더러운 것을 비쳤다고 해서 거울이 더러워지지 않듯이 대상을 보았다고 해도 우리 본래 마음자리는 조금도 오염이 되지 않는다는 뜻입니다. 거울은 다른 것을 또 비추더라도 그대로 다시 비춰줍니다. 우리가 대상을 분별한다면 그 순간 번뇌가 일어난 것입니다. 거울에 먼지가 끼면 실상을 봐도 바로 비춰볼 수가 없는 것과 마찬가지로 마음에서 대상을 분별하는 마음을 일으키게 되면 거울이 오염이 되듯 우리 마음도 오염이 된다는 법문입니다.

"만약 마음이 법을 취하면 바깥 인연에 얽매이게 되며 이것이 바로 생멸의 뜻이고, 법을 취하지 않는다면 이것이 진여의 뜻이다."

거울에 사물을 비쳤을 때 만약 사물의 그림자가 거울에 붙게 된다면 거울이라고 할 수가 없듯이 어떤 대상 경계에 접했을 때 대상에 끄달려간다면 마음에 생멸이 생기게 됩니다. 그 당체(當體)는 조금도 물러서지 않고 끄달려가지 않는데, 이것이 진여의 뜻이라는 말씀입니다. 어떤 마음을 쓰느냐에 따라서 업은 내가 만들어 내는 것입니다. 본래마음은 물질이 아니어서 때가 끼거나 조금도 오염이 되지 않습니다. 본래 마음자리, 진여당체에서 본다면 억겁 전에도 이 자리며, 억겁 후에도 바로 이 자리입니다.

三十六世百丈懷海禪師

•

백장회해(百丈懷海, 749~814)

속성은 왕(王), 휘는 회해, 시호는 대지(大智). 복건성 출생. 백장산에 오래 머물러 백장 선사라는 호칭을 얻었다. 각조(覺照) 또는 홍종묘행(弘宗妙行)이라는 별칭도 있다. 20세 때 서산(西山) 혜조(慧照) 스님을 따라 출가, 그 후 마조 대사에게 도를 배워 깨달음을 얻고, 강서성 대웅산(大雄山: 백장산)에 머물렀다. 향존암(鄕尊庵: 백장사)을 창건해 선풍을 일으키고, 선의 규범인《백장청규(百丈淸規)》를 제정, 승단의 조직이나 수도생활의 규칙 등을 성문화했다. 그의 생활은 매우 준엄해 "하루 일 하지 않으면 그날은 굶는다"고 할 정도였다. 많은 제자 중에서도 황벽희운, 위산영우 두 대사는 걸출한 인물로서, 뒷날 이들의 계통에서 임제종과 위앙종이 시작되었다.

15. 뭇 인연과 만사를 쉬어라

백장회해

백장회해 선사가 법당에 올라 설법했다.

"신령스러운 광채가 스스로 빛나서 6근과 6진을 멀리 벗어나고, 본체가 참 모습을 드러내 문자에 구애받지 않는다. 마음의 성품은 물들지 않는 것이므로 본래부터 저절로 원만하게 이루어진 것이니, 허망한 연을 떠나기만 한다면 그대로 여여하신 부처님이니라."

해설

백장(百丈)이란 호를 말하는데, 스님께서 백장이라는 산에 머무셨기 때문에 산의 이름을 따서 백장이라고 한 것입니다. 백장 스님께서 법문을 하시게 되면 후미 쪽에서 어떤 노인이 항상 법문을 진지하게 듣고 계셨답니다. 그러던 어느 날 이 노인이 자신은 전생에 백장(동명이인)이었는데, 말 한마디 잘못한 것으로 인해서 여우의 몸을 받았다고 하십니다. 현재는 재주를 부려 노인으로 몸을 바꾸었다는 것입니다.

이 노인에게서 오백생 전에 어떤 말을 잘못 해서 여우의 몸을 받게 됐나 듣게 되는데, 그 당시에 어떤 사람이 묻기를 "스님은 업에 매입니까?" 하고 물으셨는데 "나는 업에 매이지 않는다"고 대답을 했다는 것입니다. 그래서 전(前) 백장이 백장 대사에게 "스님께서도 업에 걸리십니까?" 하고 묻자 백장 대사는 "나는 업에 어둡지 않다"라고 대답을 했습니다. 이 말을 들은 여우 노인은 삼배를 하며 "이제 제가 여우의 몸을 벗게 되었습니다." 하고 사라지셨답니다. 이후 백장 대사께서는 대중에게 뒷산에 있는 여우의 사체를 찾아서 제사를 잘 지내주라고 하셨답니다.

이 일화에서 가장 중요한 사실은 "업에 걸리지 않는다"고 대답을 했다면 부처님 경지에 들어가 있어야 된다는 사실입니다. 그러나 전 백장은 부처님 경지에 오르지 못한 상태에서 업에 걸리지 않는다고 대답함으로 인해서 여우의 몸을 받은 것입니다. 깨닫지 못했으면서 깨달았다고 하는 것은 큰 업이 된다고 합니다. 진짜 눈을 뜬 사람은 깨달았다고 말을 할 수가 없습니다. 왜냐하면 본래자리로 돌아가는 것이지 깨달음은 말로 표현할 수가 없기 때문입니다. 깨닫지 못했으면서 깨달았다고 하는 수행자는 과보를 피할 수가 없는 것입니다.

"신령스러운 광채가 스스로 빛나서 육근과 육진을 멀리 벗어났다"고 할 때, 신령스러운 광채가 스스로 빛난다는 표현은 가장 중요한 본래자리를 가리킨 것입니다. 우주의 근본, 하나의 자리에서 말씀하시는 부분입니다. 하나의 마음자리로 돌아갔을 때 육근과 육진이 없어지게 됩니다. 이 말은 《화엄경》에 나오는 일체유심조(一切唯心造)와 똑같은 말입니다. 여기서 일체가 '내 마음'에 의해서 지어진다고 하면 안됩니다. 일체가 '이 마음'에 의해서 지어진다고 이해하셔야 됩니다. '내 마음' 과 '이 마음'은 어떻게 다를까요? '내 마음'은 개인적인 마음을 말하는 것이고 '이 마음'은 우주의 근본 실상인 하나의 마음자리를 말하는 것입니다.   육진(六塵)은 대상에서 느껴지는 인식을 말하는데, 본래자리에서 볼 때는 대상이 따로 없기 때문에 육근과 육진을 멀리 벗어난다는 뜻입니다. 대상이 따로 있다면 육근과 육진을 벗어날 수 없습니다. 그래서 여러분은 하나의 마음자리를 이해하셔야 됩니다.

"본체가 참 모습을 드러내 문자에 구애받지 않는다."는 말은 실상을 체험하게 되면 문자나 언어에 걸리지 않는다는 뜻입니다. 누구든지 '하나'의 도리를 체험하게 되면 어록 같은 것도 이해하는데 아무런 걸림이 없습니다.

"마음의 성품은 물들지 않는 것이므로 본래부터 저절로 원만하게 이루어진 것이니, 허망한 연을 떠나기만 한다면 그대로 여여하신 부처님이니라."

하나의 마음자리는 절대로 어떤 경계에도 물들지 않으며 본래부터 갖추고 있는 것입니다. 육신뿐만 아니라 물질로 이루어진 것은 허망한 것이니, 경계에 끄달려가지 않는 마음을 쓴다면 그대로가 부처님이라는 가르침입니다.

어떤 스님이 백장회해 선사에게 물었다.

"무엇이 대승(大乘)의 도에 들어가는 것이고, 단번에 깨치는 법요입니까?"

선사가 답했다.

"그대는 먼저 뭇 인연과 만사를 쉬어라. 선과 불선, 세간과 출세간의 일체 법을 모두 버리고 기억하지도 말며 얽매이거나 생각지도 말라. 몸과 마음을 놓아버려서 온전히 자유자재로워지면 마음은 목석과도 같아지고 입으로는 말할 것도 없으며, 마음이 수행할 것도 없게 되리라. 마음의 바탕이 허공과 같아지면 자비의 태양이 절로 나타나리니, 마치 구름이 걷히고 태양이 드러나는 것과 같으리라."

~ 해설 ~

백장 대사께서는 "하루 일을 하지 않으면 하룻동안 밥을 먹지 않는다"는 유명한 말씀을 남겨 놓으셨습니다. 연세가 많으셔서 대중과 함께 울력을 하지 못했을 때는 공양시간에도 나오지를 않으셨다고 합니다. 백장 대사께서는 일을 하지 않으면 밥을 먹지 않는다는 원칙을 몸소 지키셨던 분입니다.

어떤 스님이 백장회해 선사에게 물었습니다.

"무엇이 대승의 도에 들어가는 것이고, 단번에 깨치는 법요입니까?"

"그대는 먼저 뭇 인연을 쉬고 만사를 쉬어라."

옛 선사들이 말씀하신 조사선 수행법은 선오후수(先悟後修)의 수행법입니다. 먼저 이론적으로 해오(解悟)를 하고 이를 전제로 닦아나가는 것이 후수입니다. "뭇 인연을 쉬고 만사를 쉬어라." 이 말의 뜻은 뭇 인연이 있으면 안 된다는 말씀입니다. 만약 마음밖에 대상이 따로 있다면 쉴 수가 없습니다.

예를 들어, 연애할 때나 결혼을 해서도 남편이 어디에 가 있거나 늦게 들어오면 궁금해서 의심하는 경우가 있잖아요. 상대가 내 마음 구석에 자리를 잡게 되면 마음은 옹졸해지게 됩니다. 그때는 다른 대상들이 안 보이고 한 사람한테 집착하게 되는데, 사실은 이것이 고통입니다. 대상이 없어야 됩니다. 육안의 눈으로는 대상이 있을 수밖에 없지만 항상 마음의 눈으로 보아야 됩니다. 마음의 눈으로 보게 되면 대상이 끊어집니다.

이론적으로 대상이 따로 없다는 것을 알았다면 염불을 하던, 화두를 들던, 주력을 하던, 앞뒤가 막힐 정도로 한생각이 꽉 차있어야만 그 순간이 쉬는 것입니다. 결코 쉽지는 않습니다. 신도님들 중에서 서울에서 오시는 어떤 보살님이 계신데 제가 경험한 것을 똑같이 경험을 하신 분이 계십니다. 집안의 어려운 사정으로 인해서 정진을 하시게 되었는데 평상시 뿐만 아니라 자면서도 한생각이 끊이지를 않아서 일상생활을 할 수 없을 정도가 되셨답니다. 이런 분들은 조금만 뛰어넘게 되면 오도(悟道)를 하게끔 되어 있습니다. 옛날 큰스님들께서도 말씀하시길 앞뒤가 꽉 막히고 몽중일여(夢中一如) 즉, 자면서까지도 한생각이 성성하게 깨어서 일주일 주야로 정진하여 깨치지 못한다면 자기의 코를 베어가라고 하셨던 부분입니다. 누구든지 정진에 탄력이 붙게 되면 그런 경지까지 갈 수가 있습니다. 우주를 하나로 보고 염불을 하라고 말씀드렸더니 "하나를 생각하라고 하면 어떻게 생각할 수 있습니까?" 라고 하십니다. 그렇게 해서는 '하나'를 체험하는 것이 절대 불가능합니다. 하나이기 때문에 염불하는 그놈이 하나라는 것을 믿고 가면 되는 것입니다.

백장 선사의 계속되는 법문입니다.

"선과 불선, 세간과 출세간의 일체 법을 모두 버리고 기억하지도 말며 얽매이거나 생각지도 말라. 몸과 마음을 놓아버려서 온전히 자유자재해지면 마음은 목석과도 같아지고 입으로는 말할 것도 없으며, 마음이 수행할 것도 없게 되리라."

위에서 말씀 드렸던 보살님처럼 한생각이 꽉 차서 공부가 되면 밥 하는 것까지 두려워지고 나중에는 그것을 끊기 위해서 용을 쓰게 됩니다. 이 경지가 오매일여(寤寐一如: 자나 깨나 한결같은 마음상태)의 경지인데 이 경지까지 가야 삼매의 경지에 들어가는 것입니다. 앞뒤의 생각이 꽉 막히고 오직 한생각으로 꽉 차있는 상태를 말합니다.

"마음의 바탕이 허공과 같아지면 자비의 태양이 절로 나타나리니 마치 구름이 걷히고 태양이 드러나는 것과 같으리라."

정진이 잘 되면 좌선을 하고 있을 때 공중부양을 한 것처럼 느껴지고 몸이 굉장히 가벼워 져서 편안해 집니다. 그러면 이대로 그냥 머물고 싶은 생각이 들게 됩니다. 그런 경지를 통해서 마음이 맑아지고 밝아져서 우주와 하나가 되면 마치 구름이 걷히고 태양이 드러나는 것과 같다는 말씀입니다. 부처님의 길로 들어서는 것은 오직 정진의 힘으로 들어갈 수가 있고, 우리가 살면서 겪는 어려운 일들도 정진을 통해서만 해결할 수가 있습니다.

백장 선사가 대중에게 설법했다.

"때가 낀 옷을 빨듯이 공부를 해야 한다. 옷은 본래부터 있었던 것이고, 때는 밖에서부터 온 것이다. 보고 들은 일체의 유무와 소리나 형상에 관한 말씀은 마치 기름때와도 같으니 절대로 마음이 머물게 하지 말라."

해설

그 어느 것에도 집착하지 말라는 말씀입니다.《천수경》에 보면 업에 대해서 "마른 풀잎 불타듯이 사라진다"고 설명합니다. 업이라는 것도 결국 행 한 것은 없어지는 것이 아닙니다. 그래서 부처님께서도 성불한 이후에도 사촌인 제바달다에게 많이 시달렸습니다. 업에 의해서 우리가 육신을 뒤집어 쓴 것이니까, 육신이 있는 한 업은 있는 겁니다. 육신은 마음의 그림자입니다. 그래서 무여열반, 유여열반을 말하는데 이 몸까지 다 없어졌을 때 무여열반(無餘涅槃)이라고 하고 육신이 있을 때는 성불을 한다고 해도 유여열반(有餘涅槃)이라고 합니다.

위 내용에서 옷에 때가 끼었을 때를 예로 들어서 비유를 잘 해주셨습니다. 때가 밖에서 온 것이라는 말은 본래는 안과 밖이 없는 것인데 스스로 안과 밖을 지어 놓은 셈입니다. 내 마음에서 대상을 스스로 지어놓고 그

업력을 때로 비유한 것입니다. 때를 씻어내듯이 공부해야 된다는 말씀은 때는 빨래를 통해서 씻어낼 수 있지만 불성을 가리고 있는 탁한 기운은 오직 정진을 통해서만 맑힐 수가 있다는 비유입니다. 우리가 육안을 통해서 느끼는 모든 대상이 때라는 말입니다. 잘 벗겨지지 않는 기름때와도 같다고 비유를 했습니다. 마음 밖에 대상이 본래는 없는 것이니까 집착하지 말라는 말씀입니다. 한생각이 성성히 깨어있을 때 이 집착에서 벗어날 수가 있습니다.

백장 선사가 말했다.

"사람이 부처의 경지에 이르는 것은 성인의 마음에 집착하는 것이고, 사람이 지옥에 이르는 것은 범부의 마음에 집착하는 것이다. 지금 범부와 성인의 두 경지에 애착하는 마음이 있으면 이것을 '유정(有情)에게 불성이 없다'고 하며, 범부와 성인의 두 경지와 일체 유무의 모든 법에 대해 취하거나 버리는 마음이 전혀 없고 또한 취하거나 버림이 없는 마음까지도 없으면 이것을 '무정(無情)에게 불성이 있다'고 한다. 그런 마음에 얽매임이 없기 때문에 무정이라 하는 것이니 나무나 돌, 넓디 넓은 허공, 노란 국화나 푸른 대나무처럼 감정이 없는 것을 무정이라 하는 것과는 다르다. 이들에게 불성이 있다고 한다면 그들 중에 수기를 받고 성불했다는 자를 경전에서 볼 수 없는 까닭이 무엇인가? 다만 그 비추어 깨달음이 유정의 변화에 전도되지 않는 것이 푸른 대나무와 같다고 비유한 것이고, 항상 근기에 응하는 것이 노란 국화와 같다고 비유한 것이다."

성인의 마음은 어떤 마음입니까? 바로 대상이 없는 마음입니다. 대상에 마음을 두는 것이 집착이라고 했는데 항상 하나의 마음자리에 마음을 두라는 가르침입니다. 하나의 마음자리에 생각을 두고 있을 때 그것이 성인의 마음이라는 것입니다.

성인과 범부의 차이는 종이 한 장 차이에 불과합니다. 본래 둘이 아닌 하나의 도리를 모르는 자를 범부라고 하고, 본래 있는 자리를 그대로 아는 이가 성인입니다. 범부의 마음에 집착하는 것은 자기 스스로 지옥에 떨어지는 형국입니다. 지옥은 화탕지옥도 있고 칼산지옥도 있다고 하는데, 지옥은 누가 보내는 것이 아니라 스스로 찾아가는 것입니다. 사람으로 태어나서 마음을 잘못 쓰면 벌레나 나무나 꽃으로 태어나기도 한답니다. 사람 몸으로 태어나기는 정말 어렵기 때문에 인신난득(人身難得)이라고 했습니다.

"지금 범부와 성인의 두 경지에 애착하는 마음이 있으면 이것을 '유정(有情)에게 불성이 없다'고 하며, 범부와 성인의 두 경지와 일체 유무의 모든 법에 대해 취하거나 버리는 마음이 전혀 없고 또한 취하거나 버림이 없는 마음까지도 없으면 이것을 '무정(無情)에게 불성이 있다'고 한다."

성인이라는 생각, 범부라는 생각이 있다면 유정에게 불성이 없다고 하는 것입니다. 유정은 보살님 경지에 있는 분까지를 가리킵니다. 부처님은 집착하는 마음이 없기 때문에 무정이라고 합니다. 지장보살님 같은 경우도 육도(六道: 천상, 아수라, 인간, 축생, 아귀, 지옥의 여섯 세계) 중생을 다 제도하기 전에는 성불하지 않겠다고 하셨는데 집착하는 마음이 있기 때문에 유정이라고 합니다. 내가 어떤 대상을 집착하고 있다면 불성이 없다고 하는 것입니다. 불성이 있기는 있지만 불성과 하나가 되지 못하기 때문입니다. 그래서 정(情: 애착심)에 의해서 불성이 가려져 있기 때문에 유정이라고 합니다. 만약에 대상이 끊어지고 집착과 있다 없다는 생각, 마음이라는 생각까지 끊어진다면 이때는 불성이 드러난 것입니다. 집착하고 애착하는 마음이 없기 때문에 무정이라고 하며, 그래서 무정에게 불성이 있다는 말씀입니다.

집착하는 마음이 없는 것을 무정이라 하지만 나무나 돌, 넓디 넓은 허공, 노란 국화나 푸른 대나무처럼 감정이 없는 것을 무정이라고 하는 것과는 다릅니다. 백장 선사께서는 나무나 돌이나 무정물에게 감정이 없다고 하는데 사실은 감정이 있습니다. 백장 선사께서 그 당시에는 느끼지 못하셨지만 오늘날은 최첨단 과학 기술로 식물에게 거짓말 탐지기를 대고 나무에게 욕을 하게 되면 파동으로 인해 나무가 기절을 한답니다. 그런데 따뜻하게 사랑을 표현해주면 서서히 깨어난다고 합니다. 백장 선사께서는 감정이 없는 무정물이라고 말씀을 하시는데, 앞서 말씀하신 무정과 나무나 돌등의 무정물과는 다르다는 법문입니다.

나무나 돌은 성품을 드러낼 수 있는 힘이 없습니다. 그래서 사람으로 태어나야지만 성불할 수가 있다는 이야기입니다. 무정물은 그래서 불성이 없다고 이야기를 합니다. 백장 선사는 "다만 그 비추어 깨달음이 유정의 변화에 전도되지 않는 것이 푸른 대나무와 같다고 비유한 것이고, 항상 근기에 응하는 것이 노란 국화와 같다"고 비유했습니다. 곧은 사람을 대쪽 같다고 표현하는데 외골수나 자기 중심적으로 자신 밖에 모를 때, 이런 경우에도 무정이라고 합니다. 항상 근기에 응하는 것이 노란 국화와 같다고 했는데 노란 색은 모든 것을 포용해서, 하나가 될 수 있다는 말입니다. 노란 국화는 불성이 있다고 얘기하고 푸른 대나무는 불성이 없다고 비유해서 말씀을 하셨습니다.

계속되는 백장 선사의 법문입니다.
"부처님의 단계를 밟으면 무정에게도 불성이 있는 것이 되고, 부처님의 단계를 밟지 않으면 유정에게도 불성이 없는 것이니라."
수행을 통해서 부처님의 경지에 들어가면 불성 아닌 것이 없으며 깨닫지 못했을 때는 일체가 다 불성으로 볼 수 없다는 말입니다.

백장 선사가 말한 세 가지 나쁜 욕심은 첫째는 사부대중들이 나를 떠받들어주기를 바라는 마음이고, 둘째는 모든 사람들이 나의 문도가 되어 주기를 바라는 마음이며, 셋째는 모든 사람들이 나를 성인이나 아라한으로 알아주기를 바라는 마음이다.

해설

우리는 살아가면서 남이 자기 자신을 알아주기를 바라는 마음이 있게 마련입니다. 누가 나를 알아주기를 바라는 마음은 상(相)입니다. 진리 차원에서 보면 모두 평등하기 때문에 누가 나를 알아주기를 바라는 마음이 있으면 깨달음과는 거리가 멀어집니다. 이것을 극복한다는 것은 쉬운게 아닙니다. 법정 스님께서도 무소유(無所有)를 말씀하셨지만 스님께서는 정말 하심을 하셨던 분입니다. 하심을 하게 되면 나를 버리는 것입니다. '나'라는 생각이 없기 때문에 어떤 대상이든지 평등하게 보고 상대가 절을 하면 같이 절을 합니다. 상대가 절을 할 때 가만히 받고 있다면 상이 강한 것입니다. 아직까지 진짜 나를 드러내지 못한 단계입니다.

사회는 조직에 의해서 구성이 되었고, 우리는 조직에 들어와 주기를 바라는 마음이 있습니다. '직지' 공부를 한다면 더 많은 사람이 참여해서 함께 하고 싶은 마음이 드는 것입니다. 그러나 이런 것 또한 상이라는 말씀입니다. 승가의 문도 역시 하나의 조직이어서 이러한 상을 벗어나기 어려운 것입니다.

수행자들은 "사람들이 나를 성인이나 아라한으로 알아주기를 바라는 마음"이 있습니다. 큰스님뿐 만 아니라 강사들도 법상에서 부처님 말씀을 강의하다 보면 스스로 착각에 빠지는 경우가 있습니다. 그래서 수행자는 항상 정진의 끈을 놓쳐서는 안됩니다. 틈이 생기게 되면 자꾸 상이 나타나게 되어 있습니다. 상을 없애기 위해서는 언제 어디서나 정진을 하지 않을 수 없습니다.

황벽희운(黃檗希運, ?~850)

시호는 단제(斷際)선사. 복건성 출생. 어려서 홍주(洪州) 황벽산(황보산)으로 출가했는데,《백장청규(百丈淸規)》의 저자로 유명한 백장 선사의 지도를 받고 불도의 깊은 뜻을 통달했다. 훗날 종릉(鍾陵)의 용흥사(龍興寺)와 배상국(裵相國)의 청으로 완릉(宛陵)의 개원사(開元寺)에도 머무르면서 찾아드는 수행자들을 점검하고 지도했으며, 황벽산에서 입적했다. 문하에 임제종의 개조(開祖)인 임제의현 선사가 있고, 그 법어는 배휴(裵休)가 집대성하여《황벽산단제선사 전심법요(傳心法要)》(1권)를 남겼다.

16. 마음과 경계를 모두 잊어라

황벽희운

황벽희운 선사가 일찍이 대중을 해산시키고 홍주 개원사에 머물고 있을 때였다. 하루는 상국 배휴가 절에 왔다가 벽에 그려져 있는 초상화를 보고 원주에게 물었다.

"벽에 그려져 있는 것이 무엇입니까?"

원주가 대답했다.

"고승입니다."

"모습은 보이는데 고승은 어디로 가셨습니까?"

원주가 답을 못하자 배휴가 다시 물었다.

"이 곳에 참선 하시는 스님이 계십니까?"

원주가 말했다.

"희운이라는 법명의 스님이 계신데, 참선을 잘 하시는 분이십니다."

이에 배휴가 희운 선사를 불러서 앞의 일들을 말하자 선사는 말했다.

"마음대로 물어 보시오."

배휴가 물었다.

"모습은 보이는데 고승은 어디로 가셨습니까?"

그러자 선사가 배휴를 부르니 배휴가 "예"하고 대답했다.

선사가 말했다.

"고승이 여기 있소."

배휴는 이 말을 듣는 순간 크게 깨달았다.

해설

황벽희운 선사는 백장회해 선사의 제자입니다. 황벽희운 선사가 대중과 함께 정진하시다가 대중을 해산시키고 홍주의 개원사에 머물고 있을 때였습니다. 배휴라는 분은 원래 남자 쌍둥이었는데 등이 붙어서 태어났다고 합니다. 형의 이름은 배휴이고 동생의 이름은 배탁이라고 합니다. 이 쌍둥이가 태어나신 뒤로 부모님께서 일찍 돌아가셨답니다. 그래서 고모 집에 의탁해서 살게 되는데 배휴와 배탁이 칠·팔세 되던 어느 날 어떤 스님이 오셔서 배휴와 배탁이 노는 모습을 보고는 "저 아이들과 가까이 하게 되면 집안에 재앙이 끊이지 않을 것이다"라고 하시며 걱정을 하시는 겁니다. 하지만 그래도 고아니까 어쩔 수 없이 고모와 같이 지내게 되었습니다. 배휴와 배탁은 가까운 절에 가서 놀곤 했는데 그 절에 다니는 보살님의 아들이 어떤 사건에 연루가 되어서 사형을 당하게 되었습니다. 이 보살님이 아들을 살리기 위해서 집안의 금·은 보화를 팔아서 돈을 준비했던 것입니다.

이 보살님이 그 돈을 법당 앞 우물가에 놓고 법당에 가서 삼배를 하고 나와서 깜빡 하고 보따리를 놓고 그냥 가버렸습니다. 그것도 모르고 판사를 만나기 위해서 갔다가 뒤늦게 보따리를 찾으러 절에 부랴부랴 오게 되었는데 배휴라는 어린 아이가 그 보따리를 지키고 있던 겁니다. 얼마나 반갑고 고맙겠습니까. 배휴가 그 보살님의 아들을 살린 셈이 된 것입니다. 그러던 어느 날 스님께서 다시 오셔서 배휴를 보니 얼굴의 상(相)이 바뀌었던 겁니다. 관상을 본 그 스님은 "저 아이는 커서 큰 벼슬을 할 것이다"라고 말씀을 해주셨습니다. 그 이후에 배휴라는 분은 정말로 높은 벼슬에 올랐다고 합니다.

반면, 동생 배탁은 뗏목을 운행하는 일을 하게 됩니다. 어느 날 배휴가 강을 건너게 되었는데 노를 젓고 있는 배탁의 등에 있는 흉터를 보고 동생임을 알아보게 됩니다. 그동안 떨어져서 동생이 어떻게 살고 있는지 궁금해 하고 있던 차에 동생을 알아본 배휴는 배탁에게 "왜 이렇게 어렵게 사느냐. 나한테 도움을 청하지?" 하니 배탁이 하는 말이 "내 복은 내 복대로 살고, 그대 복은 그대 복대로 사는 것" 이라고 말했습니다.

이렇게 사는 것이 지혜로운 삶이라고 할 수 있겠습니다. 우리의 행복을 얻는 것은 그냥 저절로 이루어진 것은 아닙니다. 우리가 벼슬을 얻고 재물을 얻는 것도 마음에서 복을 받을 만한 행위를 했을 때 오는 것이지 그냥은 절대 오는 것이 아닙니다. 부처님 앞에서 무릎 꿇고 아무리 절을 많이 한다고 하더라도 절을 통해서 벼슬을 얻을 수 있는 법은 절대로 없습니다. 절을 많이 했다고 해서 부처님이 소원을 이루어주시는 것이 불교가 아닙니다. 내가 행한 만큼 돌아오는 것이지 내가 행하지도 않고 불·보살님에게 빈다고 해서 그 분들이 나타나서 우리의 뜻을 이루어 주는 일은 절대로 없다는 말입니다. 선에서는 우주를 하나의 마음으로 본다고 했습니다. 그것은 평등사상입니다. 모든 자리가 끊어진 자리입니다. 그러니 빌 대상이 따로 없는 겁니다.

　신심이 돈독한 배휴는 한 소식을 하신 분이라고 볼 수 있습니다. 배휴가 개원사를 찾아가게 되는데 개원사에 초상화가 그려져 있었습니다. 그래서 원주스님께 그림을 보고 여쭈는 내용입니다.

"벽에 그려져 있는 것이 무엇입니까?"

원주가 대답했습니다.

"고승입니다."

"모습은 보이는데 고승은 어디로 가셨습니까?"

이 질문은 '용' 차원에서의 질문입니다. 고승이라는 게 따로 있습니까? 마음이 인연을 따라서 파동을 통해서 나타나는 현상계는 모양이 없는 자리에서 나왔기 때문에 역시 모양이 아닙니다. 실상과 현상계는 둘이 아니기 때문에 '용'차원에서 하시는 질문입니다.

원주가 답을 하지 못하자 배휴가 마침 절에 머물던 희운 선사를 불러서 다시 묻습니다.

"모습은 보이는데 고승은 어디로 가셨습니까?"

이 질문은 '본래자리는 어디에 있습니까?' 라고 묻는 것입니다. '체'에서는 모양이 없기 때문에 모습을 빌어 '용'의 차원에서 묻고 있습니다.

그러자 희운 선사가 배휴를 부르니, 배휴가 "예"하고 대답했습니다.

선사가 말했습니다.

"고승이 여기 있소."

배휴는 이 말을 듣는 순간 크게 깨달았습니다.

이 뜻을 이해하시겠습니까? 우주의 근본 실상은 마음으로 되어 있기 때문에 물질이 아닙니다. 그러니 어떤 표현도 할 수 없다고 했습니다. 모양이 없는 자리에서 나온 현상계는 둘이 아닙니다. 고승(본래 마음자리)이 어디 있냐고 묻자, 고승이 여기 있다고 답을 한 것은 바로 고승 아닌 것이 없음을 보여줍니다. '예'하는 그 놈이 바로 고승이라는 뜻입니다. 질문에 대한 답으로 '용' 차원에서 대답을 해준 것입니다. 이 말을 들은 배휴는 크게 깨달았다고 하는데, 이런 일화를 보면 '도'를 깨닫는 것은 굉장히 쉬운 겁니다. 똑같은 상황에서도 어떤 분은 깨닫고 어떤 분은 이해를 못하는 분이 있는데 왜 그럴까요? 근기(根機)라고 답을 하시는데 근기는 무엇입니까? 과거 생에 용맹정진해서 열심히 수행했다면 과거 생에 수행을 많이 한 선업으로 인해서 수승한 근기가 있는 분이라고 합니다. 전생에 수행을 많이 했기 때문에 금방 알아듣는 것입니다. 각자 타고난 능력들이 있을 겁니다. 그 능력은 과거 생에 본인들이 오랫동안 연마했던 일이라고 볼 수 있습니다.

황벽희운 선사는 또 말했다.

"이 본원청정한 마음의 본체는 항상 스스로 둥글고 밝으며 두루 비춘다. 그런데 세상 사람들이 깨닫지 못하고서 보고 듣고 감각하고 아는 것만을 인정하여 이것을 마음으로 삼으니, 보고 듣고 아는 것에 뒤덮여서 맑고 밝은 본체를 보지 못하는 것이다. 그러나 무심이기만 하면 본체는 저절로 드러나리니 큰 태양이 허공에 떠올라 시방을 두루 비추되 아무런 걸림이 없는 것과도 같으리라."

해설

   이 문장의 내용은 근본 실상을 문자와 언어로 표현한 부분입니다. 우주의 근본 실상은 하나의 마음으로 되어 있는 자리입니다. 마음이라고도 표현할 수 없지만 부득이 도, 선, 부처님이라고 부르기도 합니다.

   황벽 선사는 "이 본원청정한 마음의 본체는 항상 스스로 둥글고 밝으며 두루 비춘다."고 했습니다. 근본 실상을 말씀하는 부분입니다. '둥글다'는 표현은 물질이 아니기 때문에 반야 자리에서 보면 어떤 것도 걸림이 없음을 상징합니다. 네모나 세모도 상관이 없겠지만 부득이 걸림 없는 자리를 일원상으로 둥글게 표현한 것입니다. 성철 스님이나 월하 스님께서도 일원상으로 둥글게 표현한 그림을 많이 그리셨습니다. 우주의 근본 실상을 부득이 일원상으로 표현한다는 것을 이해하시면 됩니다. 하나의 마음자리에서 보면 어디에도 걸림이 없기 때문에 황벽 선사는 밝은 태양으로도 비유를 하셨습니다.

   찬불가 가사 중에 '둥글고 밝은 빛은 우주를 싸고' 라는 부분이 나오는데 본래 마음자리를 '둥글고 밝은 빛'으로 표현한 가사입니다. 둥글고 밝은 하나의 자리를 깨닫지 못하고서 보고 듣고 아는 것만을 인정하여 이것을 마음으로 삼으니, 보고 듣고 감각하고 아는 것에 뒤덮여서 맑고 밝은 본체를 보지 못한다고 하셨습니다. 보고 듣지 않더라도 둥글고 밝은 본래 자리는 항상 있는 자리라는 말씀이기도 합니다. 우리가 깨닫지 못해서 문자나 아상(我相)이나 이분법적인 사고로 인해 스스로 밝은 빛을 보지 못할 뿐이지만, 그 생각이 실상을 어둡게 가린다는 뜻입니다.

그러나 "무심이기만 하면 본체는 저절로 드러난다"고 황벽 선사는 설했습니다. 무심은 '없을 무(無)'자에 '마음 심(心)'자를 쓰는데, 있다 없다는 생각이 모두 끊어진 실상의 자리를 말합니다. 그런 마음자리에만 생각을 두게 되면 밝고 둥근 본체가 드러나게 된다는 뜻입니다. 태양은 시방 세계를 다 비춰주지만 벽 너머는 비출 수가 없습니다. 그러나 우리 마음은 걸림이 없습니다. 우리 마음은 거리나 경계가 다 끊어진 자리이기 때문에 우주를 비출 수 있는 능력을 모두 갖추고 있는 것입니다.

황벽희운 선사는 또 말했다.

"범부는 경계를 취하고 도인은 마음을 취하나 마음과 경계를 모두 잊는 것이 바로 참다운 법이다. 그런데 경계를 잊기는 쉬우나, 마음을 잊기는 매우 어렵다. 사람이 마음을 잊지 못하고서 텅 비어 잡을 것 없는 곳에 떨어질까 두려워한다. 공은 본래 공이 아니고 오직 하나의 참다운 법계임을 전혀 알지 못하는구나."

"범부는 경계를 취하고 도인은 마음을 취하나…."

범부는 중생을 말합니다. 일체를 하나로 보지 못하고 어떤 절대자를 상정하고 복을 빈다면 이미 대상을 염두에 둔 행위입니다. '마음'이라는 생각조차 있다면 무심(無心)의 경계가 아닙니다. 도인이라면 신통술(神通術)을 부리는 분을 생각할 수 있지만 글자 그대로 도를 닦는 사람입니다. 도는 '길 도'자를 쓰는데 바른 길을 가는 사람을 도인이라고 합니다. '도'라고 했을 때도 근본 실상인 '하나'의 자리를 말합니다.

"마음과 경계를 모두 잊는 것이 바로 참다운 법이다."

'법'이라고 했을 때는 경계를 초월하고 마음이라는 생각조차도 끊어져야만 참다운 법이라고 하셨습니다. 마음이라는 생각도 놓아야 되고 대상 경계가 모두 끊어져야 됩니다. 안경을 생각한다면 안경이 우주와 하나라고 생각하며 정진했을 때 우주와 하나로 가는 길입니다. 청화 스님께서는 '나무 아미타불'을 할 때 진여실상(眞如實相)을 생각하며 찾으라고 말씀하셨는데 '나무 아미타불' 하는 그 놈이 우주와 하나입니다. '하나'라는 생각을 가지고 정진한다면 마침내 하나로 가는 것입니다. '나무 아미타불' 염불을 한다면 형상이나 소리에 속아서는 안됩니다. 우리가 편리한 대로 붙여 놓은 이름입니다. 이름이나 소리일 뿐이지 근본 실상은 아니라는 뜻입니다.

거룩한 가르침에 귀의 한다고 했을 때는 거룩한 '하나의 법'에 귀의한다고 이해하셔야 됩니다. 부처님께서 일생을 통해서 말씀하신 핵심은 하나의 마음자리를 일러주기 위해서 말씀 하셨던 것입니다. 참다운 법이란 우주의 근본실상, 문자와 언어로 표현할 수 없는 자리를 법이라고 하고 인격적으로 부처님이라고 한다는 말입니다.

"그런데 경계를 잊기는 쉬우나, 마음을 잊기는 매우 어렵다."고 하셨습니다. 대상을 끊기는 쉬우나 내 마음이라는 생각을 놓기는 더 어렵다는 말씀입니다.

"사람이 마음을 잊지 못하고서 텅 비어 잡을 것 없는 곳에 떨어질까 두려워한다. 공은 본래 공이 아니고 오직 하나의 참다운 법계임을 전혀 알지 못하는구나."

이 부분은 무기공(無記空)에 떨어질까 염려하는 부분입니다. 일체가 텅 비었다고 해서 공하다는 생각에 끄달려가면 무기공에 떨어집니다. 우리나라의 불교는 참선 수행이기 때문에 살아있는 불교라고 말하고 있습니다. 묵조선 수행법은 본래 마음자리에 고요히 생각을 두고 있는 것인데, 이 수행법은 수승한 근기가 아니면 졸음에 빠져든다고 합니다. 일체가 공이라는 생각만 하고 있게 되면 삼매로 들어가는 것입니다.

조계종에서는 간화선이 깨달을 수 있는 가장 좋은 수행법이라고 하시는 분들이 많습니다. 간화선은 제대로 화두만 들린다면 굉장히 빠른 공부입니다. 조사선 수행법은 원만한 수행법이라고 합니다. 조사선은 '관세음보살'을 염하고 있다면 '관세음보살' 염하는 그 놈이 우주와 하나라는 생각으로 하는 수행법입니다. '내 마음'이라는 생각은 쉽게 놓을 수가 있는 것이 아닙니다. 공(空)은 이름이 공이며 하나의 마음자리에서는 텅 비었다는 생각이 일어나도 공에 집착하는 것입니다. 어떤 생각을 일으켜도 번뇌이지만 우리는 마음을 집중시키기 위해서 부득이 화두나 주력이나 염불을 할 수 밖에 없습니다.

황벽희운 선사는 또 말했다.

"세상 사람들이 '모든 부처님들이 한결같이 심법을 전하셨다'는 말을 듣고는 마음 외에 달리 증득하거나 가질 수 있는 어떤 법이 있다고 여겨 결국 마음으로 법을 찾았던 것이다. 그것은 마음이 곧 법이며 법이 곧 마음임을 몰랐기 때문이다. 마음을 가지고 다시 마음을 찾을 수는 없으니 천만 겁 동안 수행하여도 끝내 얻을 날이 없을 것이요, 당장에 무심함이 곧 본래 법인 것만 못하리라."

해설

아난 존자는 부처님의 제자 가운데 총명제일(聰明第一)이셨다고 하는데 한번 들은 것은 절대 잊어버리지를 않으셨다고 합니다. 아난 존자는 부처님이 성불 하신 이후에 출가하셨기 때문에 시봉(侍奉: 스승을 가까이서 모시는 것)하는 조건으로 그 동안에 듣지 못한 설법을 듣게 해달라며 시자가 되었습니다. 그리고는 모든 법문을 다 외우셨다고 합니다. 부처님께서 열반하신 후에 재가불자들이 부처님을 생각하며 사리탑을 찾아다니거나 네 군데 성지를 찾아가서 공양을 올리고 절도 하며 돈도 놓고 하셨는데, 그것을 관리하는 분 중에 유마 거사라는 분이 계셨습니다. 유마 거사가 실존인물인가는 학자들 사이에서 의견이 분분하다고 합니다. 부처님께서 열반하신 후 신도들이 부처님을 그리워하는 분들이 많았는데 그때 나선 분이 아난 존자입니다. 아난 존자가 부처님께서 생전에 설법하셨던 부분을 그대로 외우고 있으니까 '제이의 석가'라고 칭송을 했습니다. 그때 어떤 스님께서 아난 존자의 설법을 듣고 비아냥거리는 말을 합니다. "앵무새 흉내만 내고 있다"고 말입니다. 이 말에 아난 존자가 자극을 받습니다. 그래서 가섭 존자의 지도아래 열심히 용맹정진해서 깨달았다고 합니다.

아난 존자가 깨닫기 전에는 가섭 존자가 부처님께 법을 받았을 때 가사와 발우 외에 비밀스런 진언이나 무언가 다른 것을 받았을 것이라고 생각을 했습니다. 부처님께서 하나의 마음도리를 말씀하셨기 때문에 이 외에 다른 법을 증득하거나 가질 수 있다고 여겼지만 결국 자신도 마음으로 법을 찾았다는 말씀입니다.

"마음이 곧 법이며 법이 곧 마음"이기에 마음 외에 찾을 것이 있다고 한다면 사도(邪道)며 외도라고 하는 것입니다. 수행자는 하나의 마음도리를 알고 일체를 하나로 보고 정진하면 됩니다. 마음 밖에서 다른 것을 찾는다면 잘못된 부분이라는 법문입니다.

"마음을 가지고 다시 마음을 찾을 수는 없으니 천만 겁 동안 수행하여도 끝내 얻을 날이 없을 것이요, 당장에 무심함이 곧 본래 법인 것만 못하리라."

모든 생각이 다 끊어진 자리가 바로 본래자리이며 부처님자리라는 가르침입니다.

황벽희운 선사는 또 말했다.

"도를 배우는 사람이 성불하려고 한다면 모든 부처님 법을 공부할 필요 없이 오직 구하지 않고 집착하지 않는 것을 배우기만 하면 될 것이다. 구하지 않으면 마음이 생기지 않을 것이고 집착하지 않으면 마음이 멸하지 않을 것이니, 생기지도 않고 멸하지도 않으면 이것이 바로 부처님인 것이다. 도를 배우는 사람은 그저 한생각만 있어도 두려워해야 하니, 한생각만 있어도 도와는 멀어진다. 생각마다 상이 없고 생각마다 함이 없으면 이것이 곧 부처인 것이다."

∼⌒⌒ 해설 ⌒⌒∼

부처님 경지 차원에서 말씀하시는 부분입니다. 불자들의 목적은 성불에 있습니다. 그러나 길만 일러주는 것이지 누가 대신 성불을 시켜주는 것은 절대 아닙니다.

이 법은 부처님께서 《화엄경》에서 말씀하셨습니다. 일체유심조(一切唯心造)를 말씀하셨지만 알아듣지를 못했습니다. 과연 이 위대한 법을 설해야 될 것인가 말 것인가를 고민하실 때 제석천왕이 세 번의 간청을 하십니다. 한 사람이라도 알아듣는 분이 있다면 그 한 사람을 위해서라도 법을 설해달라고 간청을 하셨던 겁니다. 그래서 부처님께서 중생의 근기에 맞게끔 법을 설해야겠다고 마음을 돌리셨던 것입니다. 처음부터 부처님께서 깨달으신 실상을 설하셨던 것은 아닙니다. 아함부(阿含部)에 보면 연기(緣起: 모든 존재는 상호의존적으로 발생한다) 사상이 있는데 연기법을 아는 것이 부처님을 아는 것이고 부처님을 아는 것이 연기법이라고 말씀하고 있습니다. 그래서 어떤 스님들은 연기법을 강조하시는 분들이 있습니다. 부처님 말씀에서 아함·방등(方等部)에서는 우리가 살아가는 세상의 도리를 말씀 하셨고, 반야부에 와서는 진짜 불교를 말씀하셨습니다. 반야부에 와서 '체'를 말씀하셨던 것입니다.

반야부에서 선(禪)을 말씀하신 경이 바로 《금강경》입니다. 황벽 선사는 "도를 배우는 사람이 성불하려고 한다면 모든 부처님 법을 공부할 필요 없이"라고 말씀하셨지만, 하근기 중생은 어쩔 수 없이 공부를 해야 됩니다. 공부를 하며 이해를 하고 닦아나가는 것을 선오후수(先悟後修)의 수행이라고 합니다. '직지'는 사람의 마음을 가리켰을 때 그 마음을 깨닫게 되면 부처라고 합니다. '직지인심 견성성불(直指人心 見性成佛)'이란 말이 바로 그것입니다. 우리가 이론적인 공부를 하고 있지만 '선' 공부를 하고 있는 것입니다.

우주의 근본 실상은 문자와 언어로 표현할 수 없지만 그 놈이 온갖 것을 다 만들어 내고 있습니다. 그 놈은 자는 것도 아니고 더럽고 깨끗한 것도 아닌데, 그 놈이 어떤 놈입니까? '이것이 무엇인고?'를 줄여서 '이 뭣꼬?'라고 한 화두입니다. '이 뭣꼬?'라는 것도 내 마음을 집중시키기 위한 방편입니다. 의심이 안 된다면 이 생각 저 생각이 다 일어납니다. 화두를 들었을 때는 글자 그대로 의심이 되어야 합니다. 화두나 염불 수행법은 결국 내 마음을 흐트러지지 않고 집중시키기 위한 방편입니다. 화두가 목적이 아니라 의심이 일어나면 의심이 타파되는 순간 본래의 실상자리에 눈을 뜨게 되는 것입니다. 참 의심이 들게 되면 마음이 흐트러질 수가 없습니다. 그러나 이러한 의심에 들기가 정말 어렵습니다.

절에서는 염불을 안 할 수가 없습니다. 청화 스님께서도 주창하셨지만, 제가 염불선을 하게 된 동기도 염불을 선으로 하자는 마음을 가지게 되면서부터입니다. 청화 스님께서는 '나무 아미타불'을 찾으라고 하셨는데, 문장이 기니까 집중이 잘 되지 않았습니다. 그래서 문장을 줄여서 '아미타불'을 속으로 아주 빠르게 염한 것입니다. 염불을 하거나 화두를 드는 것은 마음을 집중시키기 위한 방편입니다. '사이다'를 찾는다고 해도 우주와 하나라는 일념으로 집중이 되면 눈을 뜨게 되는 것입니다. 만약에 화두를 들어서 깨달았다면 의심을 놓아야 되겠죠? 아직 의심이 남아 있다면 깨닫지 못한 것입니다.

효봉 스님께서는 돌아가시기 전까지 '무(無)' '무'하시면서 '무자' 화두를 찾으셨다고 하는데, 그것은 후학들에게 끝까지 화두를 놓으면 안 된다는 것을 보여주기 위해서 하셨다고 보아야 됩니다. 황벽 선사가 "공부할 필요가 없다"고 하는 말씀은 우리가 하나의 도리를 이해한다면 별도로 공부할 필요가 없다는 말씀입니다. 이 도리를 믿고 정진을 해서 눈을 뜨게 되면 법이 될 수 있습니다. 《금강경 오가해》에 다섯 분의 도인스님들이 말씀하신 것을 보면 깨닫지 못하고는 함부로 부처님 말씀을 설하는 것이 아니라고 하십니다. 탄성 스님께서도 법회 때 법문을 잘 안하셨다고 합니다. 부처님 말씀을 잘못 전하면 큰 업이 된다고 하셨습니다.

우리 나라가 대중에게 불교가 많이 전해지지 못한 것은 다른 이유도 많겠지만 사실 한문을 주장하는데 원인이 있습니다. 쉽게 알아들을 수 있도록 법문을 해야지 대중이 쉽게 이해할 수가 있습니다. 부처님께서도 알아듣지 못하는 말씀을 하시지는 않으셨을 겁니다. 대중이 이해하기 쉽게 설명을 해줄 때 불교를 더 많이 알릴 수가 있습니다.

"구하지 않으면 마음이 생기지 않을 것이고 집착하지 않으면 마음이 멸하지 않을 것이니, 생기지도 않고 멸하지도 않으면 이것이 바로 부처님인 것이다."

구하고자 하는 대상이 본래 없습니다. 《반야심경》에 '무지 역무득(無智亦無得)'이라고 했는데 지혜도 없고 얻을 것도 없는 것입니다. 수행을 하면서 무언가 얻으려 해서는 안됩니다. 내가 최선을 다해서 정진했다면 저절로 마음도 맑아지고 업도 맑아집니다. 십 분 정진 했다면 십 분 정진 한만큼 마음이 맑아지고 우주도 청정해집니다. 무언가 바라는 마음이 있게 되면 마음에 집착이 생깁니다. '멸하지 않는다'는 말씀은 내가 무언가 바라는 마음이 없으면 서운한 감정도 없으며, 바라는 마음 없이 행할 때 순수한 부처님 마음자리란 뜻입니다.

"도를 배우는 사람은 그저 한생각만 있어도 두려워해야 하니, 한생각만 있어도 도와는 멀어진다. 생각마다 상이 없고 생각마다 함이 없으면 이것이 곧 부처인 것이다."

한생각[一念]이란 마음이다, 성불이 있다, 열반이 있다 하는 모든 생각 즉, 번뇌입니다. 이런 생각이 일어나는 것을 두려워해야 된다는 말입니다. '아미타불'을 염한다면 무심으로 들고 가야지 아미타불이 극락세계에 계신다는 생각으로 염불하면 안됩니다. 염불을 통해 무심으로 들어가야만 바른 수행이며 그것이 곧 부처의 세계로 들어가는 길입니다.

三十六世南泉普願禪師

●

남전보원(南泉普願, 748~834))

남전은 주석하던 산 이름. 757년 밀현 대외산의 대혜종고 스님에게 출가해 경율론 삼장을 공부했다. 주로 법
상(法相)과 삼론(三論)을 수학했으나, 깊은 뜻은 경론에 있지 않음을 깨닫고 마조도일 대사에게 참학해 그의
법을 이어받았다. 정원(貞元) 11년(795) 지양 남전산에 머물며 선원을 열고 사립을 쓰고 소를 치며 산에 올라
나무를 하고 밭을 일구며 선풍을 펼쳤으며, 스스로 왕 노사(王老師)라고 칭하면서 30년간 한 번도 하산하지
않았다. 태화(太和) 8년 12월 25일에 입적했다.

17. 마음도 아니요, 부처도 아니요, 물건도 아니다

남전

어떤 스님이 남전 선사에게 물었다.

"스님께서는 어떤 법으로 사람들을 가르치십니까?"

선사가 답했다.

"마음도 아니요, 부처도 아니요, 물건도 아니다."

해설

어떤 스님이 남전 선사에게 어떤 법으로 중생들에게 법을 설하고 계시느냐고 질문을 하십니다. 그러자 선사는 "마음도 아니요, 부처도 아니요, 물건도 아니다."라고 문자와 언어로 표현할 수 없는 '체' 차원에서 답을 하십니다. 어떤 법으로 중생에게 법을 설하느냐고 했을 때 사실은 어떤 법도 설할 것이 없습니다. 만약에 법을 설했다고 하면 법을 모른다는 이야기입니다. 참된 법은 설할 수가 없으니까 부처님께서도 49년 동안 말씀하시고도 "나는 한 마디도 설하지 않았다"고 하신 겁니다.

'체' 차원에서는 어떤 표현도 할 수 없기 때문에 석가모니 부처님 당신께서도 "너희들이 나보고 법을 설했다고 한다면 나를 비방하는 것과 다르지 않다"고 하셨습니다. 선방에서 정진하는 스님들께서 마음 찾는 공부를 한다는데 마음을 찾는다는 생각을 일으켜도 이미 번뇌입니다. 왜냐하면 찾아서 있는 게 아니라 마음은 본래 있는 것입니다. 개에게 돌을 던지면 개는 돌을 쫓아간다고 합니다. 그런데 사자에게 돌을 던지면 사자는 돌을 던진 사람에게 달려든답니다. 개는 어리석고 사자는 영리하다는 비유입니다. 이와 마찬가지로 본래마음[本心]은 누구에게나 있는 것인데, 마음을 찾는다는 것은 어리석은 일입니다. 마음이라는 생각 뿐 만 아니라 생각하기 이전의 자리가 본래자리이기 때문에 어떤 생각을 일으켜도 번뇌라는 의미입니다. 그래서 남전 스님께서도 어떤 법을 설하시느냐고 물었을 때 실상 차원에서는 어떤 말씀도 하실 수가 없으니까 "마음도 아니요, 부처도 아니요, 물건도 아니다." 라고 답하신 것입니다.

남전 선사가 막 입적하려 할 때 만상좌가 여쭈었다.

"스승님께서는 백년 후에 어느 곳에 가시렵니까?"

선사가 대답했다.

"저 산자락에 있는 한 마리 물소가 되리라."

"저도 스승님을 따라서 가고 싶습니다."

"풀 한 줄기를 입에 머금으면 그대도 나를 따라 올 수 있으리라."

이 문답은 '용' 차원에서 말씀하신 내용입니다. 모양이 없는 자리에서 나타나는 모든 현상계는 '하나[一心]'에서 나온 겁니다. 예를 들어 큰 느티나무를 보면 많은 가지들이 나누어져 있지만 어떤 가지를 따라 내려오던지 한 뿌리에서 나옵니다. 이와 마찬가지로 어떤 물질이든 본질은 마음에서 나왔기 때문에 어떤 것이라도 하나입니다. 남전 선사가 열반에 드시려할 때 맏상좌가 "스승님께서는 백년 후에 어느 곳에 가 계시렵니까?"하고 물으시는 겁니다.

당연히 본래자리에서는 오고 감이 없는 것입니다. 질문한 상좌가 본래 오고 감이 없는 도리를 몰랐기 때문에 '용' 차원에서 물으시자, 남전 선사께서 "저 산자락에 있는 한 마리 물소가 되어 있으리라"고 '용' 차원에서 답을 하십니다. 물소와 남전 선사의 본래자리는 하나이기 때문에 "저 산자락에 있는 한 마리 물소가 되어 있으리라."고 답하시는 것입니다. 하나의 도리를 모르는 분의 입장에서는 동문서답(東問西答) 같을 수도 있지만 그것이 아닙니다.

상좌가 스승님을 따라 가고 싶다고 하자, 남전 선사가 "풀 한 줄기를 입에 머금으면 나를 따라올 수 있으리라."고 하셨습니다. 이 말씀은 하나가 된다면 너도 물소와 다르지 않다는 뜻입니다. '풀 한 줄기'란 둘이 아닌 하나의 도리를 말하는 상징입니다. 내가 물소가 되어 있을 것이라는 하나의 도리를 알게 된다면 너 역시도 하나가 된다는 뜻입니다. 만약 분별을 하고 있다면 이 뜻을 이해할 수가 없습니다.

반산보적(盤山寶積)

생몰연대 미상. 중국 당대 스님. 남악(南嶽) 문하. 반산은 주석하던 산 이름이다. 마조도일 대사의 법을 이어받았다. 유주(幽州) 반산(盤山)에서 종풍을 선양했다.

귀종지상(歸宗智常)

생몰연대 미상. 중국 당대 스님. 남악 문하. 귀종은 주석하던 절 이름이다. 마조도일 대사로부터 법을 이어받았다. 《경덕전등록(景德傳登錄)》에 그의 설법과 여러 선승들과의 법거량과 어록 등이 많이 실려 있다.

대매법상(大梅法常, 752~839)

대매는 주석하던 산 이름. 어려서부터 형주 옥천사에서 공부했다. 경론에 통한 후 선에 뜻을 두고 마조도일 대사의 회하에서 지도를 받고 깨달음을 얻었다. 정원(貞元) 12년(736) 대매산에 머물러 40여 년간 즉심즉불(卽心卽佛: 마음이 부처다), 비심비불(非心非佛: 마음도 아니요 부처도 아니다)의 종풍을 선양했으며 개성(開城) 원년(836) 호성사(護聖寺)를 짓고 700여 명의 대중을 이끌다가 개성 4년 9월 88세로 입적했다.

18. 이 혼령은 어디로 갈 것인가

반산보적

어떤 사람이 고기를 사러 푸줏간에 가서 주인에게 말했다.

"깨끗한 것으로 한 점만 잘라 주오."

그러자 푸줏간 주인이 칼을 내려놓고 손을 모으고서 물었다.

"이보시오. 대체 어느 것이 깨끗하지 않은 것이오?"

반산보적 선사는 이 광경을 보고 크게 깨달았다.

❀

푸줏간에 계신 주인도 공부가 된 분이라고 볼 수 있습니다. 공부한 입장에서 볼 때 깨끗한 것을 한 점만 잘라 달라고 하자 칼을 내려놓고 합장을 했다는 것입니다. 그리고는 "대체 어느 것이 깨끗하지 않은 것이오?"라고 말씀하신 겁니다. 푸줏간 주인은 하나의 도리를 알고 계셨다는 문답입니다. 이 광경을 보고 반산보적 선사는 눈이 활짝 열렸다는 선화입니다. 그런데 우리는 똑같은 광경을 보더라도 어째서 깨닫지를 못할까요?

반산보적 선사가 어느 날 산문을 나섰다가 상여꾼이 요령을 흔들면서 "해는 틀림없이 서쪽으로 지는데, 의지할 데 없는 이 혼령은 어디로 갈 것인가" 하고 만가를 부르자, 장막 아래에서 상주가 "아이고, 아이고"하며 곡하는 것을 보았다.

그 순간 선사의 몸과 마음이 기쁨으로 가득 차 돌아오니 마조 선사가 보적 선사를 인가했다.

해설

"해는 틀림없이 서쪽으로 지는데 의지할 데 없는 이 혼령은 어디로 갈 것인가?"

사람은 한 번 태어나면 틀림없이 가는데 의지할 데 없는 혼령은 어디로 갈 것인가? 반산보적 선사가 깨달은 것은 무엇입니까? 만약 하나의 도리를 알고 있고 항상 하나에 마음을 두고 있다면 이 혼령은 어디로 갈 것인가 하는 말씀에 눈이 열릴 수가 있습니다. 본래는 오고 가는 게 없습니다. 보적 선사는 이 광경을 통해서 눈이 열리고 마조 선사로부터 인가를 받았다는 얘깁니다. 마음과 마음이 통하면 인가가 되는 것입니다. 점검을 받는 과정을 보면 선적인 질문과 용적인 질문을 해봅니다. 그래서 선이나 용에 대해서 답변을 정확하게 했을 때 공부가 됐다고 인가를 해주는 것입니다.

반산보적 선사가 대중에게 설법했다.

"마음의 달이 홀로 둥그니, 달빛은 만 가지 모습을 머금고 있다. 달빛은 경계를 비추지 않고 경계 또한 존재하지 않네. 달빛과 경계가 둘 다 없거늘, 이 무슨 물건인가?"

그러자 동산 스님이 말했다.

"그렇다면 달빛과 경계가 아직 없어지지 않았는데, 대체 어떤 물건인가?"

ɔ◖ 해설 ◗ɔ

'마음의 달'은 문자와 언어로 표현할 수 없는 실상 차원에서 표현한 것이며, 일원상으로도 묘사를 합니다. 본래마음, 부처자리는 깨달아서 생기는 것이 아니라 본래부터 있는 것입니다. 본래 있는 그 자리를 믿고 행하는 자는 신심이 있는 자이고, 그 자리에 대해서 의심하지 않고 열심히 닦아 나가는 분을 불심(佛心)이 있는 분이라고 합니다.

'달빛이 만 가지 모습을 머금고 있다'는 것은 마음에서 온갖 것이 다 나온 것을 비유한 말입니다. 일체의 우주 만물은 하나의 마음에서 나온 것이며, 둥글다는 것은 하나의 마음차원에서 표현한 것입니다. 만 가지 모습은 하나의 마음속에 있다는 말씀입니다.

"달빛은 경계를 비추지 않고 경계 또한 존재하지 않네."

마음이 대상에 끌려가는 것이지, 경계가 따로 있는 게 아닙니다. 하나의 마음에서 보았을 때는 물질이 아니라고 했습니다. 그러니 경계나 대상이 사실이 아니라는 뜻입니다.

"달빛과 경계가 둘 다 없거늘 이 무슨 물건인가?"

마음이라는 것도 없고 대상도 없다는 의미입니다. 대상이나 마음이라는 생각을 일으켜도 번뇌입니다. 그러면 이 무슨 물건입니까? 바로 본래의 실상자리를 '이 무슨 물건이냐?'고 표현 한 것입니다. '이 뭣꼬?'라는 화두는 '이 무슨 물건인가?'를 줄여서 만든 말입니다. '이 뭣꼬?'는 문자와 언어로 표현할 수 없는 그 자리를 화두삼아 의심하는 것입니다. 그 자리에서 모든 것이 나왔고, 그 자리에서 모든 법이 만들어 집니다.

그러자 동산 스님이 말했습니다.

"그렇다면 달빛과 경계가 아직 없어지지 않았는데, 대체 어떤 물건인가?"

동산 스님께서 말씀하시길, 아직도 대상과 경계에 끄달려 가는데, 대체 그 놈이 어떤 물건이냐는 말씀입니다. 이것도 일종의 화두입니다.

반산보적 선사가 대중에게 법문했다.

"땅이 산을 받치고 있지만 그 산의 높이와 험준함을 모르고, 돌이 옥을 머금고 있으나 그 옥에 티가 없음을 모르듯이, 이와 같을 수만 있다면 진실한 출가라 할 수 있다."

진정한 출가는 모든 집착에서 벗어나는 것을 뜻합니다. 삭발해서 스님이 되지 않더라도 일반 재가불자님들도 마음에 집착이 없다면 진정한 출가라고 할 수 있습니다. 제대로 알고 한다면 공부는 가정이나 어디에서든 할 수가 있습니다. 중국의 불교사를 보더라도 재가 불자들이 한소식 한 분들이 굉장히 많습니다. 재가 불자님들도 제대로 알고 정진한다면 다 한소식 할 수가 있다고 생각합니다.

진리를 깨닫지 못하는 것은 마치 물고기가 물속에 살면서도 물을 모르는 것과 같습니다. 우리도 지금 숨을 쉬며 공기를 마시고 있지만 공기의 존재를 모르고 있지 않습니까. 이렇듯 모든 것에 집착 없는 삶을 산다면 진정한 출가라 할수 있습니다. 교학적인 공부는 진정한 공부라 할 수 없습니다. 본래 마음자리와 하나 되는 경지에 들어갔을 때 진정한 공부입니다. 교학적인 공부를 통해서 눈을 뜨기는 어려우며, 체험적으로 하나의 자리에 들어갔을 때 바로 눈이 열리게 됩니다. 그러니 꾸준히 정진을 하셔야 됩니다. 수행에 득력(得力)만 붙게 된다면 정진하는 그 순간이 가장 행복한 것입니다.

반산보적 선사가 법문했다.

"삼계에는 법이 없는데 어디에서 마음을 구할 것이며, 사대는 본래부터 공한 것인데, 부처님은 어디에 머무르시겠는가?"

법진일 선사가 게송으로 말했다.

"삼계는 본래 마음을 인하여 나타난 것이니

마음이 없으면 삼계는 절로 평평해지리라."

삼계는 욕계, 색계, 무색계를 말합니다. 욕심을 끊지 못하고 사는 중생 세계를 욕계(欲界)라고 하며, 욕심은 끊었지만 물질에 대한 집착이 남아 있으면 색계(色界)라고 합니다. 색계 경지에만 들어가도 안심(安心)의 경계에 들어간다고 합니다. 마음에 욕심이 있기 때문에 괴로움이 있는 것이지, 욕심이 없다면 괴로움도 있을 수가 없습니다. 욕심을 다 끊게 되면 초선(初禪) 경지에 들어갑니다. 그러나 결코 쉬운 경지는 아닙니다. 욕심도 끊고 물질에 대한 집착도 다 끊었지만 아직 마음이라는 생각이 남아 있는 세계를 무색계(無色界)라고 합니다. 아직도 윤회를 벗어나지 못하는 것입니다.

삼계에 있는 중생들은 법이 있느냐, 없느냐 했을 때 중생이 사는 세계는 법이 없다고 합니다. '나는 법을 안다'고 당당하게 말한다고 했을 때, 하나의 자리를 이해하고 있다고 해서 법이 있다고 할 수는 없습니다. 바로 하나로 쓸 수 있을 때 참으로 법이 있다고 할 수가 있습니다. 하나의 법을 쓸 수 있을 때 비로소 삼계를 벗어났다고 말할 수가 있는 것입니다.

삼계에는 법이 없는데 어디에서 마음을 구할 것입니까? 마음을 구한다고 하는 자체가 아직도 번뇌가 남아 있는 것입니다.

사대(四大)는 본래부터 공한 것인데 부처님은 어디에 머물겠습니까? 사대는 물질의 근간을 말하는데 육신뿐 만 아니라 모든 물질은 크게 지, 수, 화, 풍 네 가지 원소로 구성이 되어있습니다. 공하다는 것은 마음으로 된 부분을 공하다고 표현한 것입니다. 사대가 본래 마음으로 되어 있는데 부처님은 어디에 머무르시겠느냐고 대중에게 묻고 계십니다. 그렇다면 부처님은 따로 있는 것일까요? 부처는 어디에 있고 없는 것이 아니라, 이 우주가 부처 아닌 게 없습니다. 문자와 언어로 표현할 수 없는 자리를 부처라고 했다면, 모양이 없는 자리로부터 나타나는 현상계도 역시 부처라는 법문입니다.

"삼계는 본래 마음을 인하여 나타난 것이니, 마음이 없으면 삼계는 절로 평평해지리라."

법진일 선사가 게송으로 말씀하시길 삼계는 마음에 의해서 나타난 것이니 마음이라는 생각까지도 없으면 삼계뿐만 아니라, 이 우주가 하나의 자리로 돌아간다는 말씀입니다.

19. 관음의 현묘한 지혜의 힘

귀종지상

어떤 스님이 귀종 선사에게 물었다.

"초심자는 어떻게 해야 도에 들어갈 수 있는 방법을 얻을 수 있습니까?"

선사는 부젓가락으로 솥뚜껑을 세 번 두드리고 물었다.

"들리느냐?"

"들립니다."

선사가 말했다.

"왜 나에게는 들리지 않느냐?"

귀종 선사는 다시 부젓가락으로 솥뚜껑을 세 번 두드리고 물었다.

"들리느냐?"

"들리지 않습니다."

선사가 말했다.

"그런데 어찌하여 나에게는 들리는가?"

그 스님이 아무 말 못하자 귀종 선사가 말했다.

"관음의 현묘하신 지혜의 힘이 세상의 고통을 구제하여 주시리라."

해설

어떤 스님이 초심자는 어떻게 해야 도에 들어갈 수 있느냐고 귀종 선사에게 묻자, 귀종 선사가 부젓가락으로 솥뚜껑을 세 번 두드리셨습니다. 귀종 선사께서 무엇을 알려주기 위해서 솥뚜껑을 세 번 두드리셨을까요? 바로 본래자리인 '체'를 일러주시기 위해서 솥뚜껑을 세 번 두드리신 것입니다. 근본 실상은 어떤 문자나 언어로도 표현할 수 없다고 했습니다. 실상은 어떤 표현도 할 수 없지만 도를 물었기 때문에 도를 일러주시기 위해서 땅! 땅! 땅! 세 번 치신 것으로 본래자리를 일러주셨습니다.

그리고 귀종 선사께서 "들리느냐?" 하고 물으십니다. 도는 문자와 언어를 초월했기 때문에 들을 수 있는 것이 아닌데, 질문하신 스님은 "들립니다" 라고 대답했습니다. 이 스님은 아직도 경계에 끄달리고 있습니다. 귀종 선사께서 도를 일러 주셨는데 참뜻을 모르고 형상에 끄달려가는 모양입니다.

그러자 귀종 선사께서 "왜 나에게는 들리지 않느냐?"하시고는 부젓가락으로 솥뚜껑을 다시 한 번 두드리십니다. 그리고 다시 "들리느냐?" 하고 '용'차원에서 질문을 하십니다. 그러자 이 스님은 "들리지 않습니다" 라고 대답하셨습니다.

조금 어렵겠지만 '체'와 '용'차원에서 질문의 요지를 이해하셔야 됩니다. 질문한 수행자가 도가 들린다고 하니까, 귀종 선사가 다시 솥뚜껑을 두드리며 들리느냐고 묻자 이 스님은 들리지 않는다고 대답했습니다. 귀종 선사께서는 '용'차원에서 일러주셨는데, 이 스님은 알아듣지 못하고 이번에는 반대로 대답한 것입니다. '용'차원에서는 어떤 대답도 답이 될 수 있지만 질문한 스님은 아직 '체'와 '용'에 대해서 이해를 하지 못했기 때문에 귀종 선사께서 일러주시는 답을 이해하지 못했던 것입니다. "그런데 어찌하여 나에게는 들리는가?" 이 말씀은 귀종 선사께서 '용' 차원에서 말씀하고 계시는 겁니다. 모양이 없는 자리에서 나온 현상계가 모양이 없는 자리와 둘이 아닌 하나라는 뜻입니다.

질문한 스님께서 아무런 말도 못하자 귀종 선사께서 "관음의 현묘하신 지혜의 힘이 세상의 고통을 구제하여 주시리라."고 말씀하셨습니다.

관음(觀音)은 관세음보살의 줄임말입니다. 관세음보살님은 자비를 상징한다고 하는데, 사실 '자비'라는 표현은 하나 차원에서만 쓸 수 있는 말입니다. 어떤 대상에게 동정심이 일어나서 베푸는 일에 대해서 자비라고 생각하면 안됩니다. 어머니가 자식을 키울 때 똥·오줌이 더럽지 않다는 생각으로 키우는 것은 어머니가 자식을 자기와 한 몸으로 생각하기 때문입니다. 하나라고 생각하게 되면 더럽다는 생각이 일어나지 않습니다. 우리가 입안에 침이 고여 있을 때도 침과 내가 하나라고 생각하기 때문에 더럽다는 생각을 하지 않다가, 침을 뱉었을 때 옷에 묻게 되면 더럽다는 분별심이 일어나는 것과 마찬가지입니다.

본래 '체'의 입장에서는 마음으로 되어 있는 자리이며 물질이 아니기 때문에 나눌 수가 없어서 하나입니다. 모양이 없는 하나의 차원에서 인연과 파동에 따라 나타나는 우주 현상계도 역시 하나라는 의미입니다. 관세음보살님은 이 우주를 하나의 차원에서 자비로 표현한 분입니다. 지혜나 반야도 똑같은 말입니다. 본래 실상인 하나의 마음자리에서 반야니, 지혜니, 관세음보살이니 하고 부득이 이름만 붙여놓았을 뿐이라는 얘깁니다.

어떤 분들은 관세음보살님이 상주한다고 하시며 관음도량이니 지장도량이니 하고 이름을 붙여놓으시는 분들이 계신데 관세음보살을 찾든, 지장보살을 찾든 하나라는 것만 믿고 가면 바른 길로 가는 것입니다. 지장보살님은 지옥 중생이나 육도 중생을 모두 제도하겠다고 원(願)을 세우신 분이라 '하나'의 차원에서 원력을 세우신 분입니다. 만약 지장보살님이 따로 있어서 지장보살님을 열심히 찾았다고 해서 그 분이 오셔서 당신을 찾은 분만 극락에 인도를 하시겠습니까? 지장보살님을 찾은 분이나 안 찾은 분이나 모두 모시고 가겠죠? 그렇다면 이것은 인과가 부정되는 결과가 되어버립니다.

석가모니 부처님께서도 인연 없는 중생은 제도하실 수 없다고 하셨습니다. 내가 받은 업은 내가 받을뿐입니다. 내가 행한 업은 반드시 돌아오게 되어 있습니다. 불자님들께서 절에 가서 무릎 꿇고 절을 열심히 한다고 해서 내가 지은 업을 누가 대신 소멸시켜주는 법은 없습니다. 다만 정진을 하게 되면 탁한 기운들이 정화가 될 뿐입니다. 지은 업은 피할 수 없습니다. 이 원리를 알고 신앙생활을 하셔야 됩니다.

이론적인 공부는 아무리 많이 한다고 해도 괴로움에서 벗어날 수 없습니다. 본래자리와 하나 될 때 진정한 공부가 되는 것입니다. 성철 스님께서도 백일법문을 하실 때 대중에게 간절하게 "여러분들이 지금 귀로 듣고 있되, 마음에서는 한생각을 놓치면 안 된다"고 말씀을 하셨습니다. 법문이라는 것은 진리의 세계로 들어올 수 있도록 길을 열어주는 방편입니다. 진리의 문을 열어 주면 들어 올 수 있는 길은 오직 정진을 통해서만 들어갈 수가 있는 겁니다. 이론을 통해서 조금 눈이 열렸다고 해서 공부가 되었다고 할 수는 없습니다. 그것은 알음알이입니다. 어려움에 처했을 때 전혀 도움이 안 된다는 말입니다.

"관음의 현묘하신 지혜의 힘이 세상의 고통을 구제하여 주시리라."

실상은 어떤 표현도 할 수 없어서 부득이 이름을 관세음보살이라고 붙여 놓았다면 작용을 통해서 나타나는 현상계도 관세음보살님입니다. 그것을 '지혜의 힘'이라고 하신 겁니다. 지혜의 힘이란 '하나' 차원에서는 가능한 말입니다. 우주의 근본 실상, 문자와 언어로 표현할 수 없는 자리를 인격적으로 부처님이라고 부르고, 자비로는 관세음보살님이라고 부른다면 작용을 통해 나타나는 현상계도 관세음보살님이라 해도 무관합니다. '하나' 차원에서는 관세음보살 아닌 게 없다는 말씀입니다. '처처불상 사사불공(處處佛像 事事佛供)'이라는 말을 들어 보셨을 겁니다. 모든 경계가 부처 아닌 게 없고 세상을 부처로 보고 불공 드리는 마음으로 행하라는 말씀입니다. 그렇게 행한다면 괴로움이 있을 수가 없습니다. 이 현상계가 모두 관세음보살님으로 보일 수 있는 눈이 열려야 됩니다. 그러기 위해서는 정진을 통해 하나의 체험을 하고 그것을 통해서 공부가 다 된 것이 아니라 끊임 없이 하나에 마음을 두고 정진할 때 하나로 쓸 수가 있습니다. 그 경지에 들어갔을 때 비로소 참다운 육신통(六神通)이 열리게 됩니다.

20. 오는 것 막지 말고, 가는 것 잡지 말라

대매법상

대매 선사가 세상을 떠날 즈음 대중에게 말했다.

"오는 것을 막지 말고 가는 것을 잡지 말라."

그리고 조용히 다람쥐 소리를 듣고 나서 말했다.

"이것은 별다른 것이 아니다. 그대들이 잘 보호하고 지켜라. 나는 이제 떠나겠다."

해설

"오는 것을 막지 말고 가는 것을 잡지 말라."는 것은 집착을 여의라는 말씀입니다.

조용히 다람쥐 소리를 듣고 나서 "이것은 별다른 것이 아니다. 그대들이 잘 보호하고 지켜라."하신 법문은 분별하는 마음이 있다면 이해할 수 없는 부분입니다. 다람쥐 소리와 본래자리와는 하나이니까 별 다른 것이 아닙니다. '하나'이니까 잘 보호하고 지키라는 말씀입니다. 다람쥐 소리를 보호하고 지키라는 말인가 하고 문자에 끄달려갈 수가 있는데, 다람쥐 소리가 됐든 바람 소리가 됐든 하나이니까 보임(保任: 깨달음을 보호하고 지켜가는 공부)수행을 하라는 말씀입니다.

대주혜해(大珠慧海)

생몰연대 미상. 중국 당대 스님. 남악(南嶽) 문하. 월주(越州) 대운사(大雲寺)의 도지(道智) 화상에게 출가하여 득도하였고, 마조도일 대사의 법을 이어받았다. 저술로는 《돈오입도요문론(頓悟入道要門論)》이 있다.

분주무업(汾州無業, 760~821)

중국 당대 스님. 남악 문하. 분주는 주석하던 지역명이다. 9세에 개원사(開元寺) 지본(志本) 스님에게 수학하고 12세에 삭발했다. 20세에 호북성 양주 유(幽) 율사로부터 계를 받았다. 《사분율》에 뛰어나고 《대반열반경》을 강의했으며, 훗날 마조도일 대사에게 배우고 심인(心印)을 전수받았다. 장경(長慶) 원년 입적.

석공혜장(石鞏慧藏)

생몰연대 미상. 석공은 주석하던 산 이름. 본래 사냥꾼이었는데 우연히 마조도일 대사를 만나 설법을 듣고 출가해 그의 법을 이어받았다. 무주 석공산에 머물면서 그의 종풍을 널리 선양했다. 설법을 하거나 선문답을 할 때마다 활 시위를 겨누는 시늉을 하면서 수행자들의 번뇌 · 망상을 쳐부수도록 방편을 베풀었다.

21. 내게 묻고 있는 그대가 보물 창고이다

대주혜해

대주혜해 선사가 처음으로 마조 대사에게 참배하러 가자 마조 대사가 물었다.

"어디에서 왔는가?"

선사가 대답했다.

"월주의 대운사에서 왔습니다."

"무엇 하러 이곳까지 왔는가?"

"불법을 구하러 왔습니다."

"자기 집에 있는 보물창고는 돌보지 않고 집안을 내팽개쳐 놓고는 도대체 무슨 일을 하겠다는 것인가? 내가 있는 이곳에는 아무것도 없는데 무슨 불법을 구하려 하는가?"

대주 선사가 대사에게 절을 올리고 여쭈었다.

"어떤 것이 제 집에 있는 보물창고입니까?"

"지금 나에게 묻고 있는 그대가 보물 창고이다. 거기에는 모든 것이 다 갖추어져 조금도 모자라지 않고 마음껏 쓸 수 있는데 어찌하여 밖으로만 그것을 구하려 하는가?"

대주 선사는 대사의 말을 듣는 순간 스스로 본래의 마음을 깨달았는데 알음알이로 말미암지 않았으므로 뛸듯이 기뻐하며 마조 대사에게 절을 올렸다.

∾ 해설 ∾

마음의 눈이 열렸다면 충분히 이해할 수 있는 내용입니다. 내 마음안에서 찾는 것이 진짜 공부이며 마음 밖에서 찾는 것은 외도입니다. 마음 밖에서 도를 구하는 것은 '바깥 외(外)'자를 써서 외도(外道)라고 합니다.

대주 선사는 말했다.
"몸과 입과 뜻이 청정하면 이것을 부처님이 세상에 나셨다고 하고, 몸과 입과 뜻이 청정하지 못하면 이것을 부처님이 멸도(滅度) 하셨다고 한다."

∾ 해설 ∾

"몸과 입과 뜻이 청정하면 이것을 부처님이 세상에 나셨다고 한다."
본래 부처님은 나고 죽는 것이 아닙니다. 대주 선사께서 말씀하시는 청정하다는 것은 하나의 경지에 들어가 있을 때를 가리킵니다. 계율을 지키

대주혜해 선사 진영

거나 몸을 깨끗이 하는 차원이 아니라 무엇을 하던 '하나'의 마음자리에
서 행할 때 청정하다고 합니다.

청정하다, 청정하지 못하다고 하는 것은 '체' 차원에서는 벗어난 것이며
'용' 차원의 표현입니다. 멸도(滅度)라는 말은 열반(涅槃)이라는 말과도 같
은데, 부처님이 멸도하셨다고 했을 때는 욕심까지도 멸한 자리 무여열반
(無餘涅槃)을 말합니다. 그러나 여기서 "몸과 입과 뜻이 청정하지 못하다"
는 것은 마음에 집착이 남아있다면 부처라고 할 수 없다는 말씀입니다.

22. 범부와 성인의 정념이 남아 있다면

분주무업

분주무업 선사가 말했다.

"털끝만큼이라도 범부와 성인의 정념이 남아 있다면 당나귀의 태나 말의 뱃속에 들어가는 것을 면할 수 없다."

이것에 대해 훗날 백운수단 선사가 말했다.

"설령 털끝만큼의 범부와 성인의 정념마저 깨끗이 없어지더라도 역시 당나귀의 태나 말의 뱃속에 들어가는 것을 면할 수 없다."

∾ 해설 ∾

성인의 경지는 초선(初禪), 이선(二禪) 경지를 넘어서 삼선(三禪) 경지, 정신적인 세계나 마음이라는 관념이 남아있다면 윤회를 벗어나지 못한다는 법문입니다. 마음에 조금이라도 분별심이 있게 되면 "당나귀의 태나말의 뱃속에 들어가는" 과보를 피할 수 없다는 말씀입니다.

이에 대해서 훗날 백운수단 선사는 "설령 털끝만큼의 범부와 성인의 정념마저 깨끗이 없어지더라도 역시 당나귀의 태나 말의 뱃속에 들어가는 것을 면할 수 없다."고 하셨습니다. 모든 번뇌·망상이 다 끊어지더라도 당나귀의 태나 말의 뱃속에 들어가는 것을 면할 수 없다는 것은 '용' 차원에서는 어떤 표현을 해도 역시 '하나'입니다.

우리 생각 가운데 성인이 훌륭하다는 생각을 하고 있거나 경계에 끄달려간다면 업력에 의해서 윤회를 벗어나지 못합니다. 그런데 백운수단 선사께서는 성인이라는 생각뿐만 아니라 모든 경계가 다 끊어졌는데도 당나귀의 태나 말의 뱃속에 들어가는 것을 면할 수 없다고 하셨습니다. 만약 우리가 '하나'의 소식을 안다면 속지 않습니다. 이미 모든 게 다 끊어졌다면 '하나'입니다. 당나귀의 태가 됐든 말의 뱃속이 됐든 나하고는 '하나'라는 뜻입니다. 정진을 해서 '하나'의 체험을 하게 되면 속지를 않습니다. 그런데 우리는 문자 경계에 끄달려갑니다. 백운수단 선사께서는 '하나' 차원에서 말씀하셨던 것입니다.

23. 그대가 바로 부처다

귀종

어떤 스님이 귀종 선사에게 물었다.

"무엇이 부처입니까?"

선사가 대답했다.

"내가 지금 그대에게 말해주기란 어렵지 않지만 혹시 그대가 믿지 않을까 염려스럽다."

"스님의 진실한 말씀을 어찌 감히 믿지 않겠습니까?"

"그대가 바로 부처다."

스님이 되물었다.

"그렇다면 어떻게 보임해야 하겠습니까?"

"눈에 티끌 하나만 끼어도 허공의 꽃이 어지럽게 떨어진다."

그 스님은 이 말을 듣고 크게 깨달았다.

"무엇이 부처입니까?"

이 질문은 '용' 차원의 질문입니다. 무엇이 부처라고 했을 때는 부처 아닌 게 없습니다. '용' 차원에서 물었기 때문에 어떤 것을 보여줘도 답이 됩니다.

선사가 대답했습니다.

"그대가 바로 부처다."

부처 아닌 게 없으니까, 그대가 바로 부처라고 하십니다. 초심자 입장에서는 아직 받아들이기 어려울 수도 있습니다. 그러나 과거에 수행을 많이 한 분이라면 바로 알아차릴 수 있을 것입니다.

그 스님이 되물었습니다.

"그렇다면 어떻게 보임해야 하겠습니까?"

"눈에 티끌 하나만 끼어도 허공의 꽃이 어지럽게 떨어진다."

'그대 마음에 조금이라도 분별심이 일어난다면 경계에 끄달려 갈 것이다' 이런 말씀입니다. 이 말을 듣는 순간 스님은 크게 깨달았습니다. 질문을 한 스님은 과거 생에 수행을 많이 하신 분이라고 봐야 됩니다.

24. 이것이 무엇인가?

서산양

서산의 양 좌주가 24본의 경론을 강설하다가 어느 날 마조 대사를 뵈러 갔다.

마조 대사가 물었다.

"듣자하니, 대덕께서는 경론을 아주 잘 강설한다던데 맞습니까?"

좌주가 대답했다.

"변변하지 못합니다."

"무엇을 가지고 강설을 합니까?"

"마음으로 강설합니다."

마조 대사가 물었다.

"마음은 어릿광대와 같고, 뜻은 장단꾼과도 같은데 어떻게 그런 마음으로 경론을 강설합니까?"

"마음으로 강설해서는 안 된다고 하시면 허공으로 강설해야 하는 것입니까?

"허공으로 경론을 강설하는 게 나을 것이오."

이에 좌주가 소매를 뿌리치고 나가자 대사가 좌주를 불렀다.

좌주가 고개를 돌리자 마조 대사가 물었다.

"이것이 무엇인가?"

좌주는 마조 대사의 이 말을 듣고 크게 깨닫고서 곧바로 절을 올렸다.

대사가 말했다.

"이 둔한 사람아, 절은 무엇하러 하느냐?"

좌주는 곧장 온몸에 식은땀을 흘리며 절에 돌아와서 대중에게 말했다.

"내가 평생 해온 공부에 대해서 아무도 나를 능가할 이가 없으리라 생각했었는데 오늘 마조 스님의 질문 하나를 받고서는 내 평생의 공부가 얼음 녹듯 녹아버렸다."

그 후에 선사는 강설을 그만 두고 곧장 서산으로 들어가더니 소식이 끊기고 말았다.

⟋⟍ 해설 ⟋⟍

가사를 두르고 법문을 하게 되면 자신이 부처가 된 것처럼 착각하는 분들이 계신데, 학문적으로 불교를 아는 것은 어떤 경계에 부딪쳤을 때 아무런 도움이 안됩니다. 경허 선사께서도 이십 대부터 강설을 하셨다고 합니다. 어느 날 은사스님을 뵈러가는 중 마을에 전염병이 돌아서 사람이 죽어가는 것을 보자 한 발짝도 뗄 수 없을 정도로 공포를 느꼈다고 합니다. 나름대로 공부를 통해서 생사 문제를 해결했다고 생각을 했는데, 죽음의 경계에서는 공포를 느끼셨던 겁니다.

그래서 동학사로 돌아와 "너희들은 갈 길을 가거라. 오늘부터 강의는 폐지하겠다." 하시고는 용맹정진을 해서 눈을 뜨시고 "세상을 보니 사람다운 사람이 한 사람도 보이지 않는구나!" 라고 하셨습니다.

그때 당시 은사스님이 동학사 법당에서 법문하시는 도중에 느닷없이 나타나서 "구불구불한 가지도 나름대로 쓸모가 있다." 라고 하시며 법회를 흐트려 놓으시고는 떠나 버리셨다고 합니다. 경허 선사는 그런 경지를 통해서 무애행을 하셨던 분입니다. 그 당시에는 경허 스님을 파계승이라고 했지만, 경허 스님 자신은 걸림이 없는 행을 하셨던 겁니다.

위 내용에서 양 좌주라는 분도 학인들을 가르치는 강주였습니다. 나름대로는 자기가 최고라고 생각하고 마조 스님을 찾아갔던 모양입니다.

그러자 마조 스님이 "대덕께서는 경론을 아주 잘 강설하고 있다던데 맞습니까?"하고 물었습니다.

'하나'의 자리, 마음의 길을 일러주는 것을 경이라고 합니다. 팔만사천 가지 법문의 핵심은 하나의 마음도리를 일러주는 말씀입니다. 그러나 강주는 선사의 질문을 알아듣지를 못했습니다.

"변변하지 못합니다."

"무엇을 가지고 강설을 합니까?"

강주가 하심을 하고 변변하지 못하다고 대답했지만 마조 선사께서 "무엇을 가지고 강설을 합니까?" 하는 부분은 하나의 마음 차원에서 물었던 것입니다.

그러자 강주는 "마음으로 강설합니다." 하고 대답을 했습니다. 강주가 생각하는 마음과 선사가 생각하는 마음과는 분명 차이가 있습니다.

마조 대사가 다시 물었습니다.

"마음은 어릿광대와 같고, 뜻은 장단꾼과도 같은데 어떻게 그런 마음으로 경론을 강설합니까?"

우리 마음은 시시각각 변하며 문자에 끄달려가기 때문에 어릿광대와 같고 뜻은 장단꾼과도 같다고 표현했습니다. 실상(實相)은 문자와 언어로 표현할 수 없는데, 어떻게 그런 마음으로 경론을 강설하겠느냐는 질책입니다.

"마음으로 강설해서는 안 된다고 하시면 허공으로 강설해야 하는 것입니까?"

마조 스님이 생각하는 마음과 양 좌주의 마음은 분명 차이가 있습니다. 마조 스님이 말씀하시는 참뜻을 알아차리지 못하고 있습니다. '본래의 경'은 설할 수 있는 것이 아닙니다.

"허공으로 경론을 강설하는 게 나을 것이오."

허공과 근본 실상은 둘이 아닌 하나이니까 허공으로 강설하는 게 나을 것이라고 일러주는 것인데, 좌주는 역시 그 뜻을 알아차리지 못했습니다.

이에 좌주가 소매를 뿌리치고 나가자 마조 대사가 좌주를 불렀습니다.

좌주가 고개를 돌리자 대사가 물었습니다.

"이것이 무엇이냐?"

좌주는 대사의 이 말을 듣고 크게 깨닫고서 곧바로 절을 올렸습니다.

이때 무엇을 보여주며 "이것이 무엇이냐?"고 묻는 부분은 나와 있지 않습니다. 주먹이나 손가락을 내보이며 물었을 수도 있습니다. 경을 통해서는 눈을 뜰 수 없다고 했듯이, 대사가 보여준 한 경계를 통해 눈이 열렸던 것입니다. 그렇다면 좌주는 금생에 와서 강주를 하고 있지만 과거 생에서는 수행을 많이 하신 분이라고 봐야 됩니다.

"이 둔한 사람아, 무엇하러 절을 하느냐?"

왜 본래자리를 알아차리지 못하고 껍데기에서만 헤맸느냐는 말씀입니다. 달을 가리켰는데 왜 달은 보지 않고 손가락에만 끄달려가느냐는 뜻입니다.

좌주는 곧장 온몸에 식은 땀을 흘리며 절에 돌아와서 대중에게 말했습니다.

"내가 평생 해온 공부에 대해서 아무도 나를 능가할 이가 없으리라 생각했었는데 오늘 마조 스님의 질문 하나를 받고서는 내 평생의 공부가 얼음 녹듯 녹아버렸다."

그동안 자기가 알고 있던 것이 전부인 것처럼 자만했지만 그것이 사실이 아니라는 것을 좌주가 알았다는 말입니다. 그 후에 선사는 강설을 그만 두고 곧장 서산으로 들어가더니 소식이 끊기고 말았습니다. '참된 경'[本來心]은 설할 수 없다는 것을 알아차렸기 때문에 강설을 그만두고 설할 수 없는 그 자리로 돌아간 것입니다.

25. 태어나서 죽을 때까지 그저 이런 사람일 뿐

영묵

영묵 스님이 석두 선사를 찾아가 말했다.

"한 마디 말에 잘 계합되면 머무를 것이나, 계합되지 않으면 떠나겠습니다."

석두 선사가 자리에 앉아 있기만 하니, 영묵 스님이 소매를 뿌리치고 나가려 했다.

석두 선사가 "상좌여 !"하고 불렀다.

영묵 스님이 고개를 돌리자 석두 선사가 말했다.

"태어나서 죽을 때까지 그저 이런 사람일 뿐인데, 머리를 돌리고 뇌를 굴려서 무엇 하느냐?"

영묵 스님은 이 말을 듣는 순간 크게 깨달았다.

영묵 스님 나름대로 공부를 했다고 생각을 하고 석두 화상에게 찾아갔습니다.

"한마디 말에 잘 계합되면 머무를 것이나, 계합되지 않으면 떠나겠습니다."

영묵 스님은 석두 스님과 말이 통하게 되면 머무를 것이나 통하지 않으면 떠나겠다고 하십니다.

석두 선사가 자리에 앉아 있기만 하니, 영묵 선사가 소매를 뿌리치고 나가려 했습니다.

석두 선사가 "상좌여!"하고 불렀습니다.

선(禪)적인 실상을 석두 스님께서 좌정(坐定)으로 보여주신 장면입니다. 만약 영묵 스님이 공부가 되었다면 이해를 했을 것입니다. 그러나 영묵 스님은 나름대로 공부를 했다고 생각 했지만 아직 석두 선사의 경지에는 이르지 못했습니다. 영묵 스님이 소매를 뿌리치고 나가려 하자 석두 스님이 "상좌여!"하고 부르며 한번 더 자비를 보이셨던 것입니다.

영묵 스님이 고개를 돌리자 석두 선사가 말했습니다.

"태어나서 죽을 때까지 그저 이런 사람일 뿐인데, 머리를 돌리고 뇌를 굴려서 무엇 하느냐?"

석두 스님은 생사가 끊어진 경계에 있었기 때문에 안과 밖이 끊어진 자리에 계셨던 겁니다. 실상은 어떤 표현도 할 수 없으니까 이름만 그저 이런 사람일 뿐이며, 실상 차원에서는 머리를 돌리고 뇌를 굴리는 일등은 번뇌의 작용일 뿐이라는 말씀입니다.

영묵 스님은 이 말을 듣는 순간 크게 깨달았다고 합니다. 영묵 스님은 나름대로 공부가 되었다고 생각했지만, 선지식을 만나 보니 당신이 알고 있는 것은 알음알이였을 뿐이었음을 깨닫게 되었던 것입니다.

26. 나는 화살 한 대로 한 무리씩 잡지

석공혜장

옛날에 석공 화상이 사냥꾼이었을 때 사슴을 뒤쫓다가 마조의 암자 앞을 지나게 되었다. 그가 마조 대사에게 물었다.

"사슴이 지나가는 것을 보셨습니까?"

마조 대사가 되물었다.

"그대는 무엇 하는 사람이오?"

"저는 사냥꾼입니다."

"그대는 화살 한 대로 몇 마리씩 잡는가?"

"화살 하나로 한 마리씩 잡습니다."

대사가 말했다.

"그대는 활을 잘 쏘지 못하는구나."

"화상께서도 활을 쏘실 줄 아십니까?"

"활을 쏠 줄 알지."

"화상께서는 화살 한 대로 몇 마리씩 잡을 수 있습니까?"

"나는 화살 한 대로 한 무리씩 잡지."

"피차가 모두 생명을 가지고 있는데, 어떻게 한 무리씩이나 잡습니까?"
대사가 말했다.

"그대는 그런 줄 잘 알면서 어째서 스스로에게는 쏘지 않는가?"

"만약 제 스스로 쏘게 하시면 곧바로 손쓸 곳이 없습니다."

"오랜 겁 동안 쌓였던 이놈의 무명이 오늘에야 문득 쉬게 되었구나."
석공이 곧장 활과 화살을 벗어 던지고 마조 대사에게 출가했다.

～◦✦ 해 설 ✦◦～

석공혜장 선사는 마조 스님을 만나기 전에는 사냥꾼이었다고 합니다.
사냥꾼이라고 하면 살생을 업으로 살아가는 분인데, 몇 마디를 통해서 눈
이 열릴 수 있을까요? 과거 생에 수행을 많이 하신 분이라고 보지만 사냥
꾼으로 태어났다는 것은 전생에 수없는 삶을 통해서 먹고 살기 위해서 살
생을 했다는 말입니다. 과거 생에 정진을 많이 했다고 해도 수없는 생을
통해서 익혀온 습을 한 생에 끊을 수 있는 것은 아닙니다.

"그대는 화살 한 대로 몇 마리씩 잡는가?"

"화살 하나로 한 마리씩 잡습니다."

"그대는 활을 잘 쏘지 못하는구나."

마조 선사가 석공의 그릇을 점검하는 장면입니다. 분명 화살 하나로 한
마리씩 밖에 잡을 수가 없지만, 마조 선사가 활을 쏜다고 표현한 것은 석

공의 중생심을 제도하는 차원에서 말씀하신 겁니다.

"화상께서는 화살 한 대로 몇 마리씩 잡을 수 있습니까?"

"나는 화살 한 대로 한 무리씩 잡지."

마조 선사는 중생을 제도하는 차원에서 말씀하셨기 때문에, 석공이 몇 마리씩 잡을 수 있느냐고 묻자 한 무리씩 잡는다고 했습니다. 육신을 보더라도 수십 조의 세포로 이루어졌다고 하는데 육신을 제도한다고 한다면 얼마나 많은 중생을 제도하는 것이겠습니까.

"피차가 모두 생명을 가지고 있는데, 어떻게 한 무리씩이나 잡겠습니까?"

'모두가 생명'인데 어떻게 한 무리씩이나 잡을까?' 하고 석공이 잘못 이해하고 질문하고 있습니다.

마조 대사가 말했습니다.

"그대는 그런 줄 잘 알면서 어째서 스스로에게는 쏘지 않는가?"

닭이 알을 품고 있다가 때가 되면 부리로 톡 쪼아 주어 병아리가 나오게 합니다. 그와 마찬가지로 마조 선사가 석공의 근기를 보고 한 마디 하십니다. 이것이 바로 선지식의 혜안입니다. 이렇게 상대방의 근기를 볼 수 있을 때 선지식이라 할 수 있습니다.

"만약 제 스스로 쏘게 하시면 곧바로 손쓸 곳이 없습니다."

마조 대사의 한 마디에 석공의 눈이 열리는 순간입니다. 스스로 쏘게 하시면 손쓸 곳이 없다는 것은 실상에 눈을 뜬 장면입니다. 마음 밖에 별도의 대상이 끊어지면 손 쏠 곳이 없기 때문입니다. 석공이 오랜 무명(無明)에서 벗어나는 순간입니다. 밝음과 무명이라는 것은 종이 한 장 차이입니다. 모두 불성을 갖추고 있지만 그것을 보지 못할 때 중생이라고 하며 무명속에서 산다고 말합니다. 본래 갖추고 있는 불성의 씨앗이 싹이 트면 무명에서 벗어나게 됩니다.

　후에 석공이 암두 선사의 회하에 있을 때, 어느 날 암두 선사가 석공에게 물었다.

　"그대는 여기에서 무엇을 하고 있는가?"

　"저는 이곳에서 소를 기르고 있습니다."

　"그대는 어떻게 소를 먹이는가?"

　"풀에서 한번 자빠지면 재빨리 코를 꿰어서 끌고 돌아옵니다."

　"소를 잘 먹이는구나."

해설

　"그대는 여기에서 무엇을 하고 있는가?"

　"저는 이곳에서 소를 치고 있습니다."

　석공이 좌선하고 있을 때 암두 선사가 무엇을 하냐고 묻자, 소를 치고 있다고 하십니다. 이 말씀은 마음 찾는 공부를 하고 있다는 말입니다. 불성을 소로 비유한 것입니다. 마음 찾는 공부를 한다고 해도 맞는 말은 아니지만 질문에 대한 답을 해야 되니까, '용' 차원에서 대답을 하신 것입니다.

　"그대는 어떻게 소를 먹이는가?"

"풀에서 한번 자빠지면 재빨리 코를 꿰어서 끌고 돌아옵니다."

풀도 실상 차원에서는 하나입니다. 이는 '용' 차원에서 나온 표현인데, 풀이나 나무나 돌이나 하나의 마음에서 나온 것입니다. 풀 따로, 소 따로 생각하시면 안됩니다. 삼매의 경지에서 우주와 하나가 되면 일체 경계가 끊어진 자리에 들어간다는 뜻입니다.

"소를 잘 먹이는구나."

소는 불성을 뜻하므로, 마음을 잘 다스리고 있다는 말씀입니다.

약산유엄(藥山惟儼, 745~828)

중국 당대의 스님. 약산은 주석하던 산 이름. 시호는 홍도(弘道)대사. 17세에 광동성 조양 서산(西山)의 혜조 (慧照) 스님에게 출가하여 29세 때 형악사 희조(希澡) 스님에게서 구족계를 받았다. 그 후 석두희천 선사 문 하에서 대오하고, 그의 법을 이어받은 뒤 13년간 스승을 모셨다. 경론을 통달하고 계율을 엄수하며 일체 사량 분별을 하지 말고[一切都莫思量] 진리의 한 마디[一句]를 깨달으라고 가르쳤다. 태화(太和) 2년 12월 6일 입 적했다.

27. 천 명의 성인도 모르는 것

약산유엄

어느 날, 약산 스님이 앉아 있는데 석두 선사가 그를 보고 물었다.

"그대는 여기에서 무엇을 하고 있는가?"

약산 스님이 대답했다.

"아무것도 하고 있지 않습니다."

"그렇다면 한가롭게 앉아 있구나."

"한가하게 앉아 있다고 한다면 하는 것이 됩니다."

석두 선사가 물었다.

"그대는 아무것도 하고 있지 않다고 했는데, 또 무엇을 하지 않느냐?"

"천 명의 성인들도 알지 못합니다."

석두 선사는 게송으로 약산을 칭찬했다.

예로부터 같이 살아도 이름을 몰랐거늘

걸림 없이 간직하여 이렇게 수행하는구나.

옛 성현들도 알지 못하신 것을

하찮은 범부가 어찌 쉽게 밝히랴.

"그대는 여기에서 무엇을 하고 있는가?"

"아무것도 하고 있지 않습니다."

석두 선사가 좌선을 하고 있는 약산 스님에게 무엇을 하고 있냐고 묻자 "아무 것도 하고 있지 않다"고 대답한 것은 이미 시공을 초월한 자리, 안과 밖이 끊어진 무념 경지에 들어가 있음을 보여줍니다. 무엇을 한다는 생각 조차 남아 있다면 아직은 무엇인가에 집착하고 있다는 증거입니다.

간화선 수행에서도 '이것이 무엇인고?' 하고 의심이 생기면 '이것이 무엇인고?'란 화두가 끊임 없이 이어져 나가야 됩니다. 안과 밖이 다 끊어진 경지에 들어가게 되면 앞뒤가 꽉 막히게 되는데, 이것을 뛰어넘었을 때 확철대오(廓徹大悟)를 하게 됩니다. 그렇게 되려면 철저히 의심이 되어야 합니다. 예를 들어서 가까운 친구가 배신을 했다면 그 친구에 대한 생각이 끊이질 않을 것입니다. 그러면 한생각에 사로잡혀 주위에서 누가 이야기를 해도 모르는 경우가 있습니다. 옆에서 누가 마을 해도 모를 정도로 깊이 들어가서 화두와 '하나'가 되어야 된다는 말씀입니다. 그런 경지를 은산철벽(銀山鐵壁)이라고 합니다. 그러나 약산 스님은 아직 그런 경지가 아니고 안심 경지에 있었던 것입니다. 무념의 경지, 중도(中道)의 자리에 마음을 두고 있었다는 말입니다.

"그렇다면 한가롭게 앉아 있구나."

석두 선사가 약산 스님을 다시 점검하고 있습니다.

"한가하게 앉아 있다고 한다면 하는 것이 됩니다."

한가롭게 앉아 있다는 생각을 하고 있어도 이미 집착하고 있는 것입니다.

"그대는 아무것도 하고 있지 않다고 했는데, 또 무엇을 하지 않느냐?"

석두 선사가 제자인 약산 스님이 실상의 '체'를 정확히 알고 있는지, 다시 한 번 묻습니다.

"천 명의 성인들도 알지 못합니다."

생각 이전의 자리에 마음을 두고 있다면 그 자리는 그 누구도 입을 뗄 수 없는 자리입니다. 문자와 언어가 끊어진 자리이기에 천 명의 성인이나 그 누구도 입을 뗄 수 없습니다.

생각하기 이전의 자리인 무념 경지에 들어가 있는 약산 스님을 석두 선사는 게송으로 칭찬합니다.

"예로부터 같이 살아도 이름을 몰랐거늘…"

우리의 불성은 함께 있건만 부처의 삶을 살지 못하고 중생 놀음만 하고 있습니다. 우리가 깨닫지 못하고 있더라도 본래 근본자리에 있어서는 그대로 부처님자리입니다. 그 누구도 입을 뗄 수 없는 자리입니다.

"걸림 없이 간직하여 이렇게 수행하는구나."

'하나의 본래자리를 흐트러짐 없이 하나로 쓰고 있구나'하는 칭찬입니다.

"옛 성현들도 알지 못하신 것을 하찮은 범부가 어찌 쉽게 밝히랴."

있다는 생각, 없다는 생각이 끊어진 중도의 자리는 옛 성현들도 스스로 체험을 하되 그 자리에 대해서는 어떤 표현도 할 수가 없습니다. 그러니 어떻게 하찮은 범부가 쉽게 밝힐 수 있겠습니까? 눈에 보이는 것이 전부라고 생각하는 삶을 범부의 삶이라고 합니다.

●

위산영우(潙山靈祐, 771-853)

복주(福州) 장계(長鷄) 출생. 위산은 산 이름. 성은 조(趙)씨. 대원(大圓)은 당 대종(代宗)이 내린 시호. 15세에 출가해 건선사(建善寺) 법상(法常)을 은사로 계를 받았으며, 절강성 항주 용흥사에서 경과 율을 배운 후 23세에 백장 선사의 제자가 되었다. 원화(元和) 말년 장사(長沙)로 가던 도중 대웅산에 머물러 40여 년간 가르침을 베풀고 대중(大中) 7년에 83세로 입적. 훗날 제자 앙산혜적(仰山慧寂) 선사와 함께 선풍을 크게 거양해 그 법계를 위앙종이라고 한다.

28. 신령스런 빛의 무궁함을 돌이켜 보라

위산영우

위산 스님이 백장 선사의 문하에서 전좌(典座)로 있을 때의 일이다. 백장 선사가 대위산의 주지를 선발하기 위하여 수좌(首座)를 청하여 대중에게 말하게 했다.

"뛰어난 이가 있으면 주지를 줄 것이다."

그런 뒤에 깨끗한 물병을 가리키면서 물었다.

"저것을 깨끗한 병이라고 할 수 없다면 그대는 무엇이라고 부르겠는가?"

수좌가 말했다.

"그렇다고 나무 뭉치라고 할 수도 없습니다."

백장 선사가 수좌의 이 말을 수긍하지 않았다.

그리고서 백장 선사가 다시 위산 스님에게 이렇게 묻자, 위산 선사는 그 병을 발로 차 넘어뜨렸다. 이에 백장이 웃으면서 말했다.

"수좌가 위산에게 지고 말았다."

전좌란 손님 접대를 하고 음식 공양하는 소임을 말합니다. 수좌는 총림에서 참선을 하고 있는 수행자 가운데 가장 우두머리에 있는 분을 말합니다. 이 수좌를 불러서 대위산의 주지를 맡기기 위해서 대중을 불러모았던 겁니다.

"저것을 깨끗한 병이라고 할 수 없다면, 그대는 무엇이라고 부르겠는가?"

백장 선사가 병을 가리키며 깨끗한 병이라고 할 수 없다면 무엇이라고 부르겠느냐고 질문을 하셨는데 '체'를 묻는 질문입니다.

"그렇다고 나무 뭉치라고 할 수도 없습니다."

수좌는 아직도 형상에 끄달려 '용' 차원에서 답을 했기 때문에 정답을 드러내보이지 못했습니다. '체' 차원에서 물으셨기 때문에 입을 떼면 답이 아닙니다.

백장은 수좌의 이 말을 수긍하지 않았습니다. 오히려 백장 선사는 위산 스님의 그릇을 알고 있었습니다. 수좌가 있기에 위산 스님에게 바로 주지를 시키면 문제가 되기 때문에, 이런 점검을 통해 위산 스님의 공부 됨됨이를 알리기 위한 방편입니다.

그리고서 백장 선사가 다시 위산 스님에게 이렇게 묻자, 위산 스님은 그 병을 발로 차 넘어뜨렸습니다. 선사가 웃으면서 "수좌가 위산에게 지고 말았다."라고 말했습니다. 위산 스님은 본래자리를 문자와 언어로는 표현할 수 없으니까, 병을 발로 차서 넘어뜨린 것입니다.

옛날, 중국에 어떤 보살님께 딸이 하나 있었는데, 이 딸은 '관세음보살' 염불을 잠시도 놓지 않았다고 합니다. 딸의 아버지는 《법화경》을 독경하셨다고 해요. 어느 날 딸이 빨래를 하는데 마조 스님이 계시는 절에서 사시 마지를 알리는 종소리에 한생각을 놓지 않던 딸은 확철대오를 했습니다. 그래서 빨래도 다 하지 않은 상태로 집에 돌아와서는 아버지가 소중히 여기고 있는 《법화경》을 깔고 좌선을 하고 있던 것입니다.

집에 돌아온 아버지는 깜짝 놀라서 딸을 나무랐지만 딸은 그 말에 아무런 동요도 하지 않았습니다. 아버지가 딸이 이상해졌다고 생각해서 마조 선사를 찾아가게 됩니다. 그러자 마조 스님이 부적을 하나 써주셨는데, 딸은 부적을 받자마자 쭉쭉 찢어 버리고 《법화경》조차도 밖에 집에 던지는 것입니다.

아버지가 다시 마조 스님을 찾아가서 자초지종을 이야기하니까 딸을 데리고 오라고 하셨습니다. 딸을 데리고 마조 스님을 찾아가게 되는데, 그때 마침 마조 스님께서 오셔서 차를 드시고 있었습니다. 삼배를 올린 딸에게 마조 스님이 "일러 봐라!" 하시니, 들고 있던 찻잔을 기둥에 던져 버렸던 것입니다. 여기서 마조 스님이 딸을 인정합니다.

중국에는 재가불자가 눈을 뜨신 분이 상당히 많습니다. 재가 불자님들도 깨닫게 되면 시공을 초월한 행을 보일 수가 있습니다. 딸이 찻잔을 집어 던진 것은 마조 스님의 찻잔에도 집착하거나 두려워하지 않음을 보여줬던 것입니다. 공부가 안 되신 분들은 큰스님 앞에 가면 벌벌 떨게 되며, 질문에 대답도 제대로 할 수가 없는 법입니다.

"깨끗한 물병이 아니면 무엇이라고 부르겠느냐?"는 질문에 위산 스님이 물병을 발로 차 넘어뜨려서 본래자리인 '체'의 차원에서 답을 했기 때문에 백장 선사가 위산 스님을 인정하게 됩니다.

앙산 스님이 위산 선사에게 물었다.

"무엇이 참 부처님이 머무는 곳입니까?"

위산 선사가 대답했다.

"생각이 생각 없는 현묘함으로써 신령스런 빛의 무궁함을 돌이켜 생각하라. 생각이 다하여 근원으로 돌아가면 성품[性]과 모습[相]이 항상 머무르며 이치[理]와 일[事]이 둘이 아니고 참 부처님이 여여하실 것이다."

앙산 스님은 이 말을 듣는 순간 크게 깨달았다.

≈ 해설 ≈

위산과 앙산은 사형 사제 간입니다. 위 문답은 앙산 스님이 위산 선사로부터 법을 받게 되는 장면입니다.

"무엇이 참 부처님이 머무는 곳입니까?"

앙산 스님이 위산 선사에게 공부가 되었다면, 마음을 어디에 두어야 되느냐고 묻고 계십니다.

"생각이 생각 없는 현묘함으로써 신령스런 빛의 무궁함을 돌이켜 생각하라."

우리가 지금 보고 듣고 생각하는 것은 사실이 아닌 것을 보고 듣고 생각을 일으키는 것이어서 생각은 곧 번뇌입니다. 생각하기 이전의 자리가 바로 신령스런 자리이며, 그 자리를 '부처자리'라고도 합니다. 생각하기 이전의 자리를 돌이켜 보라는 위산 선사의 말씀입니다.

"생각이 다하여 근원으로 돌아가면 성품과 모습이 항상 머무른다"는 뜻은 본래자리로 돌아가게 되면 '하나'의 근원에 머무른다는 뜻입니다.

"이치와 일이 둘이 아니고 참 부처님이 여여하실 것이다."

이치와 일은 우리가 분별하는 마음으로 만들어집니다. '하나' 차원에서는 대상이 다 끊어졌기 때문에 생각할 것 조차도 없습니다. 이치와 일은 근본과 형상을 말하는데 '체'와 '용'이 둘이 아니라는 말입니다. '하나'의 자리에 돌아가게 되면 그 자리가 바로 부처님자리라는 말씀입니다. 앙산 스님은 이 말을 듣는 순간 눈을 뜨게 됩니다.

위산 선사가 앙산 스님에게 물었다.

"현묘하고 맑고도 밝은 마음을 그대는 어떻게 아는가?

앙산 스님이 대답했다.

"산과 강과 대지 그리고 해와 달과 별들입니다."

"그대는 그 일만 얻었을 뿐이다."

"조금 전에 화상께서 저에게 무엇을 물으셨습니까?"

"현묘하고 맑고도 밝은 마음을 물었다."

"그것을 일이라고 말할 수 있습니까?"

"그렇다. 그러하다."

앙산 스님이 체와 용이 둘이 아닌 하나임을 깨달았는데, 위산 선사께서 다시 한 번 점검을 하는 장면입니다.

"현묘하고 맑고도 밝은 마음을 그대는 어떻게 아는가?"

현묘하고 맑고 밝은 마음이란 생각하기 이전의 자리를 말합니다. 생각 이전의 자리를 네가 어떻게 아느냐고 물었는데 '용' 차원에서 물으시는 질문입니다.

앙산 스님이 대답했습니다.

"산과 강과 대지 그리고 해와 달과 별들입니다."

삼천대천 세계가 하나이니까 산과 강과 대지 그리고 해와 달과 별들이 라고 앙산 스님이 대답을 하십니다.

"그대는 그 일만 얻었을 뿐이다."

"그것을 일이라고 말할 수 있습니까?"

"그러하다."

본래 맑고 밝은 신령스런 자리와 산이나 강이나 해와 달이 모두 하나 라는 말입니다. 위산 선사가 다시 점검을 하자 앙산 스님이 그것을 되묻 고 있습니다. 두 분다 눈을 뜨셨기 때문에 용과 체 차원에서 자유자재로 말씀하고 계십니다. 《반야심경》에서도 '색즉시공 공즉시색(色卽是空 空卽是 色)'이라고 하는데 공이 곧 색이며, 색이 곧 공이니 둘이 아닌 하나라는 말 입니다. 그러자 위산 선사가 "그러하다. 그러하다." 하시며 인정하시는 모 습입니다.

三十七世趙州從諗禪師

·

조주종심(趙州從諗, 778~897)

호는 조주, 시호는 진제, 법명은 종심, 속성은 학씨이다. 778년 산동성 임치현에서 태어나 어려서 고향의 용흥 사로 출가했으며, 숭산 소림사 유리계단에서 구족계를 받았다. 안후이성 귀지현 남전산의 남전보원 선사 문하 에 입문해 깨달음을 인가받고 법을 이었다. 이후 지방을 순례하며 여러 고승과 선문답을 나눴으며, 80세 때부 터 조주성(趙州城) 동쪽 관음원에 머물러 호를 조주라 했다. 검소한 생활을 하고 시주를 권하는 일이 없어 고 불(古佛)이라는 칭송을 들었다. 897년 120세로 입적했으며, 제자들에게 사리를 거두지 말 것을 유언으로 남 겼다. 탑호는 진제선사광조지탑(眞際禪師光祖之塔)이고 시호는 진제대사이다. 송대에 형성된 선종 오가에 큰 영향을 끼쳤으며, 특히 무자화두(無字話頭)와 정전백수자(庭前栢樹子) 등 화두를 많이 남겨 후대 선승들의 공 부 과제가 되었다.

29. 뜰 앞의 잣나무

조주종심

조주 스님이 남전 선사에게 물었다.

"어떤 것이 도입니까?"

남전 선사가 대답했다.

"평상심이 도이다."

"향해서 나아가야 합니까?"

"향하고자 하면 어긋날 것이다."

"향하고자 하지 않으면 그것이 도인줄 어떻게 알 수 있습니까?"

"도는 안다거나 모른다거나 하는 데에 속해 있지 않다. 안다면 허망한 깨달음이요, 모른다면 무기(無記)일 뿐이다. 만약 생각으로 미칠 수 없는 도에 진실로 통달한다면 허공과 같이 탁 트이고 훤히 통할 것이니, 어찌 억지로 시비할 수 있겠는가?"

조주 스님은 이 말을 듣고 크게 깨달았다.

"어떤 것이 도입니까?" 하고 질문한다면 무엇이라고 답하시겠습니까? 이 질문은 '용' 차원에서 물었다고 보아야 됩니다.

남전 선사가 대답했습니다.

"평상심이 도이다."

'체'를 깨닫게 되면 삼라만상이 다 '하나'인 소식을 알게 됩니다. 본래 당체(當體)는 물질이 아니기 때문에 어떤 이름도 붙일 수가 없습니다. 방편상 마음이요, 부처요, 도요 하며 이름을 붙여놓았을 뿐입니다. 문자와 언어로 표현할 수 없는 실상에 눈을 뜨고 보니 안과 밖이 없는 소식을 알게 된 것입니다. 모든 경계가 끊어졌기 때문에 '하나'라는 말입니다. 평상심은 지금 우리가 경계에 부딪혀서 쓰고 있는 마음을 말하는 것이 아닙니다. 평상심이란 '체'와 '용'에서 둘이 아닌 자리에서 쓰는 마음을 가리킵니다.

어떤 스님들은 우리 행동 하나 하나가 선(禪) 아닌 것이 없다고 말씀하시는 분들이 계십니다. 그러나 선은 대상이 따로 없을 때 선이라고 할 수 있습니다. 경계가 있으면 선이라고 할 수 없는 것입니다. 우리가 정진할 때 환경을 탓하는 경우가 있습니다. 그러나 환경은 안과 밖이 없는 도리를 깨달으신 분에게는 더 이상 대상이 될 수 없습니다. 미운 사람이나 좋은 감정을 갖고 있는 사람이나 모두 내 마음에서 경계를 만들어 거기에 끄달리는 것은 마찬가지입니다. 일상생활에서 선 아닌 것이 없다고 했을 때는 경계에 끄달리지 않고 행할 수 있을 때 평상의 행이 됩니다. 그래서 경계에 끄달려지 않는 마음을 쓸 때 평상심이라고 합니다.

석가모니 부처님께서 보리수 아래에서 깨달으실 때 마왕 파순이 석가모니 부처님을 실험하는 과정이 나오는데, 마왕 파순이란 과거로부터 익혀온 부처님의 잠재의식입니다. 마음 밖에 있는 마왕 파순이 석가모니 부처님이 성불하시는 것을 방해한 것이 아니고 과거로부터 무수히 익혀온 인간의 욕망을 그렇게 표현한 것입니다. 석가모니 부처님께서는 인간으로서 누릴 수 있는 오욕락(五慾樂)을 모두 누리셨던 분이었지만, 그것이 영원한 행복이 될 수 없음을 보여주셨던 겁니다.

남전 선사는 중도의 가르침을 말씀하셨는데 실상(實相)에서는 있다, 없다가 떠난 자리, 무념의 경지를 말씀하고 있습니다. 경계에 끄달려 가지 않는 마음상태를 뜻하는 것입니다. 우주를 있는 그대로 안과 밖이 없는 하나의 자리에 마음을 두고 썼을 때를 '평상심'이라고 합니다. 일상생활에서 밥을 하고 설거지를 하고 청소를 하더라도 대상이 없는듯 무심하게 행할 때, 그것이 평상심이라는 말씀입니다. 그러니 수행은 앉아서 하는 것만이 도가 아닙니다.

"향해서 나아가야 합니까?"

'평상심을 얻기 위해서는 다시 정진을 해야 됩니까?'이런 질문입니다.

"향하고자 하면 어긋날 것이다."

앞뒤가 끊어지고 모든 경계가 끊어진 근본자리 차원에서 말씀하십니다. 본래자리에서는 우리 마음이 오고 가거나, 있다 없다는 생각을 일으켰을 때는 도(道)와는 어긋나게 됩니다.

다시 조주 스님이 묻습니다.

"향하고자 하지 않으면 그것이 도인줄 어떻게 알 수 있습니까?"

부지런히 정진해서 깨닫지 않는다면 어떻게 도를 알 수 있겠느냐는 말씀입니다.

남전 선사의 대답입니다.

"도는 안다거나 모른다거나 하는 데에 속해 있지 않다. 안다면 허망한 깨달음이요, 모른다면 무기일 뿐이다."

도가 무엇이냐고 했을 때는 도 아닌 것이 없습니다. 도나 선이나 공이나 부처님이나 똑같은 실상자리를 표현한 것임을 아시면 됩니다. 이 도리를 모르면 무기공에 떨어지게 된다는 말씀입니다.

남전 선사의 이어지는 법문입니다.

"만약 생각으로 미칠 수 없는 도에 진실로 통달한다면 허공과 같이 탁 트이고 훤히 통할 것이니 어찌 억지로 시비할 수 있겠는가?"

생각하는 것이 아니라 생각하기 이전의 자리를 말하고 있습니다. 그 자리에 대해서는 역대 조사들이 어떤 표현도 할 수가 없었습니다.

조주 스님은 이 말을 듣고 크게 깨달았습니다.

문자 언어로 표현 할 수 없는 자리를 놓고 어떻게 시시비비 할 수 있겠느냐는 말씀입니다.   선사는 이 말을 듣고 오도를 하시게 됩니다.

어떤 스님이 조주 선사에게 물었다.

"어떤 것이 조사께서 서쪽에서 오신 뜻입니까?"

선사가 답했다.

"뜰 앞의 잣나무니라."

"화상께서는 경계를 가지고 저에게 보이지 말아 주십시오."

"나는 경계를 가지고 그대에게 보이지 않았다."

스님이 다시 물었다.

"어떤 것이 조사가 서쪽에서 오신 뜻입니까?"

선사가 대답했다.

"뜰 앞의 잣나무니라."

해설

조주 선사는 이미 안과 밖이 없는 경계에서 답변하고 계십니다.

"어떤 것이 조사께서 서쪽에서 오신 뜻입니까?"

"뜰 앞의 잣나무니라."

중국에 선을 가장 먼저 전하신 분이 달마 스님이기 때문에 조사라는 칭호를 붙인 것입니다.

"화상께서는 경계를 가지고 저에게 보이지 말아 주십시오."

질문한 스님이 나름대로 공부를 한 분이었기 때문에 '눈에 보이는 경계를 왜 일러주시느냐?'고 되묻는 장면입니다.

이에 대해 조주 선사는 "나는 경계를 가지고 그대에게 보이지 않았다."고 말씀하십니다.

질문한 스님이 '용' 차원에서 물었기 때문에, 뜰 앞의 잣나무라고 답을 하신 것인데, 질문한 스님은 이 뜻을 몰랐던 것입니다. 질문한 스님이 '왜 뜰 앞의 잣나무라고 하셨을까?' 하고 의심이 깊이 들면 이것이 화두가 될 수 있습니다.

물과 얼음이 둘인 것 같지만 본래 하나이듯이, 대상과 경계 역시 본래 하나입니다. 근본 실상을 공, 마음이라고 하는데 마음이 작용을 통해서 나타나는 현상계도 역시 마음입니다. 마음이나 '뜰 앞의 잣나무'는 하나이기 때문에 질문에 대한 답이 되는 것입니다.

어떤 스님이 조주 선사에게 청했다.

"제가 총림에 들어온 지 얼마 되지 않았습니다. 스님께서 잘 가르쳐 주시기 바랍니다."

조주 선사가 물었다.

"죽은 먹었느냐? 아직 먹지 못했느냐?"

"먹었습니다."

조주 선사가 말했다.

"그러면 발우를 씻거라."

이 말 끝에 그 스님은 크게 깨달았다.

해설

"제가 총림에 들어온 지 얼마 되지 않았습니다. 스님께서 잘 가르쳐 주

중국 백림선사에 조성된 조주선사의 사리탑

시기 바랍니다."

강원과 선원이 갖추어져 있는 큰 절을 총림이라고 합니다. 어떤 스님께서 총림에 들어온 지 얼마 되지 않았으니 조주 선사께 잘 가르쳐 달라고 부탁을 하는 장면입니다.

조주 선사가 그에게 물었습니다.

"죽은 먹었느냐? 아직 먹지 못했느냐?"

"먹었습니다."

"그러면 발우를 씻거라."

본래 실상에서는 가르칠 것도 없습니다. 각자에게 부처는 이미 갖추어져 있으며 그 자리는 어떤 표현도 할 수 없기에, 조주 스님 입장에서는 "죽은 먹었느냐?" 하고 물어보시는 부분은 밥을 먹고, 눈을 깜박거리고, 잠자고, 말하는 일상생활 속에서 행하는 모든 행위가 도(道) 아닌 것이 없기 때문에 도를 일러주고 계시는 것입니다. 그리고 제자가 "먹었다"고 하니, "그럼 발우를 씻으라"고 하신 겁니다. 이 말에 학인 스님이 크게 깨달았다고 하는데, 그는 이미 과거 생에 수승한 근기가 있었던 분이라고 봅니다.

엄양 존자가 조주 선사께 물었다.

"한물건도 갖고 오지 않을 때에는 어떻게 해야 합니까?"

조주 선사가 답했다.

"놓아 버려라."

"한물건도 가지고 오지 않았는데 무엇을 놓아 버리라는 것입니까?"

"그렇다면 짊어지고 가거라."

엄양 존자는 크게 깨달았다.

해설

엄양 존자가 조주 선사께 물었습니다.

"한물건도 갖고 오지 않을 때에는 어떻게 해야 합니까?"

"놓아 버려라."

한물건은 있다, 없다는 생각을 해도 그르치는 자리입니다. 본래 '체'의 자리인 실상에서는 어떤 표현도 할 수 없는데, 엄양 존자가 "한물건도 갖고 오지 않을 때는 어떻게 해야 합니까?" 하고 묻자, 조주 선사께서 놓아 버리라고 하신 것입니다. 엄양 존자가 '한물건도 가지고 오지 않았다'는 생각을 가지고 있었기 때문에 그 생각을 놓아버리라는 말씀입니다.

"한물건도 가지고 오지 않았는데 무엇을 놓아버리라는 것입니까?"

조주 선사의 뜻을 알아듣지 못하고 다시 한 번 묻고 있습니다.

"그렇다면 짊어지고 가거라."

엄양 존자는 여기에서 크게 깨달았습니다.

엄양 존자가 '한물건도 가지고 오지 않을 때'라는 생각을 했습니다. 조주 선사께서 그 생각을 놓으라고 하신 건데 참뜻을 몰라서, 다시 되물은 장면입니다. 조주 선사께서 "그렇다면 짊어지고 가라"고 하시자, 엄양 존자가 크게 깨달았다고 합니다. 선문답에서는 상대가 '용' 차원에서 묻고 있는지, '체' 차원에서 묻고 있는지를 알아야만 답을 할 수 있습니다.

어떤 노파가 조주 선사에게 재물을 시주하고 불경 독송을 청했다.

조주 선사가 선상에서 내려와 선상을 한 바퀴 돈 뒤에 말했다.

"불경을 다 읽었소."

어떤 사람이 돌아가서 노파에게 선사의 말을 전하니, 노파가 말했다.

"지금 불경을 독송해 주십사 부탁드렸는데 어찌하여 선사님은 반만 읽어주셨을까?"

해설

경(經)의 참뜻을 이해하신다면 '왜 선사님은 반만 읽어주셨을까?' 하는 뜻을 이해하실 수가 있습니다. 어떤 노파가 조주 선사에게 재물을 시주하고 불경을 독송해 달라고 하자, 선사가 선상을 한 바퀴 돈 뒤에 불경을 다 읽었다고 하셨습니다.

그러자 노파가 "선사께서 왜 반만 읽어주셨을까?" 하고 말씀하셨는데, 도(道)는 문자와 언어를 떠난 자리라고 했습니다. 하나의 도리를 부처님께서 일러주신 것이 경입니다. 우주는 하나의 마음으로 되어있음을 일러 준 것을 심경(心經)이라고 합니다. 결국 경이란 실상자리를 일러 준 것이기 때문에 어떤 표현도 할 수가 없습니다. 반야다라 존자도 숨을 들이쉬고 내쉴 때 경을 읽고 있다고 하셨습니다.

조주 선사가 선상을 한 바퀴 돈 것을 노파가 반만 읽어주었다고 하시는데, 심경 그 자체는 어떤 행동을 해도 답이 아닙니다. 보통 사람들 같으면 시주를 하고 경을 읽어달라고 했을 때 이런 행동을 한다면 가만히 있지 않을 것입니다. 이 노파는 한소식을 한 보살님이라고 볼 수가 있습니다.

어떤 속가의 행자가 스님들을 시험하려고 말했다.

"나에게 10관의 돈이 있다. 만약 누구든지 한 마디 말로 깨닫게만 해준다면 이 돈을 다 주겠다."

조주 선사는 삿갓을 쓰고 떠나버렸다.

(훗날 뒷사람이) 이것을 들어 "무제는 신선이 되고 싶어 했지만 신선이 되지 못했고, 왕교는 단정히 앉은 채로 하늘로 올라 갔도다"라고 말한다.

해설

공부를 한 재가불자가 스님들을 시험해 보려고 했는데, 그 대상이 마침 조주 스님이었습니다. 조주 스님께서 눈이 열리지 않은 분이라면 10관의 돈에 끄달려갈 수도 있겠지만, 시험을 하려고 하는 재가 불자의 뜻을 알고 삿갓을 쓰고 떠나버렸습니다.

이것을 들어 "(한 나라) 무제는 신선이 되고 싶어 했지만 신선이 되지 못했고, 왕교는 단정히 앉은 채로 하늘로 올라 갔도다"라고 비유했습니다.

누구든지 한 마디 말로 깨닫게 해주면 10관의 돈을 주겠다는 부분에 대해 조주 선사는 '용' 차원에서 답을 한 것입니다. 공부가 된 분이라면 10관의 돈에 끄달려가지 않을 것입니다. 신선이 되고 싶어 했지만 신선이 되지 못했다는 말은 조주 스님을 시험해보려고 했지만 오히려 당했다는 뜻입니다.

    조주 선사가 수유 화상 계신 곳에 이르러 법당에서 주장자를 짚고 동쪽에서 서쪽으로 왔다 갔다 했다.
    그러자 수유 화상이 물었다.
    "무엇을 하고 계십니까?"
    조주 선사가 대답했다.
    "물의 깊이를 가늠하고 있소"
    "이 곳에는 물이 한 방울도 없는데, 무슨 깊이를 가늠한단 말씀이오."
    그러자 조주 선사는 주장자를 짚고 나가 버렸다.

해설

    조주 선사가 수유 화상이 계신 법당에서 주장자를 짚고 왔다 갔다 하시자, 수유 화상이 궁금했던 모양입니다. 그래서 무엇을 하고 계시냐고 묻자 조주 선사께서는 "물의 깊이를 가늠하고 있소"라고 하십니다. '화상(和尙)'은 선과 교를 겸한 분을 화상이라고 하고, 선을 위주로 하시는 분을 선사라고 하는데, 조주 선사께서 수유 화상의 법력을 점검하시는 모습입니다.

물은 청정을 표현합니다. 수유 화상은 조주 선사의 뜻을 알았기 때문에 "이 곳에는 물이 한 방울도 없는데 무슨 깊이를 가늠한단 말씀이십니까?"라고 대답합니다. 수유 화상은 무념경지에 있었기에 '무슨 분별심을 일으키시는 겁니까?' 라고 응수한 것입니다

선지식이라고 한다면 타심통(他心通)이 열려서 상대의 근기를 볼 수 있어야 됩니다. 그래야지 상대의 근기에 맞는 방편을 일러줄 수가 있기 때문입니다. 수유 화상의 공부 깊이를 간파한 조주 선사께서 주장자를 짚고 나가버리셨던 것입니다. 선지식들의 문답은 척 보면 상대방의 근기를 파악하는 법입니다.

30. 담벼락과 기왓장에 불성이 있다

혜충

서천의 대이 삼장이 (당나라) 서울에 와서 "나는 타심통을 얻었다"고 말했다. 그러자 숙종 황제가 혜충 국사에게 대이 삼장을 시험해 볼 것을 청했다.

국사가 대이 삼장에게 물었다.

"그대는 타심통을 얻었소?"

대이 삼장은 답했다.

"감히 말씀드리건대 그렇습니다."

"그대는 지금 내가 어디에 있는지 말해 보시오."

"화상께서는 한 나라의 스승이신데, 어찌하여 서천으로 가셔서 뱃놀이를 구경하고 계십니까?"

국사는 한참 있다가 다시 물었다.

"그대는 지금 내가 어디에 있는지 말해 보시오."

"화상께서는 한 나라의 스승이신데, 어찌하여 천진교로 나가시어 원숭이 희롱하는 것을 구경하고 계십니까?"

국사가 세 번째로 질문을 하자 삼장은 거처를 알지 못했다.

국사가 대이 삼장을 꾸짖었다.

"이 들여우의 혼령아! 타심통이 어디에 있는가?"

대이 삼장은 아무 대답도 하지 못하고 말았다.

해설

서천은 인도를 말합니다. 삼장(三藏)은 경율론(經律論)을 모두 통달하신 분인데, 대이(大耳) 삼장이 서울에 와서 타심통을 얻었다고 하자 숙종 황제가 혜충 국사에게 대이 삼장을 시험해 볼 것을 청하시는 장면입니다.

대이 삼장은 처음에는 인도에 가서 뱃놀이를 구경하고 계시느냐고 혜충 국사의 마음을 읽었습니다. 두 번 째도 대이 삼장은 천진교 밑에서 아이들이 수영을 하고 있는 모습을 원숭이 희롱하는 것으로 표현하며 국사가 그것을 구경하고 계신다고 알아맞혔습니다. 그러나 세 번째 질문에서는 혜충 국사가 생각 이전의 자리에 마음을 두었기 때문에 대이 삼장이 혜충 국사의 거처를 알지 못했던 것입니다. 만약 부처님 경지에서 타심통이 열렸다면 생각하기 이전의 자리에 대해 알았겠지만, 삼장의 마음에 잡신(雜神)이 들어가 있었기 때문에 본래자리에 대해서는 아무 대답도 못했던 것입니다.

어떤 스님이 혜충 국사에게 물었다.

"무엇이 옛 부처님의 마음입니까?"

혜충 국사가 답했다.

"담벼락과 기왓장과 자갈이다."

(담벼락과 기왓장과 자갈에 모두 불성이 있다고 말하는 것과 같다 – 백운 화상)

볼펜을 보이며 "이것이 무엇인가 일러 보세요." 라고 한다면 이는 '체' 차원에서 묻는 질문입니다. 그리고 "이 볼펜이 어디서 왔습니까?" 하고 묻는다면 '용' 차원에서 묻고 있는 것입니다.

그렇다면 "무엇이 옛 부처님의 마음입니까?" 하는 질문은 '용' 차원에서 묻는 것입니다. 부처님의 마음이 따로 있고 없는 것이 아니기에, 혜충 국사께서는 "담벼락과 기왓장과 자갈이다." 라고 대답을 하셨습니다. 담벼락과 기왓장과 자갈 또한 하나의 마음에서 나온 것입니다. 모양과 이름만 바뀐 것이지, 마음이나 담벼락이나 기왓장, 자갈은 똑같은 자리라는 뜻입니다.

몽산도명(蒙山道明)

생몰연대 미상. 중국 진대(陳代) 스님. 몽산은 주석하던 산 이름. 원래 법호는 혜명(慧明). 어려서 영창사에서 출가하고 황매산의 5조홍인 대사 문하에서 공부했다. 보리달마 대사의 가사가 행자였던 6조혜능에게 전해졌다는 소식을 듣고 혜능을 쫓아갔다가 대유령에서 혜능의 가르침을 듣고 깨달았다. 혜능의 '혜'자를 피하여 도명(道明)이라고 개명했다. 장군 출신이어서 몸이 날래고 힘이 장사였다는 일화도 전한다.

흥선유관(興善惟寬. 755~817)

중국 당대 스님. 남악(南嶽) 문하. 흥선은 주석하던 절의 이름. 13세에 출가하여 숭숭(僧崇) 스님에게 비구계를 받았고 숭여(僧如) 스님으로부터 율을 배우고 지관(止觀)을 닦았다. 이후 마조도일 대사를 친견하고 도를 깨달았다. 원화(元和) 12년 12월에 입적했다.

염관제안(鹽官齊安. ?~842)

중국 당대 스님. 남악 문하. 염관은 주석하던 지역명이다. 향리의 운종 스님에게로 출가하여 남악지엄 스님에게 구족계를 받고 마조도일 대사의 지도로 깨달아 그의 법을 이어받았다. 회창(會昌) 2년 12월 22일 입적했다.

31. 어떤 것이 그대의 본래면목인가

몽산도명

도명 화상이 황매에서부터 노 행자(육조혜능 선사)의 뒤를 쫓아서 대유령에까지 이르렀다.

이에 행자는 바위 위에 가사와 발우를 던져놓으면서 말했다.

"이 가사는 믿음의 증표인데, 어찌 힘으로 빼앗을 수 있겠소? 공에게 맡길 테니 어디 가져가 보시오."

도명 화상이 그것들을 들어 올리려 했지만 조금도 움직이지 않자 말했다.

"저는 법을 구하기 위하여 온 것이지 가사와 발우를 가지려고 온 것이 아닙니다. 행자님은 부디 가르침을 베풀어 주십시오."

이에 행자가 그를 돌 위에 좌정시키고 마음을 가라앉히게 한 뒤에 말했다.

"그대는 선도 생각하지 말고, 악도 생각하지 말라. 바로 이런 때는 도대체 어떤 것이 도명 상좌의 본래면목인가?"

도명 화상은 이 말을 듣는 순간, 크게 깨달아 온몸에 식은 땀이 흘러내렸다. 그는 울면서 절을 올린 뒤에 떠나갔다.

이 일화는 오조홍인 스님으로부터 법을 받은 혜능 스님의 이야기입니다. 홍인 스님 문하에는 신수 대사라는 분이 계셨는데, 대중에게 교수 역할을 했던 분입니다. 대중은 당연히 신수 대사가 홍인스님의 법을 이어받을 것이라고 생각했는데, 들어온 지 6개월 밖에 안 된 노 행자가 홍인 스님으로부터 선문답을 통해 인가를 받았던 것입니다. 그러니 신수 대사를 따르던 대중이 가만히 있겠습니까? 이에 홍인 스님께서는 혜능 스님을 야밤에 도주시키며 혜능 스님에게 16년간을 보임하고 그 다음에 법을 펴라고 부촉하셨던 것입니다. 혜능 스님이 떠난 다음 날, 홍인 스님께서 아침 공양을 하러나오지 않으시자, 시자가 가서 여쭈어 보니 "나는 밥그릇이 없다" 라고 하셨습니다. 시자가 노 행자에게 가사와 발우가 전해진 것을 알고 신수 대사에게 말을 전했던 것입니다.

위 내용에 나오는 도명이라는 스님도 신수를 추종하던 무리 중에 한 분이었는데, 원래는 혜명이라는 이름을 가진 분입니다. 혜명이라는 분은 장군 출신이었는데, 혜능 스님에게 전해진 가사와 발우를 빼앗기 위해서 쫓아갔던 것입니다. 그러던 중 혜능 스님이 대유령이라는 고개에서 잠시 쉬고 있었는데, 그때 혜명이 가사와 발우를 빼앗으려고 하자 가사와 발우가 바위에서 떨어지지 않는 것이 아닙니까. 그 순간 혜명은 '이것은 함부로 할 수 있는 게 아니구나!' 하고 느낀 것 같습니다.

"저는 법을 구하기 위하여 온 것이지 가사와 발우를 가지려고 온 것이 아닙니다. 행자님은 부디 가르침을 베풀어 주십시오."

혜명이 마침내 혜능 스님의 법력을 안 것입니다. 그래서 혜능 스님에게 가르침을 베풀어 달라고 청합니다. 그러자 혜능 스님께서 "선도 생각하지 않고 악도 생각하지 않을 때 어떤 것이 상좌의 본래면목 자리인가?" 하고 물으셨습니다. 그 순간 혜명은 크게 깨달았다는 일화입니다. 그리고 혜명과 혜능이라는 이름이 비슷하니까, 그 자리에서 도명이라고 이름을 바꿔주었다고 합니다. 도명(道明)은 그동안의 일을 부끄럽게 생각하고 쫓아오던 무리들을 다른 쪽으로 돌아가도록 했다고 합니다.

32. 부지런히 하지도 말고 잊지도 말아야

홍선유관

백거이가 유관 화상에게 물었다.

"분별이 없으면 어떻게 마음을 닦습니까?"

유관 화상이 대답했다.

"마음은 본래부터 손상된 바가 없는데 닦을 필요가 어디 있겠소? 더럽다, 깨끗하다 따지지 말고 아무 생각도 일으키지 마시오."

"더러움이야 생각하지 않을 수 있겠지만, 깨끗함을 어찌 생각하지 않을 수 있겠습니까?"

"사람의 눈동자에는 한 가지 물건도 머물 수 없으니, 아무리 귀한 금가루라도 눈에 들어가면 병이 생기게 되는 것과 같소."

백거이가 다시 물었다.

"닦지도 않고 생각하지도 않으면, 이 또한 범부와 무엇이 다릅니까?"

"범부는 무명이고, 이승은 집착이니, 이 두 가지 병을 떠나야만 참된 닦음이 된다오. 참된 닦음이란 부지런히 하지도 말고 잊지도 말아야 하는 것이니, 부지런하면 집착에 가까워지고, 잊으면 무명에 떨어지게 되는 것이오. 이것이 심요(心要)라오."

백거이(白居易, 772-846)는 당나라의 유명한 시인 백락천(白樂天)을 말합니다. 그는 본래 학식과 견문이 두루 뛰어난 데에다 벼슬이 자사(刺史)에까지 오르니, 자못 우월감과 성취감에 충만해 있었습니다. 그가 항주(杭州) 자사로 부임했을 때의 이야기입니다. 항주의 전망산에 도림(道林, 741~824) 선사라는 덕망 높은 고승이 살고 있었는데 도림 선사는 항상 산중의 나뭇가지에 앉아서 좌선을 하고 있어서 조과(鳥窠) 선사 또는 작소(鵲巢) 선사라고들 했습니다. 백락천이 하루는 조과도림 선사의 고명과 덕망을 듣고 '내가 한번 직접 시험해 보리라' 마음을 먹고는 도림 선사가 머물고 있는 과원사를 향해 수행원을 거느리고 찾아가게 됩니다. 도림 선사는 청명한 날이면 경내에 있는 노송 위에 올라가 좌선을 하곤 하셨답니다. 마침 백낙천이 도림 선사를 찾아간 날도 나무위에서 좌선을 하고 있는 중이었는데, 스님의 좌선하는 모습을 본 백낙천은 너무나도 위험하고 아슬아슬한 생각이 들었던 겁니다.

"선사의 거처가 너무 위험한 것 아닙니까?"

이 말을 들은 선사가 아래를 내려다보고는 "내가 볼 때에는 자네가 더 위험하네."

"나는 벼슬이 이미 자사에 올라 강산을 진압하고, 또 이렇게 안전한 땅을 밟고 있거늘 도대체 무엇이 위험하다는 말이오?"

백락천이 어이가 없다는 듯이 대꾸하자, 선사는 그가 학문과 벼슬에 대한 자만심이 대단한 것을 알고, 이 기회에 그의 교만함을 깨우쳐 주려고 생각했습니다.

"티끌 같은 세상의 지식으로 교만한 마음만 늘어, 번뇌가 끝이 없고 탐욕의 불길이 쉬지 않으니, 어찌 위험하지 않겠는가!"

명리와 이해가 엇갈리는 속세가 더 위험한 곳이라는 것을 은연중에 알려준 것이었습니다. 백락천은 자신의 마음을 환히 꿰뚫어보는 듯한 눈매와 자기가 자사라는 벼슬에 있음을 알면서도 당당하게 할 말을 다하는 도림 선사의 기세에 그만 눌려서 "제가 평생 좌우명으로 삼을 법문 한 구절 들려주십시오." 하며, 오만 방자한 태도를 바꿔 공손한 자세로 가르침을 청하게 됩니다. 이에 도림선사는 다음과 같이 게송을 말씀하십니다.

"제악막작(諸惡莫作: 나쁜 짓을 하지 말고) 중선봉행(衆善奉行: 착한 일을 받들어 행하라) 자정기의(自淨其意: 자기 마음을 맑게 하면) 시제불교(是諸佛敎: 이것이 곧 부처님의 가르침이다)."

대단한 가르침을 기대했던 백락천은 이 같은 대답에 실망하며 말했습니다.

"그거야 삼척 동자라도 다 아는 사실 아닙니까?"

백락천이 신통치 않다는 듯이 말하자, 도림 선사는 "알기야 삼척 동자도 다 아는 사실이지만 팔십 노인도 행하기는 어려운 일이지." 하고 말씀하십니다.

이 말을 들은 백락천은 비로소 알고 있는 것만으로는 아무런 쓸모가 없으며 진리의 길에는 아무런 도움도 되지 못함을 깨닫게 됩니다. 백락천은 당나귀를 타고 돌아가는 길에 다리를 건너던 중 당나귀가 물에 비친 자신의 모습을 보고 깜짝 놀라 날뛰는 바람에 당나귀에서 떨어지게 됩니다. 그 순간 백락천이 도를 깨쳤다고 합니다. 백락천이 깨닫고 보니 전생에 4조 도신 스님이었다는 것입니다. 그 뒤로 백낙천은 도림 선사에게 귀의하여 불법의 수행에 매진했다고 전합니다.

백거이가 유관 화상에게 물었습니다.

"분별이 없으면 어떻게 마음을 닦습니까?"

문자와 언어를 초월한 우주의 근본 실상, 반야자리는 물질이 아닙니다. 어떤 표현도 할 수 없는 그 자리에 마음을 두고 닦는 수행이 조사선 수행입니다. 그 자리는 어떤 생각을 일으켜도 번뇌입니다. 이 자리에 마음을 두고 수행을 해야 되며 부처님 경지에 오를 수 있다는 가르침을 듣게 됐는데, 백락천이 분별이 없으면 어떻게 마음을 닦느냐고 질문합니다.

"마음은 본래부터 손상된 바가 없는데 닦을 필요가 어디 있겠소? 더럽다, 깨끗하다 따지지 말고 아무 생각도 일으키지 마시오."

유관 화상은 우리의 본래마음은 물질이 아니기 때문에 손상된 바가 없으며 닦을 필요가 없다고 하십니다. 부처님과 같은 성품자리는 누구나 본래 갖추고 있는 것입니다. 성품자리는 닦음으로 인해 드러나게 되지만, 마음을 닦는다는 분별심을 일으키면 안 된다는 말씀입니다. 더럽다 깨끗하다 따지지 말고 아무 생각도 일으키지 않는 것은 실상자리에 마음을 두는 것을 의미합니다.

"더러움이야 생각하지 않을 수 있겠지만 깨끗함을 어찌 생각하지 않을 수 있겠습니까?"

"사람의 눈동자에는 한 물건도 머물 수 없으니 아무리 귀한 금가루라도 눈에 들어가면 병이 생기게 되는 것과 같소."

백락천이 반문하자, 유관 화상이 말씀하시길, 아무리 귀한 금가루라도 눈에 들어가면 병이 생기게 되는 것과 같다고 하십니다. 마찬가지로 우리 마음자리는 본래 갖추고 있는 것이기 때문에 그 자리에 대해 이렇게, 저렇게 생각을 붙이게 되면 부처가 되고자 하는 것과는 거리가 멀게 된다는 말씀입니다. 본래 마음자리에 대해 어떤 생각을 일으켜도 본래 성품자리를 가리게 됩니다. 눈에 티끌이 끼면 사물을 바로 볼 수 없는 것에 비유를 한 것입니다.

백거이가 다시 물었습니다.

"닦지도 않고 생각하지도 않으면, 이 또한 범부와 무엇이 다릅니까?"

질문으로 보았을 때 백락천은 아직 실상을 깨닫지 못하고 있습니다.

"범부는 무명이고 이승은 집착이니, 이 두 가지 병을 떠나야만 참된 닦음이 된다오."

실상을 바로 보지 못하고 사는 삶이 무명의 삶입니다. 이승은 성문승과 연각승을 말하는데 부처님 당시에 부처님 법문을 듣고 문자에 집착해서 수행하는 수행자를 성문승(聲聞僧)이라 하고 12연기법을 역으로 관찰하며 수행하는 스님들을 연각승(緣覺僧)이라고 합니다. 성문승과 연각승 수행법은 조사선 수행과는 거리가 멉니다. 실상에서는 생각이 끊어진 자리에 마음을 두는 것이 부처자리에 들어가는 순간입니다. 조사선 수행법은 이러한 생각 이전 자리에 마음을 두는 최상승 수행법입니다. 성문승과 연각승은 마음을 집중시키며 수행하지만 어떻게 수행해야 한다는 고정 관념과 집착을 하고 있기 때문에 유위법(有爲法)이 됩니다. 그래서 범부는 무명이고 이승은 집착이니, 유관 화상은 이 두 가지 병을 떠나야만 참된 닦음이 된다고 말씀하십니다.

"참된 닦음이란 부지런히 하지도 말고 잊지도 말아야 하는 것이니, 부지런하면 집착에 가까워지고, 잊으면 무명에 떨어지게 되는 것이오."

우리가 수행 할 때 마음을 어디에 두고 해야 되는가를 말씀하시는 부분입니다. "부지런히 하지도 말고 잊지도 말아야 하는 것"이란 부분은 중도실상(中道實相) 차원에서 말한 것입니다. 반야, 중도, 진여, 진공 등은 똑같은 자리를 가기 다른 말로 표현한 것입니다.

불자님들이 "어떻게 정진하느냐?"는 질문을 할 때는 대부분 마음이 조급합니다. 몇 번 하다가 포기하는 분들이 많은데, 부처님께서도 처음부터 수행이 잘 되셨다고 볼 수는 없습니다. 그러나 큰 원(願)을 세우고 물러남 없이 정진했기 때문에 대도(大道)를 성취하신 겁니다.

"잊으면 무명에 떨어지게 된다"는 말은 보임수행을 뜻합니다. 우리는 이론적으로 충분히 선(禪)에 대해 이해는 하고 있지만 행하지는 못하고 있습니다. 흔히 '초발심시변정각(初發心時便正覺)' 즉, 처음 발심한 마음이 곧 깨달음이라고 합니다. 달마 스님께서도 그 자리를 항상 마음에 두고 정진해야 된다고 하셨습니다. 그렇게 할 때 그 자리에 다가가서 하나가 될 수 있기에 이것이 마음을 닦는 요체라고 한 것입니다.

33. 저승사자가 보지 못한 까닭

염관의 제자

염관 화상의 회하에 있던 어떤 주사(主事: 주지) 스님이 임종을 하려할 때 저승사자가 그를 데려가려고 왔다. 그 스님이 말했다.

"내가 주사 노릇하느라 수행할 짬이 없었으니 7일만 기다려 줄 수 있겠는가?"

저승사자가 말했다.

"기다리시오. 저승의 왕에게 여쭈어보겠소. 왕께서 허락하신다면 7일 후에 다시 올 것이고, 만약 허락하지 않으면 금방 다시 오겠소."

이렇게 말한 뒤에 돌아갔다. 7일 후에 저승사자가 와서 그 스님을 찾았으나 찾을 수 없었다.

(우두 선사가 4조도신 스님을 참문한 뒤에 온갖 새들이 꽃을 물고 와서 찾았지만 끝내 찾지 못한 것과 같다. -백운화상)

주사는 주지를 말합니다. 사찰을 관리하고 정진하는 스님들을 외호하며 뒷바라지 하는 역할을 합니다. 어떤 주사 스님이 임종하려 할 때 저승사자가 스님을 데려가려고 나타났다고 합니다.

"내가 주사 노릇하느라 수행할 짬이 없었으니, 7일만 기다려 줄 수 있겠는가?"

이 주사 스님이 다른 스님들의 뒷바라지를 하느라 수행을 못했던 것입니다. 그래서 저승사자에게 7일 동안 열심히 정진하겠다며 시간을 달라고 하는 장면입니다.

7일 후, 저승사자가 다시 와서 스님을 찾았으나 찾을 수가 없었다면 스님께서는 어떻게 해서 저승사자의 눈을 피했을까요? 누구나 이런 상황에 처하게 된다면 용맹정진 하지 않을 수 없을 것입니다. 이 스님은 생각이 끊어진 무념 경지에 들어가 있었기 때문에 저승사자의 눈을 피할 수가 있었던 것입니다.

형악혜사(衡嶽慧思, 512~577)

위진남북조 때 스님. 천태종의 창시자인 지의 스님의 스승. 혜사는 주석하던 산 이름. 554년 북제(北齊) 혜문
(慧文) 선사에게서 법화삼매(法華三昧)를 깨닫고 천보(天寶) 연간(550~559)에는 광주 대소산에 머물렀다.
진(陳) 태건(太建) 2년 남악에 머물다가 태건 9년에 입적했다. 남악혜사(南慧嶽思)라고도 불린다.

34. 법화삼매 최상승선을 깨닫다

형악혜사

형악혜사 선사는 항상 좌선을 익히고 하루에 한 끼만 먹으며《법화경》과 같은 경전을 읽다가 마침내 지혜가 일어났다. 이에 혜문 선사가 있는 곳으로 가서 법을 전수받고 밤낮으로 마음을 거두다가 하안거를 시작한지 21일 만에 숙지통(宿智通)을 얻었다. 그리하여 더욱더 정진했는데 갑자기 탈이 나서 사지가 축 늘어져 걸어 다니지 못하게 되자 스스로 생각했다. '병은 업에서 나며 업은 마음에서 일어난다. 그러나 마음의 근원은 일어나는 일이 없거늘 바깥 경계가 어떻게 존재하리. 병과 업과 몸은 마치 구름이나 그림자와도 같은 것이다.'

이와 같이 관찰하고 나니 뒤바뀐 생각이 사라져 예전처럼 개운해졌다. 그러나 하안거를 다 지내도록 아무것도 얻지 못하자 몹시 부끄러웠다. 그러다 선사가 몸을 벽에 기대려할 때 등이 벽에 채 닿기도 전에 법화삼매(法華三昧) 최상승선을 활연히 크게 깨달아서 한생각으로 밝게 사무쳤다.

형악혜사 선사는 항상 좌선을 하시고 하루에 한 끼만 드시며 경전을 읽으시다가 둘이 아닌 하나의 자리인 실상을 체험하게 되었습니다. 그래서 혜문 선사가 계시는 곳으로 가서 인가를 받은 후 보임 수행에 들어가는데, 보임 수행이란 깨달은 그 자리에 마음을 두고 끊임없이 정진하는 것을 말합니다. 그리하여 형악혜사 선사는 하안거를 시작한지 21일 만에 과거의 일을 다 볼 수 있는 '숙지통'을 얻게 되었다는 말입니다.

그런데 선사가 숙명통도 얻고 정진을 열심히 하는데 사지가 마비되는 증세가 왔습니다. 정진을 하게 되면 업이 다 소멸된다고 생각할 수 있습니다. 그러나 육신이란 업에 의해서 이루어진 것이기 때문에 몸이 있는 한 업은 남아있습니다. 수행을 하는 분이라고 하더라도 전생의 업은 피할 수 없으며 받아야 됩니다. 형악혜사 선사는 한소식을 하고 인가를 받았지만 보임 수행 중에 하체 마비의 업보를 받았던 것입니다. 선사는 그래서 본래자리로 돌아가 당신의 업을 돌아보게 됩니다.

'병은 업에서 나며 업은 마음에서 일어난다. 그러나 마음의 근원은 일어나는 일이 없거늘 바깥 경계가 어떻게 존재하리. 병과 업과 몸은 마치 구름이나 그림자와도 같은 것이다.'

육체의 고통은 분명 업에서 오며 업은 마음에서 옵니다. 육체의 병은 마음에서 왔기 때문에 마음을 다스려야지 마음을 다스리지 못하면 육체의 병을 받는 업을 또 행하게 됩니다. 우리가 무지의 마음으로 업을 짓지 않기 위해서는 실상을 바로 볼 수 있는 수행을 해야 된다는 교훈입니다.

형악혜사 선사는 하지가 마비되는 것에 대해서 깊이 관찰했던 것입니다.

'병과 업과 몸은 마치 구름이나 그림자와도 같은 것'이라고 했는데, 병이나 업이나 몸은 실체가 있는 것이 아닙니다. 이와 같이 관찰하고 나니 뒤바뀐 생각이 사라져 예전처럼 개운해졌습니다. 몸이 다 나았다는 것이 아니라 당신이 하체를 못 쓰는 것에 대해 괴로워했는데 그 부분에 대해서 관찰을 해보니까 마음의 무지에 의해 온 것임을 알게 되었습니다. 병이나 업이나 몸은 허깨비와 같은 것이기 때문에 진실한 것이 아니어서 '참나' 는 병이 들 수도, 마비되는 것도 아님을 알게 된 까닭입니다. '참나'는 물질이 아니기 때문에 병이 들 수 있는 게 아니어서, 마음이 예전처럼 개운해 질 수 있었던 것입니다.

이후 하안거 수행을 하던 중 선사가 몸을 벽에 기대려할 때 등이 벽에 채 닿기도 전에 법화삼매 최상승선을 활연히 크게 깨달아서 한생각으로 밝게 사무쳤습니다. 확실하게 하나의 도리를 체험한 것입니다. '법화삼매 최상승선'이란 법화(法華: 진리의 꽃)에서 우주를 하나로 본 마음상태입니다. 하나의 마음에서 작용을 통해 나온 현상계를 꽃으로 보았던 것입니다. 우주와 내가 둘이 아닌 하나의 경지를 체험한 것이 최상승선의 경지입니다.

三十九世鳥窠道林禪師

·

조과도림 (鳥窠道林, 741~824)

성은 번(潘)씨, 항주 부양 사람이다. 어머니가 일광(日光)이 입으로 들어오는 태몽을 꾼 뒤에 태어나니 방에 향기와 빛이 가득하여 이름을 향광(香光)이라 하였다. 9세에 출가하고 21세에 형주(荊州) 과원사(果願寺)에서 구족계를 받았다. 장안의 서명사(西明寺) 복례(復禮) 스님에게 《화엄경》과 《대승기신론》을 배우면서 선을 닦고 경산의 도흠 선사를 찾아가 심요(心要)를 깨달았다. 후에 남쪽 전당고산(錢塘孤山)의 영복사(永福寺)에 가는 도중에 서호의 진망산에 나뭇가지가 무성하여 마치 큰 일산과 같은 장송을 보고는 그 나무위에 새집과 같이 만들어놓고 올라가서 정진하였다. 그래서 호를 조과(鳥窠) 또는 작소(鵲巢)라 하였다. 장경(長慶) 4년 2월 10일 입적.

35. 그런 불법이라면 내게도 조금 있다

조과도림

시자 회통이 어느 날 떠나려고 하자 조과 선사가 물었다.

"그대는 지금 어디로 가려는가?"

시자가 대답했다.

"저는 불법을 구하려고 출가했는데 스승님의 자비로운 가르침의 은혜를 입지 못했기에 이제 다른 곳으로 가서 불법을 배우려고 합니다."

"그런 불법이라면 내게도 조금 있다."

"그렇다면 어떤 것이 스승님의 불법입니까?"

선사가 몸에서 실오라기 하나를 집어 들고서 입으로 불자, 시자가 이로 인해 크게 깨달았다.

조과 선사는 정신을 집중하기 위해서 항상 소나무 가지에 올라 앉아서 정진을 하셨답니다. 그때 조과 선사를 시봉하던 시자 회통이라는 스님이 있었는데 조과 선사께 떠난다고 말을 하자 조과 선사가 "그대는 지금 어디로 가려는가?"라고 물으셨습니다.

그러자 시자가 "저는 불법을 구하려고 출가했는데 스승님의 자비로운 가르침의 은혜를 입지 못했기에 이제 다른 곳으로 가서 불법을 배우려고 합니다." 라고 대답했습니다. 조과 선사의 경지에서는 이미 불법 아닌 것이 없음에도 회통 스님은 전혀 알아차리지 못했던 것입니다.

물론 모르면 의심을 하게 마련입니다. 아난 존자도 부처님을 25년 동안 모시며 부처님 말씀을 모두 외울 정도로 총명했지만 마음이 어두웠기 때문에 부처님이 열반하시자 누구 하나 의지할 데가 없었습니다. 부처님의 법은 가섭 존자가 받게 되는데, 아난 존자는 가섭 존자가 가사 이외에 다른 무언가를 받은 것이 있지 않은가를 가섭 존자에게 묻습니다. 그러자 가섭 존자는 "저 앞에 깃발을 넘어뜨리라"고 말합니다. '마음속에 있는 상(相)을 무너뜨리라'는 말씀입니다. 법은 실상에 대해서 이심전심으로 마음이 통하면 자연스럽게 전해지게 됩니다. 조과 선사가 일상생활중에 행하는 모든 것이 불법이었지만 이 시자는 조과 선사의 마음을 읽지 못했습니다. 그래서 불법을 구하려 했지만 구할 수 없어 다른 데로 가서 공부를 하겠다고 하는 장면입니다.

조과 선사가 "그런 불법이라면 내게도 조금 있다"고 하시니, 시자가 "그렇다면 어떤 것이 스승님의 불법입니까?" 하고 되물었습니다. 선사가 몸에서 실오라기를 집어들어 입으로 불자 시자가 도를 깨달았다고 합니다.

　이처럼 도를 깨닫는다는 것은 쉬운 것 같습니다. 그러나 우리는 똑같은 광경을 보고도 도를 깨닫지 못합니다. 깨닫고, 깨닫지 못하는 것이 정해진 것은 없습니다. 마음을 맑혀 놓았다면 그런 체험은 닭 울음소리를 듣고 깨닫는 경우도 있고, 대나무가 쪼개지는 소리를 듣고도 눈이 열리는 경우도 있고, 벼락 치는 소리를 듣고도 눈이 열릴 수도 있는 것입니다.

대위회수(大潙懷秀)

생몰연대 미상. 중국 송대의 스님. 대위는 주석하던 산 이름. 황룡혜남(黃龍慧南) 선사의 법사로서 임제종의 선사다. 위산영우(潙山靈祐)와는 다른 인물이다.

나안(懶安)

중국 당대의 스님. 복주는 주석하던 지역 이름. 복주대안(福州大安)이라고도 불린다. 백장회해 선사의 제자로서 훗날 위산영우 선사의 법을 계승하였다.

양산연관(梁山緣觀)

생몰연대 미상. 송대의 스님. 양산은 주석하던 산 이름. 조동종에 속하는 선사이다.

섭현귀성(葉縣歸省)

생몰연대 미상. 송대의 스님. 남악(南嶽) 문하. 20세에 역주 보수사에서 비구계를 받은 후 제방을 편력하다가 수산성념 선사를 만나 그에게 가르침을 구했는데, 땅 위에 세워 놓은 죽비를 보고 크게 깨달았다.

자명초원(慈明楚圓, 987~1040)

석상 초원자명(石霜楚圓慈明) 선사. 분양소(汾陽昭) 선사의 법을 이었다. 어려서 글을 배우고 22세에 상산(湘山) 은정사(隱靜寺)에 출가했다. 어머니가 착하고 어진 분이어서 아들에게 행각을 권해 분양소 선사에게 참예토록 했다. 분양 선사를 7년 동안 섬기고 나와 크게 도명을 떨치니 다들 서하사자로 불렸다. 뒤에 석상산 숭숭사와 담주 흥화사 등 여러 곳에서 교화했는데, 법을 이은 제자가 양기방회 선사 등 50인이 있다. 송 인종 때 54세로 입적하였다.

36. 하늘과 땅을 덮는 그대의 광명

대위회수

대위 선사가 말했다.

"애석하다! 이 스님은 저 입에서 나오는 소리와 형상만을 인식했으니, 그로써 평생토록 자기의 광명이 하늘과 땅을 덮어서 닿는 곳마다 나타나는 줄은 전혀 모르는구나."

∾ 해설 ∾

어떤 스님이 말로만 부처님 이야기를 하고 공부가 다 된 것처럼 떠들며 겉모습 즉, 껍데기만 인식하니 대위 선사께서 애석하게 여기는 말씀입니다.

우리 본래의 자리는 광명체입니다. 그 자리에서 본다면 나눌 수도 없고 우주가 하나의 광명체입니다. 우주가 있는 그대로 하나이기 때문에 하늘과 땅을 덮어서 닿는 곳마다 나타나는 줄 모르고 있기에, '하나'차원에서 말씀하시는 겁니다.

37. 그대들이 바로 초심 정각불이다

나안

나안 화상이 대중에게 설법했다.

"그대들은 모두 내게 와서 무엇을 찾고자 하는가? 부처님이 되려 하면서 그대들 자신이 바로 부처인 줄도 모르고 오히려 옆집의 문으로 바삐 달아나기만 하는구나. 목마른 사슴이 아지랑이를 찾아서 달려가는 것과도 같으니 언제쯤에나 상응할 수 있겠는가? 그대들이 부처가 되고 싶다면 그저 뒤바뀐 반연과 망상과 그릇된 생각과 때 묻은 욕망과 더러움만 없애면 된다.

중생의 마음, 즉 그대들이 바로 초심(初心) 정각불(正覺佛)인데 도대체 어디를 향하여 따로 그것을 구하려고 하는가? 그대들 각자가 값을 따질 수 없는 귀한 보물을 지니고 있다. 눈으로 광채를 놓아 산하대지를 밝게 비추고 귀로도 광채를 놓아 모든 좋고 나쁜 음성을 듣는다. 이렇게 여섯 가지 감각 기관에서 밤낮 없이 항상 광명을 놓으니 이것을 방광(放光)삼매라고 한다. 그런데 그대들 스스로가 그것을 알아채지 못하고 그 그림자만을 취하고 있구나. 사대의 몸뚱이 속에 있으면서 안팎을 부지하여 기울어지지 않게 하고 있으니 어떤 사람이 무거운 짐을 지고 외나무다리를 지나가면서 헛디디지 않으려고 애쓰는 것과 같다.

말해 보아라. 이것이 무슨 물건이기에 그와 같이 부지하여 그토록 기울어지거나 쏠리지 않게 하려 하느냐? 그대들이 만약 찾아내려 한다면 털끝만큼이라도 볼 수 없으리라. 그러므로 지공 스님은 '경계에서 베풀게 되면 혼연히 크게 있으니, 안과 밖 그리고 중간에서 찾아도 결코 찾을 수 없다'고 하신 것이다."

해설

대중은 출가한 비구, 비구니와 재가불자인 청신사, 청신녀 등 사부대중을 말합니다. 나안 화상께서 대중을 상대로 법문하신 내용입니다.

"그대들은 부처님이 되려 하면서 그대들 자신이 바로 부처인 줄도 모르고 오히려 옆집의 문으로 바삐 달아나기만 하는구나."

선사 입장에서는 부처는 저마다 본래 갖추고 있는데 왜 다른 데에서 구하려 하느냐는 말씀입니다.

"목마른 사슴이 아지랑이를 찾아서 달려가는 것과도 같으니 언제쯤에나 상응할 수 있겠는가?"

재가 불자들은 깨치고자 하는 마음 보다는 살아가면서 어려움에 처해 있거나 가족들이 잘 되게 해달라는 마음에서 절에 나오시는 분들이 많을 것입니다. 포교사들도 기복신앙이나 맹목적인 신앙에서 벗어나 바른 수행을 할 수 있도록 모범이 되고 귀감이 되어야 됩니다. 내가 먼저 수행이 되어야지 그렇지 않다면 부처님께서도 눈 먼 사람이 눈 먼 사람을 인도하는 것과 다르지 않다고 말씀하셨습니다. 내가 먼저 불교를 바로 알고 바른 길로 인도하셔야 됩니다. 이것이 부처님 제자로서의 의무이며 부처님 은혜를 갚는 일입니다.

"그대들이 부처가 되고 싶다면 그저 뒤바뀐 반연과 망상과 그릇된 생각과 때 묻은 욕망과 더러움만 없애면 된다."

우리가 이해로 안다고 해도 행으로써 실천하기는 정말 어려운 일입니다. 뒤바뀐 생각이라는 것은 '나'라고 했을 때 우리는 평생 육신 하나를 잘 먹이고 잘 입히고 즐겁기 위해서 산다고 해도 과언이 아니라는 말입니다. 이것이 바로 뒤바뀐 생각입니다. 우리가 아무리 잘 먹이고 잘 입힌다 하더라도 육신이라는 것은 결국 배신하고 맙니다. 근본 마음자리가 열려야만 욕망이나 어리석음에서 비로소 벗어나기 때문입니다. 근본 실상이 체험이 되고 정진을 끊임없이 했을 때 욕망 하나하나가 떨어져 나가는 것이지, 이론으로써는 아무 소용이 없습니다.

"중생의 마음, 즉 그대들이 바로 초심 정각불인데 도대체 어디를 향하여 따로 그것을 구하려고 하는가? 그대들 각자가 값을 따질 수 없는 귀한 보물을 지니고 있다."

초심 정각이란 '하나'의 자리를 이해한 순간을 말합니다. 값을 따질 수 없는 귀한 보물은 '하나' 차원에서 말하는 것입니다. 우주의 근본 실상에서는 내 것 아닌 것이 없습니다. 지금 우리가 집착하고 있는 가족이나 집,

재산 등은 우주 차원에서 보면 티끌도 안 되는 것을 내 것이라 하고 있습니다. 그러나 그것이 내 것이 아니라는 것을 알게 된 순간, 역설적으로 우주가 다 내 것이라는 것을 알게 됩니다. 우주와 내가 한 몸이라는 것을 알게 되면 그때부터는 우주를 가지고 살림을 하는 겁니다. 돈으로 따질 수 없는 귀한 보물은 '하나' 차원에서 말씀하는 비유입니다.

"여섯 가지 감각기관에서 밤낮 없이 항상 광명을 놓으니 이것을 방광 삼매라고 한다."

우리가 의식하지 못하지만 풀이나 나무나 책상 등 모든 물질은 자체적으로 발산하는 파동에 의해서 오로라가 생긴다고 합니다. 생명이기 때문에 세포가 살아 있으며 진동에 의해서 파동이 생기는데 이것이 부처님 광명으로 볼 수도 있습니다. 우리는 느끼지 못하지만 우리의 몸 각 기관에서는 에너지가 발생이 되고 있는데, 이것을 방광(放光)으로 볼 수 있습니다. 말을 할 때, 숨을 쉴 때, 밥을 먹을 때도 항상 우리 몸에서는 방광을 하고 있다는 말입니다. 항상 염불을 하고 진언을 외우고 있다면 자주색 광명이 발한다고 합니다.

"그대들 스스로가 그것을 알아채지 못하고 그 그림자만을 취하고 있구나."

우리는 이 몸뚱이 하나 지키기 위해서 온갖 일을 다 합니다. 배고프면 밥 먹으려 하고 아프면 약 먹으려 하고 좋다는 것은 다 하려고 할 것입니다. 그러나 그것은 마치 무거운 짐을 지고 외나무다리를 지나가는 것과 다르지 않다는 말씀입니다. 육신이라는 것은 시시각각 변하고 있고 언제 어떻게 될지 모르는 일입니다.

"그러므로 지공은 '경계에서 베풀게 되면 혼연히 크게 있으나, 안과 밖 그리고 중간에서 찾아도 결코 찾을 수 없다'라고 하신 것이다."

경계가 끊어지면 우주와 내가 둘이 아닌 하나의 도리에 눈이 열리게 된다는 말입니다. 그런데 중간이나 안과 밖에서 찾으려고 한다면 영원히 찾을 수 없다는 법문입니다.

38. 어떤 것이 무상도량인가

양산연관

대양연이 양산연관 선사에게 물었다.

"어떤 것이 무상도량(無相道場)입니까?"

연관 선사가 관음상을 가리키며 말했다.

"이는 오 처사가 그린 것이다."

대양연이 대답을 하려고 하자, 선사가 급히 다그치면서 물었다.

"이것은 형상이 있는 것인데, 도대체 어떤 것이 형상이 없다는 것이냐?"

대양연은 이 말을 듣는 순간 깨닫고 절을 올린 뒤에 다시 자기 자리로 돌아갔다.

선사가 물었다.

"어찌하여 한 마디도 하지 않는가?"

"말씀드리는 것은 사양하지 않겠지만 종이에 먹으로 기록될까 두렵습니다."

이에 선사가 껄껄 웃으면서 말했다.

"그 말이 돌 위에 올라갔도다."

후세에 과연 이 말이 비석에 새겨지게 되었다.

대양연이 양산연관 선사에게 물었습니다.

"어떤 것이 무상도량입니까?"

무상도량이란 모든 경계가 다 끊어진 자리를 말합니다. '하나' 차원을 뜻하는 말인데, 하나라고 말해도 맞지는 않습니다. 모든 상(相)이 다 끊어짐을 뜻하는 말입니다.

연관 선사가 관음상을 가리키며 말했습니다.

"이는 오 처사가 그린 것이다."

오 처사는 오도자라는 유명한 화가였는데, 그림을 아주 잘 그려서 신필(神筆)이라고 불렸던 분입니다. 연관 선사가 이분이 그린 관음상을 가리켰던 것입니다.

대양연이 대답을 하려고 하자 선사가 급히 다그치면서 물었습니다.

"이것은 형상이 있는 것인데, 도대체 어떤 것이 형상이 없다는 것이냐?"

대양연이 무상도량을 물었기 때문에 "이것은 형상이 있는 것인데, 도대체 어떤 것이 형상이 없다는 것이냐?"하고 연관 선사가 다그쳐 물었습니다.

대양연은 이 말을 듣는 순간 깨닫고 절을 올린 뒤에 다시 자기 자리로 돌아갔습니다. 연관 선사께서는 혜안이 열린 분이기 때문에 대양연의 근기를 보고 방편을 썼다고 할 수 있습니다.

선사가 다시 물었습니다.

"어찌하여 한 마디도 하지 않는가?"

이미 대양연은 문자와 언어로 표현할 수 없는 실상인 무상도량을 깨달았습니다. 그 자리는 입을 떼면 그르치는 자리여서 입을 뗄 수 없으니까 묵묵히 있었던 것입니다. 그러자 연관 선사가 어찌하여 한 마디도 하지 않느냐고 물으셨는데, 대양연이 깨달은 것으로 보이기에 점검하는 차원에서 물으신 장면입니다.

"말씀드리는 것은 사양하지 않겠지만 종이에 먹으로 기록될까 두렵습니다."

대양연은 말로 하는 것은 어렵지 않으나 종이에 먹으로 기록될까 두렵다고 대답하셨습니다.

이에 선사가 껄껄 웃으면서 말했습니다.

"그 말이 돌 위에 올라갔도다."

연관 선사가 "그 말이 돌 위에 올라갔다"고 예언하셨는데, 후세에 예언대로 이 말이 비석에 새겨지게 되었답니다.

39. 성품은 허공과 수명이 같다

무업

무업 국사가 혜음 등의 제자들에게 말했다.

"그대들의 보고 듣고 감각하고 아는 성품은 허공과 수명이 같아서 생멸하지 않는다. 모든 경계는 본래부터 공하고 고요하여 한 가지 법도 얻을 수 없는 것이다. 그런데 미혹한 사람은 알지 못하기 때문에 바로 경계에 홀리며, 한 번 경계에 홀리면 끝없이 생사를 돈다.

그대들은 심성은 본래부터 있었고 조작에서 생기지 않았으며, 금강과 같아서 깨뜨릴 수 없음을 알아야 한다. 세상의 모든 법은 그림자나 꿈과도 같아서 정실(貞實)함이 없다. 그러므로 경에서는 '오직 한 가지만이 진실할 뿐, 나머지 들은 진실이 아니다'라고 말씀하신 것이다. 일체가 항상 공하므로 한 법도 정(情)에 해당하는 법은 없음을 알아야 한다. 이것이 모든 부처님이 마음을 쓰는 곳이니, 그대들은 아무쪼록 부지런히 수행하라."

국사는 말을 마친 후 열반에 들었다.

　무업 국사의 최후의 법문입니다. 실상의 자리는 물질이 아닌 마음으로 된 자리이며, 마음이라고 해도 맞지는 않지만 부득이 마음이라고 이름을 붙여 놓은 것입니다. 그 자리는 물질이 아니기 때문에 얻을 수 있는 것도 아니며 본래부터 갖추고 있는 것입니다. 부처님께서 없던 것을 새로 만들어 놓은 것이 아닙니다. 본래 있던 것을 석가모니 부처님께서는 수행을 통해서 실상의 자리를 깨닫게 된 것입니다. 문자와 언어로 표현할 수 없는 하나의 자리에 마음을 두고 내용을 읽게 되면 이해하실 수가 있습니다.

　"본래부터 공하고 고요하여 한 법도 얻을 수 없는 것이다."

　이는 얻을 수 없는 자리, 반야 차원에서 말씀하신 법문입니다.

　"그런데 미혹한 사람은 알지 못하기 때문에 바로 경계에 홀리며, 한 번 경계에 홀리면 끝없이 생사를 돈다."

　이 도리를 안다고 해서 미혹에서 바로 벗어날 수 있는 것은 아닙니다. 과거 생으로부터 익혀온 습 때문에 그렇습니다. 습을 쉽게 끊지는 못합니다. 수행을 통해 경계에 끄달려가지 않아서 하나의 마음을 쓸 때 비로소 가능합니다. 문자와 언어로 표현할 수 없는 그 자리와 수행을 통해 하나가 되었다면 절대로 윤회에 끄달려가지 않습니다. 그렇지 못하면 수 없는 윤회의 굴레에서 벗어날 수 없다는 말씀입니다.

　"그대들은 심성은 본래부터 있었고 조작에서 생기지 않았으며, 금강과 같아서 깨뜨릴 수 없는 것임을 알아야 한다."

우주의 근본 실상은 마음으로 되어 있으니, 물질이 아니라고 했습니다. 물질이 아닌데 깰 수 있습니까? 일체를 마음으로 본다면 깰 수 없다는 뜻을 금강(金剛)으로 비유한 말입니다. '금강반야바라밀다심경'도 똑같은 자리에서 말씀하신 겁니다.

"세상의 모든 법은 그림자나 꿈과도 같아서 정실함이 없다."는 물질의 세계, 우리가 이름 붙여 놓은 세계를 법이라고 이름 붙여 놓았지만 진실한 것이 아니라는 뜻입니다.

"오직 한 가지만이 진실할 뿐, 나머지 둘은 진실이 아니다"라는 말씀에서 오직 한 가지는 일승(一乘)의 법을 말합니다. 하나의 마음자리 차원에서 말씀하신 부분이며 대승 수행이라고 합니다. 하나의 마음자리만이 진실할 뿐이며 나머지 둘은 성문승과 연각승을 말하는데 소승 수행이며, 이분법적인 사고를 가지고 하는 수행이기 때문에 진실하지 않다는 말씀입니다.

"일체가 항상 공하므로 한 법도 정에 해당하는 법은 없음을 알아야 한다."

공하다는 것은 텅 비었다, 물질이 아니라는 말입니다. 마음으로 본다면 쉽게 이해하실 수 있는 부분입니다. 무업 국사께서는 하나의 자리에 마음을 두고 쓰며 부지런히 수행하라는 말씀을 하신 후 열반에 드셨습니다.

40. 법신이란 무엇인가

대원부

대원부 상좌가 양주 광효사에서 《열반경》을 강의하고 있을 때다. 어떤 선객이 눈으로 길이 막혀 그 절에 묵으면서 부 상좌의 《열반경》 강의를 듣게 되었다. 그런데 법신(法身)의 현묘한 이치를 자세히 설명하는 대목에 이르자 선객은 자신도 모르게 웃음을 터뜨렸다. 부 상좌가 강의를 마친 뒤에 선객을 청하여 차를 마시며 말했다.

"평소 저의 뜻이 좁고 용렬해서 글에 의지해서만 뜻을 이해해 왔는데, 오늘 이렇게 비웃음을 사게 되었습니다. 부디 가르쳐 주시기 바랍니다."

선객이 말했다.

"좌주께서 법신을 진실로 잘 모르고 계셔서 비웃었습니다."

"어떤 곳이 옳지 않았습니까?"

"좌주께서 하신 말씀이 옳지 않다는 것이 아닙니다. 다만 법신의 겉모습만을 말씀하셨을 뿐, 진실로 법신을 증득하지는 못하셨기 때문입니다."

"그렇다면 선객께서는 저에게 설명하여 주십시오."

"제가 말씀드리는 것은 사양하지 않겠으나, 믿어 주시겠습니까?"

"어찌 감히 믿지 않을 수 있겠습니까?"

"그렇다면 좌주께서는 강의를 잠시 멈추시고 열흘 동안 방에 조용히 앉아서 생각을 고요하게 하여 마음과 생각을 거두고 선과 악의 모든 인연을 한꺼번에 버리십시오."

북 상좌는 가르침에 따라 초저녁부터 새벽에 이르렀는데, 북 치는 소리를 듣고는 홀연히 크게 깨달았다.

해설

대원부 상좌가 《열반경》을 강의하고 있을 때 어떤 선객이 강의를 듣게 되었습니다. 선객은 '하나'에 마음을 두고 수행하는 수좌를 말합니다. 하나의 마음자리는 어떤 이름도 붙일 수가 없는 자리지만 선(禪)이라고도 부릅니다.

이 선객이 《열반경》 강의를 듣던 중 법신의 현묘한 이치를 설명하는 대목에서 웃음을 터뜨리게 됩니다. 우주의 근본 실상인 하나의 마음자리 부분을 설명하는데 선객이 자신도 모르게 웃음을 터뜨리게 되었다는 말입니다. 우주의 근본 실상자리는 이론으로도 알 수 있지만 이 실상자리는 체험을 해놓아야만 뜻을 바르게 알 수 있다는 뜻입니다.

대원부 상좌가 강의가 끝난 후 차를 마시면서 선객이 비웃은 이유에 대해서 물어보자 선객은 "법신을 진실로 잘 모르고 계셔서 비웃었다."고 하셨습니다. 법신이란 '하나'의 마음자리를 가리키는 말입니다. 하나의 자리는 본인이 스스로 체험을 통해서 깨달을 수 있는 것이지 말로는 설명할 수 없는 부분입니다.

대원부 상좌가 가르침을 청하자 선객이 다짐을 받습니다.

"제가 말씀드리는 것은 사양하지 않겠으나 믿어 주시겠습니까?"

"어찌 감히 믿지 않을 수 있겠습니까?"

대원부 상좌는 강의를 설하는 분이었지만 하심(下心)을 할 수 있는 분이었기 때문에 마음공부가 많이 되신 분이라고 볼 수 있습니다. 문자에 집착해서 상이 있었던 분이라면 이런 경우에 받아들이지 않았을 것입니다.

"그렇다면 좌주께서는 강의를 잠시 멈추시고 열흘 동안 방에 고요히 앉아서 생각을 고요하게 하여 마음과 생각을 거두고 선과 악의 모든 인연을 한꺼번에 버리십시오."

마음 가운데 모든 경계를 다 끊으라는 뜻입니다.

부 상좌는 선객의 가르침에 따라 정진을 시작해 초저녁부터 새벽에 이르렀는데, 북 치는 소리를 듣고는 홀연히 크게 깨달았습니다. 법신을 문자로만 표현했는데 법신의 참다운 실상을 정진을 통해서 깨닫게 되었다는 내용입니다. 이 문답은 수행이 꼭 필요하다는 교훈을 주고 있습니다.

41. 처마 끝의 빗방울이 분명하여

섭현귀성

어느 날 염 화상이 섭현귀성 선사에게 물었다.

"이것을 죽비라 부르면 저촉되고, 죽비라 부르지 않으면 위배될 것이다.
자, 말해 보아라. 그렇다면 이 물건을 무엇이라 불러야겠는가?"

귀성은 이 말을 듣는 순간 크게 깨달아 손으로 죽비를 부러뜨려 섬돌 아래로 던지면서 반문했다.

"그렇다면 이것은 무엇입니까?"

해설

"이것을 죽비라 부르면 저촉되고, 죽비라 부르지 않으면 위배될 것이다.
입을 떼어도 그르칠 것이고 입을 떼지 않아도 그르칠 것이라는 말씀입니다. 죽비의 실상, 죽비의 본래자리를 묻는 질문입니다.

"자, 말해 보아라. 그렇다면 이 물건을 무엇이라 불러야겠는가?"

섭현귀성 선사는 "그렇다면 이 물건을 무엇이라 불러야겠는가?"라는 말을 듣는 순간 깨달으셨습니다. 그리고는 죽비를 부러뜨린 후 던지면서 "이것은 무엇입니까?"라며 되물으셨습니다.

선문답에 있어서는 질문의 요지를 빨리 파악하고 대답을 해야 됩니다. 가끔 대중 법문을 하시는 중에 큰스님들께서 염주를 보이시며 "이것이 무엇입니까?"라고 묻는 경우가 있잖아요. 이 질문은 실상인 '체'를 묻는 화두입니다.

'일구(一句) 법문', '이구(二句) 법문', '삼구(三句) 법문'이란 말을 들어보셨을 겁니다. 지금 말로 설명하고 있는 법문은 '삼구 법문'이라고 하며, 물건의 모양을 보이거나 죽비를 치는 것은 '이구 법문'이라고 합니다. '일구 법문'에서는 입을 떼면 그르칩니다. '직지(直指)'는 문자와 언어로 표현할 수 없는 자리를 일러주기 때문에 '일구 법문'을 배우고 있는 셈입니다.

신라 때 도선 국사가 왕의 초청으로 궁에서 법문을 하게 되었는데, 법상에 올라가서 한 시간을 묵묵부답으로 계셨다고 합니다. 당시 교학승들도 법회에 참석을 했는데 선사의 일구 법문을 이해하지 못했어요. 한 시간 동안 좌선을 하고 내려왔는데 왕이 도선 선사에게 합장을 하며 법문을 잘 들었다고 하셨답니다. 도선 국사께서는 실상에 대해서 입을 떼면 그르치니까 행으로 보여 주셨던 것입니다. 진짜 법을 보여주었음에도 당시의 스님들은 온갖 말들을 했다고 합니다.

이와 같이 귀성 선사는 실상의 자리는 입을 떼면 그르치는 자리이니까, 죽비를 던지면서 "이것이 무엇이냐?"고 되물은 것입니다. 본인은 이미 눈을 떴기 때문에 상대에 대한 점검이 필요하다고 볼 수 있습니다. 역시 그 자리는 입을 열면 그르치는 자리입니다.

　어떤 스님이 조주 선사의 '뜰 앞의 잣나무' 화두를 들어서 가르침을 청하자 귀성 선사가 말했다.

　"내가 그대에게 말해주는 것은 사양하지 않겠으나, 그대가 과연 믿어주겠소?"

　그 스님이 대답했다.

　"스님의 소중한 말씀을 어찌 감히 믿지 않을 수 있겠습니까?

　"그대는 처마 끝에서 떨어지는 빗방울 소리가 들리는가?"

　이 말에 그 스님은 활연히 크게 깨닫고 절을 올렸다.

　이에 귀성 선사가 물었다.

　"그대는 어떠한 도리를 보았기에 나에게 절을 하오?"

　그 스님이 게송으로 답했다.

　"처마 끝의 빗방울이 분명하고 역력하여

　온 천지를 쳐부수니 당장 마음이 쉬어버렸네."

　귀성 선사가 크게 기뻐하면서 말했다.

　"그대는 조사선의 이치를 깨달았다."

 해설

　한 스님이 조주 선사를 찾아가서 "달마 스님이 서쪽에서 오신 뜻이 무엇입니까?" 라고 묻자 "뜰 앞의 잣나무"라고 일러 주셨습니다. 그래서 한 수행자가 이것을 화두로 들었던 것입니다. 이 수행자가 귀성 선사에게 찾아가 가르침을 청하자 "내가 그대에게 말해주는 것은 사양하지 않겠으나 그대가 과연 믿어주겠소?"라고 하시니, "스님의 소중한 말씀을 어찌 감히 믿지 않을 수 있겠습니까? 라고 수행자가 말했습니다.

그러자 귀성 선사께서 "그대는 처마 끝에서 떨어지는 빗방울 소리가 들리는가?"라고 하셨는데, 이 말씀을 듣고 질문했던 수행자가 확철대오를 했다는 것입니다. 그래서 수행자가 감사의 차원으로 절을 올리자, 귀성 선사가 "그대는 어떠한 도리를 보았기에 나에게 절을 하오?" 라고 물으십니다.

그러자, 확철대오하여 깨달은 실상에 대해 수행자가 게송으로 답을 하셨습니다.

"처마 끝의 빗방울이 분명하고 역력하여, 온 천지를 쳐부수니 당장 마음이 쉬어버렸네."

하나의 마음자리를 깨달은 순간, 이제까지 의식 속에 있던 모든 경계가 끊어진 자리를 온 천지를 쳐부순다고 표현했습니다. 또한 대상과 경계가 다 끊어지니까 마음이 쉬어버렸다고 한 것입니다.

귀성 선사가 기뻐하면서 긍정했습니다.

"그대는 조사선의 이치를 깨달았다."

조사선의 이치는 '하나'의 자리를 말합니다. 우주의 근본실상, 문자와 언어로 표현할 수 없는 그 자리를 조사선이라고 합니다. 조사스님들께서 깨달으신 이치를 확실하다고 인가를 하는 부분입니다.

42. 자기 이름을 부르는 순간 깨닫다

양수

양수 좌주가 마곡 화상에게 처음으로 참배하러 갔다. 마곡 화상은 그가 오는 것을 보자 얼른 호미를 들고 밭으로 나가 풀을 매었다. 양수 좌주가 풀을 매고 있는 곳에 도착했는데, 마곡 화상은 아예 돌아보지도 않고 방장으로 돌아가더니 오히려 문을 걸어 잠갔다.

이에 좌주가 문을 두드리니 화상이 물었다.

"누구요?"

"양수입니다."

겨우 자기 이름을 대답하는 순간 홀연히 크게 깨닫고 말했다.

"스님은 저를 속이지 마십시오."

양수 좌주가 만일 마곡 화상에게 참배하러 오지 않았다면 어찌 오늘과 같은 일이 있었겠는가. 자칫하면 경론에 빠져 일생 동안 속고만 살았을 것이다.

좌주는 경을 강의하는 학승을 말합니다. 양주 좌주가 마곡 선사께 참배를 하러 가셨는데 마곡 스님은 호미를 들고 밖으로 나가서 풀을 베고 계셨습니다. 양주 좌주가 풀을 베는 곳으로 가자 다시 마곡 스님께서는 방장으로 돌아가서 문을 걸어 잠그셨습니다. 왜 그렇게 하셨을까요? 마곡 선사께서는 타인의 마음을 읽을 수 있는 혜안이 열린 분이었기 때문에 양수 좌주의 근기를 점검하면서 깨달음의 기연을 주고자 일부러 문을 걸고 때를 기다린 것입니다.

이에 양수 좌주가 문을 두드리니 마곡 선사가 물었습니다.

"누구요?"

"양수입니다."

양수 좌주는 자기 이름을 대답하는 순간 깨달았다고 합니다.

"스님은 저를 속이지 마십시오."

양수 좌주가 '이제는 눈을 떴으니 더 이상 나를 중생으로 보지 마십시오.' 라는 표현을 하고 있습니다.

양수 좌주는 경을 강의하는 분이셨기 때문에 마곡 선사를 참례하지 않았다면 자칫 경론에 빠져 일생 동안 속고만 살았을 것입니다.

43. 호랑이 울음소리를 낸 까닭

자명

자명 화상은 전대도 스님이 오는 것을 보고 물었다.

"조각구름이 골짜기 어귀에 걸려있는데, 나그네는 어디에서 왔소?"

전대도 스님이 좌우를 돌아보며 말했다.

"밤에 어느 곳에 불이 나서 옛 사람의 무덤을 불살랐습니다."

"아니오, 다시 말해 보시오."

그러자 전대도 스님이 호랑이 울음소리를 냈다. 자명 화상이 방석을 치니 전대도 스님은 자명 화상을 밀고 그 자리에 나아가 앉았다. 이번에는 자명 화상이 호랑이 울음소리를 내니, 전대도 스님이 말했다.

"제가 70여 분의 선지식을 두루 찾아 다녔는데, 오늘에야 비로소 제대로 스승님을 만났습니다."

전대도 스님은 나름대로 공부가 되었다고 생각을 했습니다. 그래서 자명 화상을 저울질 해보려고 찾아간 장면입니다.

"조각구름이 골짜기 어귀에 걸려 있는데, 나그네는 어디에서 왔소?"

자명 화상이 전대도 스님을 점검하기 위해 질문을 던집니다.

"밤에 어느 곳에 불이 나서 옛 사람의 무덤을 불살랐습니다."

옛 사람은 부처님을 뜻하는데, 부처님이라는 생각까지도 다 끊었다는 말입니다.

"아니야, 다시 말해 보게나."

그러자 전대도 스님이 호랑이 울음소리를 냈습니다. 자명 화상이 방석을 치니 전대도 스님은 자명 화상을 밀고 그 자리에 나아가 앉았습니다.

본래 실상자리는 문자와 언어로 표현할 수 없어서 백수(百獸)의 왕인 호랑이 울음소리로 답을 했습니다. 자신이 깨달음을 과시하는 뜻도 담겨 있습니다. 그리고 자명 화상도 다시 그 자리에 대해 같은 호랑이 울음소리로 답을 했습니다. 나 역시 그러하다는 표현입니다.

자명 화상이 호랑이 울음소리를 내니 전대도 스님이 말했습니다.

"오늘에야 비로소 제대로 스승님을 만났습니다."

공부가 되어 있다면 언젠가는 깨달음을 이룰 수 있는 인연이 오기 마련입니다.

경조현자(京兆蜆子)

생몰연대 미상. 당대 말엽의 스님. 경조는 주석하던 지역 이름. 조동종(曹洞宗)의 개조인 동산양개 선사의 법을 이었다.

운암담성(雲巖曇晟, 782~841)

당대의 스님. 청원(靑原) 문하. 운암은 주석하던 산 이름. 어려서 출가해 수년 동안 백장회해 선사 문하에서 참선공부를 하고 그 후 약산유엄 선사의 법을 이어받은 후, 담주 운암산에 머물면서 종풍을 크게 날렸다. 제자로는 조동종의 개조인 동산양개(洞山良价) 선사가 있다. 회창(會昌) 원년 10월에 입적.

장사경잠(長沙景岑, ?~868)

당대의 스님. 장사는 주석하던 지역 이름. 남악 문하. 남전보원 선사 문하에서 공부해 그의 법을 이어받았다. 처음에는 녹원(鹿苑)에 머물렀지만 이후에는 한 곳에 머물지 않고 만행하면서 생을 마쳤다. 앙산혜적 선사의 문답에서 앙산 선사를 차서 넘어뜨릴 정도의 기용(機用)을 지니고 있어 대호(大虎) 또는 초현(招賢) 대사, 잠대충(岑大蟲)이라고도 불린다.

44. 신 앞에 있는 술잔 담는 그릇

경조현자

현자 화상은 일정한 거처가 없었는데 동산양개 화상에게서 인가를 받고 난 후로는 민천 지방에서 속인들과 함께 생활했다. 매일 강가에서 새우와 조개를 잡아서 끼니를 때우고, 밤이면 동산 백마묘의 지전(紙錢: 가짜 종이 돈) 더미 속에서 잠을 자니, 그 곳에 살던 사람들은 그를 현자 화상이라고 불렀다.

어느 날 화엄휴정 선사가 이런 소문을 듣고서 참인지 거짓인지를 가름해 보고자 했다. 그래서 하루는 백마묘의 지전 더미 속에 먼저 숨어들었다. 밤이 깊어지자 현자 화상이 그 곳으로 돌아왔다. 휴정 선사가 갑자기 나와서 선사를 붙잡고 물었다.

"무엇이 조사께서 서쪽에서 오신 뜻인가?"

현자 화상이 곧바로 대답했다.

"신 앞에 있는 술잔 담는 그릇이오."

휴정 선사는 매우 기이하게 여기면서 참회하고 물러갔다.

  현자 화상께서는 공동묘지에서 생활 하셨는데, 휴정 선사가 그 소문을 듣고서 현자 화상의 깨달음이 참인지 거짓인지를 확인하려고 했습니다.

  그러던 어느 날 휴정 선사는 백마묘의 지전 더미 속에 숨어 있다가 현자 화상이 그 곳으로 오자 선사를 붙잡고 "무엇이 조사께서 서쪽에서 오신 뜻인가?"라고 물으셨습니다. 현자 화상이 정말로 견성을 한 분인지 점검하는 질문입니다. 본래마음은 오고 감이 없는 것인데 왔다는 표현은 '용' 차원에서 묻는 것입니다.

  현자 화상이 곧바로 "신 앞에 있는 술잔 담는 그릇이오."라고 대답했습니다. '용' 차원에서 물었기 때문에 같은 차원에서 답을 한 것인데, '용'에서는 어떤 표현도 답이 될 수가 있습니다. 휴정 선사는 현자 화상에 대해서 의심을 했었지만 점검을 해보니 확실히 견성을 하신 분임을 알았기에 뉘우치고 물러갔다는 선화입니다.

45. 정진하려는 그 마음이 망상이다

무주

두 상공이 무주 화상에게 물었다.

"저는 화상께서 '기억하지 말라[無憶]. 생각하지 말라[無念]. 망상하지 말라[莫妄]'는 세 구절의 법문을 강설한다고 들었는데 맞습니까?"

무주 화상이 답했다.

"그렇습니다."

"이 세 구절은 하나입니까, 셋입니까?"

"기억하지 말라고 한 것은 계(戒)를 말하는 것이고, 생각하지 말라고 한 것은 선정(定)을 말하는 것이고, 망상하지 말라는 것은 지혜(慧)를 말하는 것이오. 한마음도 생겨나지 않고서 계와 선정과 지혜를 갖추는 것이니 그것은 하나도 셋도 아닌 것이오."

"근거가 있는 말씀입니까?"

"《법구경》에서 '정진하려는 마음을 일으킨다면 이것은 망상이요, 정진하는 것이 아니고, 마음이 망상을 품지 않는다면 그것이 바로 끝없이 정진하는 것이다.'라고 했소." 상공이 이 말을 듣고서 의심이 확 풀리었다.

'기억하지 말라'고 한 것은 지나간 일을 생각하지 말고 내려놓으라는 말씀입니다. 우리가 지금 보고 듣고 생각하는 것은 마음이 눈을 통해서 보고, 마음이 귀를 통해서 듣고 있는 것입니다. 그렇다면 마음이 참다운 나라고 할 것입니다. 마음은 물질이 아니기 때문에 생사가 없는 자리이고 그 '나'는 억겁 전에도 지금의 '나'고 억겁 후에도 지금의 이 마음이라는 뜻입니다. '참나'는 과거나 미래가 모두 끊어져서 찾을 수 없는 것입니다. 기억하지 말라고 하신 것은 과거에 대한 생각을 내려놓고 '하나'에 마음을 두어야 한다는 의미입니다. '생각하지 말라'고 하신 것도 마음자리에서 보면 경계가 끊어진 것입니다. '망상하지 말라'는 말씀도 역시 마음 밖에는 대상이 따로 없기 때문에 마음에서 일으킬 것이 없는 것입니다.

"기억하지 말라. 생각하지 말라. 망상하지 말라는 세 구절은 하나입니까, 셋입니까?"라고 묻자 무주 화상께서 '기억하지 말라'고 한 것은 '계'를 말하는 것이라고 말씀하셨습니다. 계라는 것은 대상이 있게 되면 지켜야 하지만, 대상이 없다면 지킬 필요도 없을 것입니다. 대상이 다 끊어진 자리이기 때문에 생각할 것도 없으니, 이번에는 '선정'을 말합니다. '망상하지 말라'는 것은 지혜라고 말씀하셨는데, 우주를 하나로 보는 것을 지혜라고 하며 하나의 마음자리를 깨달을 수 있는 안목을 말합니다.

그래서 만약에 한 생각이라도 일어나게 되면 선(禪)에서 벗어나게 됩니다. 한 가지 상념이라도 일어나게 되면 계와 선정과 지혜를 갖출 수가 없다고 하십니다. 문자와 언어로 표현할 수 없는 우주의 근본 실상은 어떤 표현도 할 수 없기 때문에, 무주 화상께서 마음자리에서는 하나도 셋도 아니라고 말씀하신 것입니다.

《법구경》에서 "정진하려는 마음을 일으킨다면 망상"이라고 하셨는데, 우리가 화두를 든다면 화두를 들고 있다는 생각을 일으켜도 망상일 것이며, 염불을 한다면 염불한다는 생각을 내도 망상입니다. 염불을 해도 염불한다는 생각이 없어야 되고 화두를 들더라도 화두를 의심한다는 생각이 없을 때, 비로소 조사선이라 할 수 있습니다.

"정진하는 것이 아니고, 마음이 망상을 품지 않는다면 그것이 바로 끝없이 정진하는 것이다."

우리 마음속에 아무런 상념도 일어나지 않는 것을 끝없는 정진이라고 한다는 뜻입니다. 상공은 이 말을 듣고 의심했던 부분이 풀렸다는 말입니다.

46. 햇빛을 보는 순간 깨닫다

월산

월산 화상은 설봉 선사에게 처음으로 참배를 갔을 때는 아직 현묘한 종 지를 깨닫지 못했다. 후에 민왕의 초대를 받아 청풍루의 공양에 참여했다. 화상은 오랫동안 앉아 있다가 눈을 들어 문득 햇빛을 보게 되었다. 이에 활 연히 크게 깨닫고 게송으로 말했다.

청풍루에 와서 왕의 공양을 받으니
오늘에야 평생의 눈이 활짝 열렸네.
보통 연간의 아득한 일이
총령에서 부쳐온 것 아님이 지금 믿어지네.

해설

월산 화상께서 민왕의 초청을 받아 청풍루 누각에서 공양을 한 후 눈을 들어 햇빛을 보게 되었는데 둘이 아닌 하나의 마음자리를 활연히 깨닫게 되었다는 일화입니다.

그리고 게송으로 말씀하셨습니다.

"보통 연간의 아득한 일이 총령에서 부쳐온 것 아님이 지금 믿어지네."

'보통(普通)'은 달마 대사가 처음 중국에 왔을 때를 말합니다. 총령은 달마 대사가 중국에 와서 혜가 스님에게 법을 전한 다음 모함을 받아 나라에서 내린 사약을 받고 돌아가신 후 3년 뒤에 송운(宋雲)이라는 분이 인도에 갔다가 오는 길에 총령 고개에서 달마 대사를 만났다는 이야기를 가리킵니다.

다른 문헌을 보면 달마 대사에게 미인계를 써서 공양에 청산가리를 넣어서 시해(弑害)하려고 하는데 그것을 지시한 분들이 당시 학승들이었다고 합니다. 결국 달마 스님께서는 청산가리를 드시고 돌아가시게 되는데 달마 스님의 시신을 탑에 봉안했습니다. 그런데 양나라 무제의 신하가 이웃 나라에 심부름을 갔다가 총령고개를 오르는 길에 달마 대사가 짚신 한 짝을 들고 걸어오는 것을 보셨던 것입니다. 달마 대사께서는 그 신하에게 "탑을 열어보면 짚신 한 짝이 덩그러니 남아 있을 것"이라고 양 무제에게 가서 전하라고 하셨습니다. 만약 그것을 보고도 양 무제가 상(相)을 버리지 못하면 깨닫기 어려울 것이라 하셨던 것입니다. 그런데 실제로 탑 안에는 짚신 한 짝이 남아있었다고 합니다.

월산 화상은 햇빛을 보고 깨달으셨는데, 본래 실상을 깨닫게 되면 오고 감이 없는 도리를 확실하게 체험하게 됨을 게송을 통해 나타내고 있습니다.

47. 생사의 근본, 분별심

장사경잠

축 상서가 장사경잠 선사를 뵈러갔다.

선사가 상서를 부르자, 상서가 "예!"하고 대답했다.

선사가 말했다.

"이것은 상서의 본명이 아니다."

상서가 대답했다.

"지금 공손히 대답하는 저를 떠나 다른 주인공은 있을 수 없습니다."

"그렇다고 상서를 지존이라 부를 수 있겠는가?"

"그렇다면 모두 대답할 수 없습니다. 화상께서는 저의 주인공이 아닙니까?"

"대답을 하거나 대답하지 않을 때뿐만 아니라 시작 없는 겁 이래로 이것이 바로 생사의 근본이다."

이에 선사가 게송으로 설했다.

도를 배우려는 사람이 진실을 모르는 것은
종래로 분별심을 인식하기 때문이네.
한량없는 겁 이래로 생사의 근본인데
어리석은 자는 본래 사람이라 말하네.

축(竺) 상서라는 분은 장관의 벼슬을 하고 있었는데, 어느 날 장사경잠 선사를 찾아뵈러 왔습니다. 선사가 상서를 부르자 "예"라고 대답을 하자 "이것은 상서의 본명이 아니다."라고 하셨습니다. 대답하는 놈이 본래인 (本來人: 성품)이 아니라는 말씀입니다. 대답하는 놈도 분명 하나이지만 진짜 당신의 모습은 아니라는 말입니다.

상서는 "화상께서는 저의 주인공이 아닙니까?" 라고 다시 질문을 했는데, 주인공이라고 했을 때는 '하나' 차원에서 쓸 수 있는 표현입니다.

"대답을 하거나 대답하지 않을 때뿐만 아니라 시작 없는 겁 이래로 이것이 바로 생사의 근본이다."

참된 본래 나를 알아차리지 못하고 '하나'의 마음을 쓰지 못하면 끝없는 윤회의 원인이 된다는 말씀입니다.

이에 선사께서 게송으로 가르치셨습니다.

"도를 배우려는 사람이 진리를 모르는 것은 종래로 분별심을 인식하기 때문이네."

도를 배우려는 사람이 진실('하나'의 도리)을 모르는 것은 처음부터 끝까지 마음 밖의 대상을 인식하기 때문입니다.

"한량없는 겁 이래로 생사의 근본인데 어리석은 자는 본래인이라 말하네."

분별심으로 인해 식신(識神)을 본래성품으로 착각한다는 말씀입니다. 근본을 모르면 끊임없는 윤회를 하게 되며 본래자리를 모르면 어리석은 사람이라는 말씀입니다.

숭악혜안(崇嶽慧安, 642~709)

중국 당대의 스님. 숭악은 주석하던 산 이름. 5조홍인 선사를 만나서 마음의 요체를 깨달았으며, 태화산(太和山) 형악사(衡嶽寺)에서 두타행을 하다가 그곳을 떠나 종남산(終南山)을 거쳐 숭산 소림에서 "여기가 내 생명을 바칠 곳이다"라고 하여 깊은 산 속에서 수도에만 전념했다. 훗날 측천무후의 세 번에 걸친 간청 끝에 궁에 초대를 받아 가르침을 베푼 후 국사로 존경받았다. 숭악혜안 선사의 법을 얻은 제자로 '요원가(了元歌)'를 짓고 늘 산야로 방랑하며 살았던 등등화상(騰騰和尙)이 유명하다.

48. 미인들의 목욕 시중을 받다

숭악혜안

혜안 국사는 북종의 신수 선사와 함께 무후의 초청을 받아서 궁에서 공양을 받게 되었다. 이어서 목욕할 때 궁중의 미녀들이 그 시중을 들게 되었는데, 오직 국사만은 태연하여 다른 변화가 없었다. 무후가 찬탄하면서 말했다.

"목욕물에 드셔야 비로소 높으신 분인 줄 알겠습니다."

국사는 게송으로 말했다.

백옥 같은 뺨을 지닌 아름다운 여인들이

장미 꽃잎 같은 손으로 물을 떠서 식은 재에 뿌리네.

사립짝의 거적문에는 자물쇠가 없건만

벼락같은 쇠망치로 두드려도 열리지 않네.

무후가 국사의 나이를 묻자 혜안 국사가 대답했다.

"기억하지 못합니다."

무후가 물었다.

"어찌하여 기억하지 못하십니까?"

"생사의 몸을 돌고 도니 그 윤회는 시작도 끝도 없는 것인데, 기억해서 무엇하겠습니까? 하물며 이 마음은 흐르고 흘러 중간에 쉴 사이가 없으니 거품이 일어나고 사라지는 것을 보는 것은 곧 망상일 뿐입니다. 처음의 식(識)에서 요동하는 모양이 사라질 때까지도 이러할 뿐인데, 어찌 나이를 기억하겠습니까?"

이에 무후가 머리를 조아리고 신봉했다.

측천무후가 국사를 모시기 위해 혜안 스님과 신수 선사를 궁으로 초청하고는 이 분들의 도력을 시험해보기 위해서 궁중의 미녀들에게 목욕 시중을 들게 하셨습니다. 이에 혜안 스님만이 조금도 동요가 없었기 때문에 혜안 스님을 국사로 모시고 무후가 이를 찬탄하자 혜안 국사가 게송으로 말씀을 하셨습니다.

"백옥 같은 뺨을 지닌 아름다운 여인들이 장미꽃잎 같은 손으로 물을 떠서 식은 재에 뿌리네."

혜안 스님은 이미 모든 경계가 다 끊어졌기 때문에 몸을 '식은 재'라고 표현했습니다.

"사립짝의 거적문에는 자물쇠가 없건만 벼락같은 쇠망치로 두드려도 열리지 않네."

'나는 이미 모든 경계가 다 끊어졌는데, 왜 나를 시험하느냐'는 말씀입니다. 혜안 스님은 당신 마음의 경계를 '벼락같은 쇠망치로 두드려도 열리지 않는다'고 표현했습니다.

무후가 국사의 나이를 묻자 혜안 국사가 대답했습니다.

"기억하지 못합니다."

무후가 국사의 세속 나이를 물었는데, 혜안 국사는 수없는 윤회를 했기 때문에 알 수 없다고 하십니다.

무후가 다시 물었습니다.

"어찌하여 기억하지 못하십니까?"

"생사의 몸을 돌고 도니 그 윤회는 시작도 끝도 없는 것인데, 기억해서 무엇하겠습니까?"

우리가 끊임 없이 윤회한다고 해도 우리의 몸이나 인식하는 대상은 물거품과 같은 것입니다. 그러나 '참나'는 나고 죽음이 없어서 윤회한 것이 아닙니다. 혜안 국사는 늘 '하나'의 경지에서 사신 분입니다.

佛祖直指心體要節 卷上

第二十八祖菩提達摩告祖曰 我旣得法 當往何國而作佛事 尊者曰 汝雖
得法 未可遠遊 且止南天 待吾滅後六十七年 當往震旦 設大法藥 直接
上 根愼勿速行 衰於日下 汝所化之方得菩提者 不可勝數 祖心念震旦
緣熟行化時至 乃先辭祖塔 次別同學然至王所 慰而勉之 曰當勤白業 護
持三寶 吾去非晚 一九卽廻 王聞師言 涕淚交集曰 此國何罪 彼土何祥
叔旣有緣 非吾所止 惟願不忘父母之國 事畢早廻 王卽具大舟 實以衆寶
躬率臣僚 送至海墺 師汎重溟 凡三周寒暑 達于南海 實梁普通八年丁未
歲九月二十一日也

廣州刺史蕭昂 具主禮迎接 表聞武帝 帝覽奏遣使齎詔迎請 十月一日至
金陵 帝問曰朕卽位已來 造寺寫經度僧不可勝記 有何功德 師云片無功
德 帝曰何以無功德 師曰此但人天小果有漏之因 如影隨形 雖有非實 帝
曰如何是眞功德 答曰淨智妙圓 體自空寂 如是功德 不以世求 帝又問如
何是聖諦第一義 師云廓然無聖 帝曰對朕者誰 師曰不識 帝不契 師一葦
渡江至魏 寓止于嵩出小林寺 面壁而坐 終日默然 人莫知之 謂之壁觀波
羅門

時有僧**神光**曠達之士 久居伊洛 博覽羣書 善談玄理 每嘆曰 孔老之敎

禮術風規 莊易之書 未盡妙理 近聞達磨大士 往止小林 至人不遙 當造
玄境乃往彼晨夕叅承 師常端坐面壁 莫聞誨勵 光自思惟曰 昔人求道
敲骨取髓 刺血濟飢 布髮掩泥 投崖飼虎 古尙如此 我又何人 其年十二
月九日夜天大雨雪 光堅立不動 遲明積雪過膝師憫而問曰 汝久立雪中
當求何事光悲泣曰 惟願和尙 慈悲開甘露門廣度衆生 師曰諸佛無上妙
道 廣劫勤修 難行能行 難忍能忍 豈以小德小智輕心慢心 欲冀眞乘 徒
勞勤苦 光聞師誨勵 潛取利刀 自斷左臂 置於師前師知是法器 乃曰諸佛
最初求道 爲法忘形 汝今斷臂吾 前求亦可在 師遂因與易名曰慧可 光曰
諸佛法印 可得聞乎 師曰諸佛法印 匪從人得 光曰我心未寧 乞師與安
師曰將心來與汝安曰覓心了不可得 師曰與汝安心竟
達磨一日爲可大師曰 汝但外息諸緣內心無喘 心如墻壁 可以入道 可作
種種說心說性 皆不契一 日忽悟乃曰我已息諸緣 祖曰莫成斷滅不 可曰
無祖曰子作麼生 可曰明明不昧 了了常知故 言之不可及 祖曰此是諸佛
諸祖所傳心體 更勿疑矣

達磨迄九年已 欲返西竺 乃命門人曰時將至矣 汝等**盍**各言所得乎 時門
人道副對曰 如我所見 不執文字 不離文字 而爲道用 師曰汝得吾皮 惣
持曰我今所解 如慶喜見阿閦佛國一見更不復見 師云汝得吾肉 道育曰
四大本空 五陰非有 而我見處 無一法可得 師曰汝得吾骨 最後慧可大師
出禮三拜依位而立 師曰汝得吾髓 乃顧慧可而告之曰 昔如來以正法眼
藏 付囑迦葉 轉轉相承 而至於我 我今付汝汝當護持 幷授汝袈裟 以爲
法信各有所表 宜可知矣 可曰請師指陳師曰內傳心印 以契本心 外付袈

裟 將表宗旨 後代澆薄疑慮競生云 吾西天之人言汝此方之人憑何得法
以何證之汝今受此衣法 却後難生 但出此衣幷吾法偈 用以表明 其化
無导 至吾滅後二百年 衣止不傳 法周沙界 明道者多 行道者少 說理者
多 通理者少潛符密證 千萬有餘 汝當闡揚 勿輕未悟 一念廻機 便同本
得 聽吾偈曰

吾本來此土 傳法救迷情
一花開五葉 結果自然成

波羅提因異見王問何者是佛 答曰見性是佛 王曰師見性不 答曰我見佛
性王曰性在何處 答曰性在作用 王曰是何作用 我今不見 答曰今見作用
王自不見 王曰於我有不 答曰王若作用無有不是 王若不用 體亦難見 王
曰若當用時 幾處出現 曰若出現時 當有其八 王曰其八出現 當爲我說
波羅提曰 在胎爲身 處世名人 在眼曰見在耳曰聞 在鼻辨香在舌談論 在
手執捉 在足運奔 徧現則俱該沙界 收攝則在一微塵識 者知是佛性 不
識者喚作精魂 王聞偈 心卽開悟

東印度國王 請二十七祖般若多羅尊者入內齋 王問曰諸人盡轉經 師何
不看經師曰貧道入息不居陰界 出息不涉衆緣 常轉如是經百千萬億卷

三祖僧璨大師 問二祖曰 弟子身纏風恙請師爲我懺罪 祖曰將罪來與汝
懺 云覓罪了不可得 祖曰與汝懺罪竟 宜依佛法僧住 曰某甲今見和尙 已

知是僧未審何名佛法 祖曰是心是佛 是心是法佛法無二 僧寶亦然 曰今
日始知罪性不在內外中間 如其心然 佛法無二 祖深器之 三祖偈云

至道無難 唯嫌揀擇

但莫憎愛 洞然明白

又云

圓同大虛 無欠無餘

良由取捨 所以不如

四祖道信 因栽松道者相見 語言相契祖曰汝年已老 改形而來可也 道
者珍重 便行下 山至濁港 見一處女浣衣遂云我欲借汝家一宿 女云有父
母在道者曰你肯麼 女云去問 我父母宿 道者去不遠於一 樹下坐化 去
其女 從此有孕 生一男子 被父母訶嘖 及是非不能洗 便將兒子 拋於江
水中去 復廻次日見兒 逆流而去 不忍復收養之乞食度日至七歲 携在黃
梅 路上見四祖 祖問曰童子何姓 子答曰姓即有 不是常姓 祖曰是什麼
姓子曰佛性 祖曰雖有佛性 汝且不會子曰非但我不會 三世諸佛亦不會
祖曰為什麼不會 子曰性空 故祖?識其法器 即便出家 乃傳衣付法

六祖慧能大師 採樵以給偏母 一日負薪至店中 聞客誦金剛經應無所住
而生其心 心卽悚然 問其客曰 此何法也得於何人 客曰此名金剛經 得於
黃梅忍大師 師直造黃梅東禪寺 忍大師一見默而識之 師負石舂米 遂傳
衣法 南行隱于懷 集四會之間 至曹溪 雨大法雨 學者不下千數 中宗神
龍元年降詔云 朕請安秀二師 宮中供養 萬機之暇每究一乘 二師並推云

南方有能禪師密受忍大師衣法 可就彼問 今遣內侍薛簡馳詔迎請 願師
慈念 速赴上京 師上表辭疾 願終林下 薛簡曰京城禪德皆云 欲得會道
必須坐禪習定 若不因禪定 而得解脫者未之有也 未審師所說法如何 師
曰道由心悟 豈在坐也 經云若見如來 若坐若臥 是行邪道何故無所從來
亦無所去 若無生滅是如來清淨禪 諸法空寂 是如來清淨坐 究竟無證 豈
況坐也 簡曰弟子之廻主 上必問 願和尚慈悲 指示心要
師曰 道無明暗 明暗是代謝之義 明明無盡 亦是有盡 簡曰明喻智慧 暗
況煩惱 修道之人 倘不以智惠照破煩惱 無始生死 憑何出離 師云若以
智惠照破煩惱者 此是二乘小兒羊鹿車等機上根大智 悉不如是 簡曰如
何是大乘見解 師云明與無明 其性無二 無二之性 即是實相 實相者處凡
愚而不減 在賢聖而不增 住煩惱而不亂居禪定而不寂 不斷不常 不來不
去 不在中間及其內外 不生不滅性相如如常住不遷 名之曰道 簡曰師所
說不生不滅 何異外道 師曰外道所說不生不滅者 將滅止生 以生現滅滅
猶不滅 生說無生 我說不生不滅者本自無生 今亦無滅 所以不同外道汝
若欲知心要 但一切善惡 都莫思量自然得入清淨心體 湛然常寂 妙用恒
沙 簡蒙師指教 豁然大悟

六祖謂衆曰 有一物上拄天 下拄地明如日黑似漆 常在動用中 動用中收
不得 汝等諸人 喚作甚麼 沙彌神會出衆曰 諸佛之本源 神會之佛性 祖
曰我喚作一物 尚自不中 那堪喚作本源佛性
又偈云
菩提本非樹 明鏡亦非臺

本來無一物 何處惹塵埃

又云

兀兀不修善 騰騰不造惡

寂寂絶見聞 蕩蕩心無着

又云

惠能沒伎倆 不斷百思想

對鏡心數起 菩提作麼長

又云

有念念成邪 無念念卽正

清源行思禪師 問六祖 當何所務 卽不落階級 祖曰汝曾作甚麼來 師云
聖諦亦不爲 祖曰落何階級 師曰聖諦尚不爲 何階級之有 祖深器之

南岳懷讓和尙初叅六祖 祖問什麼處來 曰嵩山來 祖曰甚麼物伊麼來
曰說似一物卽不中 祖曰還仮修證不 曰修證卽不無 汚染卽不得 祖曰只
這不汚染底 是諸佛之所護念 汝旣如是 吾亦如是

師因馬祖多習坐禪 一日將甎 於菴前磨 祖問磨甎作甚麼 師曰磨作鏡
祖曰磨甎豈得作鏡 師曰磨甎旣不成鏡坐禪豈得成佛 祖曰如何卽是 師
曰比牛駕車 車若不行 打牛卽是 打車卽是

永嘉玄覺大師 到曹溪 振錫而立 祖云夫沙門者 具三千威儀八萬細行 大

德自何方而來生 大我慢 師云生死事大無常迅速 何暇具禮儀在 祖曰何

不體取無生 了無速乎 師云體則無生 了本無速 祖曰如是如是 師方具威

儀衆禮 須臾告辭 祖曰返大速乎 師云本自非動 豈有速耶 祖曰誰知非

動 曰仁者自生分別 祖曰汝甚得無生之意曰無生豈有意也 祖曰無意誰

當分別曰分別亦非意也 祖歎曰善哉善哉

師云心是根法是塵 兩種猶如鏡上痕 痕垢盡除光始現 心法雙忘性卽眞

又 了了見無一物 亦無人亦無佛 大千沙界海中漚 一切聖賢如電拂

又 不求眞不斷妄 了知二法空無相 無相無空無不空 卽是如來眞實相

又 諸行無常一切空 卽是如來大圓覺

又 不可毀不可讚 體若虛空勿涯岸 不離當處常湛然 覓則知君不可見

又 證實相無人法 刹那滅却阿鼻業 若將妄語誑衆生 自招拔舌塵沙劫

又 有二比丘犯婬殺 波離螢光增罪決 維摩大士頓除疑 猶如赫日消霜雪

[如云但從顚倒生無有住處又如念體本空所變何實]

師云知身虛幻 無有自性 色卽是空誰是我者 一切諸法 但有仮名 無一

定實 是我身者 四大五陰 一一非我和合亦無 內外推求 如水聚沫 浮泡

陽焰 畢竟無人 無明不了 妄執爲我於非實中 橫生貪着 煞生偸盜 婬穢

荒迷 竟夜終朝 矻矻造業 雖非眞實善惡報應 如影隨形 應自觀身實相

觀佛亦然 故云道在目前 心佛衆生三無差別

南陽慧忠國師一日喚侍者 侍者應喏 如是三喚 侍者三應 師曰將謂吾辜
負汝 却是汝辜負吾

忠國師因僧問 如何是本身盧舍那 師云與我過淨瓶來 僧將淨瓶到 師云
却安舊處着 僧復問如何是本身盧舍那 師云古佛過去久矣

忠國師因僧問 如何是一念相應 師曰憶智俱忘 卽是相應 僧曰憶智俱忘
誰見諸佛 師曰忘卽無 無卽佛 僧曰無卽言無 何得喚作佛 師曰無亦空
佛亦空 故曰無卽佛 佛卽無

忠國師因肅宗 帝請看戲 師云有甚麼身心看戲 帝再請 師云幸自好戲

忠國師問僧 近離甚處 云南方 師云南方知識 以何法示人 云南方知識只
道一朝風火散後 如蛇退皮 如龍換骨 本爾眞性 宛然不壞 師云苦哉苦哉
南方知識說法 半生半滅 半不生滅 僧云南方知識卽如是 未審和尚此間
說何法 師云我此間身心一如 身外無餘 云和尚何得將泡幻之身 同於法
體 師云你爲什麼 大於邪道 云甚麼處是某甲入於邪道處 師云不見敎中
道 若以色見我 以音聲求我 是人 行邪道 不能見如來

忠國師因僧問 敎中但見有情作佛 不見無情受記 且賢劫千佛 孰是無情
佛耶 師云如皇太子 未受位時 唯一身耳 受位之後 國土盡屬於王 寧有
國土 別受位乎 今但有情受記作佛之時 十方國土 悉是遮那佛身 那得更
有無情受記耶

忠國師因靈覺僧問 發心出家 本爲求佛 未審如何用心卽得 師云無心可
用卽得成佛 曰無心可用 阿誰成佛 師云無心自成 佛亦無心 曰佛有大不
可思議 爲能度衆生 若也無心 阿誰度衆生 師曰無心是眞度衆生 若見有
生可度者 卽是有心 宛然生然

忠國師因僧問 作麼生相應去 師云善惡不思 自見佛性 又佛與衆生 一
時放下 當處解脫

荷澤神會禪師示 衆云不思一物 卽是自心 非智所知 更無別行 悟入此者
眞三麼提 法無去來而前後際斷 故知無念爲最上乘 告諸學衆 無外馳求
若最上乘禪 應當無作

又云無念爲宗 無作爲本 夫眞如無念非想念而能知 實相無生 豈色心而
能見 無念念者 卽念眞如 無生生者 卽生實相 無住而住 常住涅槃 無行
而行 卽超彼岸 念念無求 求本無念

師因光寶問 眼耳緣聲色時 爲復抗行爲有廻互 師曰抗互且置 汝指何法
爲聲色之體 寶云如和尚所說 卽無有聲色可得 師云若了聲色體空 亦信
眼耳諸根 及與凡聖 平等如幻 抗行回互 其理昭然 光寶於是領旨

障蔽魔王 領諸眷屬 一千年隨金剛齊菩薩 覓起處不得 忽因一日得見乃
問汝當依何住 我一千年 覓汝起處不得菩薩云 我不依有住而住 不依無

住而住 如是而住

馬祖道一因僧問 如何是佛 答曰卽心是佛 又問如何是道 答曰無心是道
又問佛與道 相去多少 答曰道如展手 佛似握拳

馬祖曰道不屬修 若言修成 修成還壞卽同聲聞 若言不修 卽同凡夫 問作
何見解 卽得達道 師曰自性本來具足但於善惡上不滯 喚作修道
祖曰人取善捨惡 觀空入定 卽屬造作更若向外馳求 轉踈轉遠 但盡三界
心量一念妄想 卽是三界生死根本 但無一念妄想 卽無生死根本

祖云道不用修 但莫染汚 何爲染汚但有生死心 造作趣向 皆是染汚 若欲
直會其道 平常心是道 何謂平常心 無造作無是非無取捨無斷常無凡聖
故經云 非凡夫行 非聖賢行 是菩薩行

祖曰不盡有爲 不住無爲 有爲是無爲之用 無爲是有爲之依 不住於依 故
經云 虛空無所依 心生滅義 心眞如義 心眞如者 喩如明鏡照像 鏡喩於
心 像喩於法 若心取法 卽涉外緣 卽是生滅義 不取於法 卽是眞如義

百丈懷海禪師上堂云 靈光獨耀迥脫根塵 體露眞常 不拘文字 心性無染
本自圓成 但離妄緣 卽如如佛
百丈因僧問 如何是大乘入道 頓悟法要 師云你先歇諸緣 休息萬事 善
與不善世出世間 一切諸法 並皆放却 莫記莫憶 莫緣莫念 放捨身心 全

令自在心如木石 口無所辨 心無所行 心地如空 惠日自現 如雲開日出

百丈示衆云 學似浣垢衣 衣是本有垢是外來 聞說一切有無聲色 如似
垢膩 都莫將心湊泊

百丈云 從人至佛 是聖情執 從人至地獄 是凡情執 只如今但於凡聖二境
有染愛心 是名有情無佛性 只如今但於凡聖二境 及一切有無諸法 都無
取捨心 亦無無取捨心 知解是名無情有佛性 只是無其情繫 故名無情 不
同木石大虛黃花翠竹之無情 將爲有佛性 若言有者 經中不見受記而得
成佛 只如今鑑覺 但不被有情改變 喩如翠竹 無不知時 無不應機 喩如
黃花

又云若踏佛階梯 無情有佛性 未踏佛階梯 有情無佛性
百丈三種惡欲 一欲得四衆圍繞 二欲得一切人爲我門徒 三欲得一切人
知我是聖人及阿羅漢

黃蘗希運禪師 曾散衆 在洪州開元寺裴休相國 一日入寺 見壁間畵相 問
院主云 壁間是什麼 主云高僧 休云形儀可見 高僧向甚麼處去 主無語休
云這裏莫有禪和麼 主云有希運上座頗似禪和 休遂召師 擧前話似之師
曰但請問來 休云形儀可見 高僧向甚麼處去 師召相公 公應喏 師曰高
僧在者裏 公於言下領旨

師又曰 此本源淸淨心體 常自圓明遍照 世人不悟 只認見聞覺知爲心 爲
見聞覺知所覆 所以不覩精明本體 但直下無心 本體自現如大日輪 昇於
虛空 徧照十方 更無障碍

師又云 凡夫取境 道人取心 心境雙忘 乃是眞法 忘境猶易 忘心至難 人
不敢忘心 恐落空無撈摸處 殊不知空本無空 唯一眞法界耳

師又云 世人聞道諸佛皆傳心法 將謂心上別有一法 可證可取 遂將心覓
法 不知心卽是法 法卽是心 不可將心更求於心 歷千萬劫修 終無得日 不
如當下無心便是本法

師又云 學道人 若欲得成佛 一切佛法 總不用學 唯學無求無着 無求卽
心不生 無着卽心不滅 不生不滅卽是佛 學道人 只怕一念有 卽與道遠
矣 念念無相 念念無爲 卽是佛

師云 無心卽便是行此道更說什麼 得與不得 且如瞥起一念 便是境 若無
一念 便是境 忘心自滅 無復可追尋

師云 法本不有 莫作無見 法本不無 莫作有見 有之與無 皆是情見
又云 妄本無體 卽是汝心所起 汝若識心是佛 心本無妄 那得起心 更認
於妄

又云問從 何來覺從何起 語默動靜一切聲色 盡是佛事 何處覓佛 不可更
頭上安頭也 但莫生異見 三千世界都來是 个自己 何處有許多般

又云善惡都莫思量 當處便出三界 如來出世 爲破三有 若無一切心 三界
亦非有

又云凡夫皆逐境生心 心遂忻厭 若欲無境 當忘其心 心忘卽境空 境空
卽心滅 若不忘心 但除其境 境不可除只益紛擾故 萬法唯心 心亦不可得
復何求哉

又云凡人臨欲終時 但觀五蘊皆空 四大無我 眞心無相 不去不來 生時性
不曾來 死時性亦不曾去 湛然圓寂心境一如 但能如是 直下頓了 不爲三
界所拘繫 便是出世人也 切不得有分毫趣向 若見善相諸佛來迎及種種
現前 亦無心隨 去若見惡相種種現前亦無心怖畏 但自忘心 同於法界 便
得自在 此是要節也

又云學道人 多於敎法上悟 不於心法上悟 雖歷劫修行 終不是本佛 若不
於心悟 乃至於敎法上悟 卽輕心重敎遂成逐塊 忘於本心故 但契本心 不
用求法 心卽法也

又云凡人 多爲境旱心事旱理 常欲逃境 以安心併事 以存理不知 乃是
心碍境理碍事 但令心空境自空 理寂事自寂 勿倒用也

又云學道人 若不直下無心 縱經塵劫不成聖道 若能直下無心 便是究竟

南泉普願喚院主 主應喏 師云佛九十日在忉利天 爲母說法 時優闐王思佛 請目連以神通 三度攝諸匠人 往彼彫佛形相 只彫得三十一相唯有梵音相彫不得 院主乃問如何是梵音相 師云賺殺人

南泉因至莊偶莊主 預備迎奉 師云老僧居常出入 不與人知 何夙排辦 至於如此 主云昨夜土地神來報 師云王老師修行無力 被鬼神覰見 侍者便問旣是大善知識 爲什麼 却被鬼神覰見師曰土地前更添一分飯着

南泉因僧問 和尙以何法示人 師曰不是心不是佛不是物
南泉將順世 第一座問 和尙百年後向甚麼 處去 師曰山下作一頭水牯牛去 僧云某甲隨和尙去得麼 師曰汝若隨我 須含一莖草 始得

盤山普積禪師 因見人買肉 語屠者曰精底割一片來 屠者放下屠刀 叉手云 長史那不精底 師於此有省

師一 日出門 見挽歌 卽振鈴云 紅輪決定沉 西去 未委魂靈往那方 幕下孝子哭云 哀哀師 身心踊悅歸來 馬大師印可
師示衆云 心月孤圓 光吞萬相 光非照境 境亦非存 光境俱忘 復是何物
洞山云 光境未亡 復是何物

師示衆云 似地擎山 不知山之高峻如石含玉 不知玉之無瑕 若能如是 是
眞出家 (p112)

師垂語云 三界無法 何處求心 四大本空 佛依何住 法眞一頌云三界本因
心所現 無心三界自平沉

歸宗智常因僧問 初心如何得个入處 師以火筯敲鼎盖三下 問還聞麼
僧云聞師云我何不聞 又敲鼎盖三下 問還聞麼 僧云不聞 師云我何以聞
僧無語 師云觀音妙智力 能救世間苦

大梅法常臨遷化示徒云 來莫可抑 往莫可追 從容聞鼯鼠聲 乃云卽此物
非他物 汝善護持 吾當逝矣

大珠惠海禪師 初叅馬祖 祖問曰從何處來 曰越州大雲寺來 祖曰來此擬
須何事 曰來求佛法 祖曰自家寶藏 不顧拋家散走 作什麼 我這裏一物也
無 求甚麼佛法 師遂禮拜問曰 阿那个是惠海自家寶藏 祖曰卽今問我者
是 汝寶藏一切具足 更無欠少 使用自在何仮向外求覓 師於言下 自識
本心 不由知覺 踊躍禮謝
大珠云 身口意淸淨 是名佛出世 身口意不淸淨 是名佛滅度

汾州無業云 若一毫頭凡聖情念未盡 未免入驢胎馬腹裏去 白雲端曰 設
使一毫頭凡聖情念淨盡 亦未免入驢胎馬腹裏去

歸宗因僧問 如何是佛 師云我今不辭向汝道 恐汝不信 僧云和尙 誠言 焉敢不信 師云卽汝是 僧云如何保任師曰一翳在眼 空花亂墜 僧於此大悟

西山亮座主 講得二 十四本經論 一日去訪馬祖 祖問曰聞說大德甚講得經論是否 主云不敢 祖曰將甚麼講 主云將心講 祖曰心如工伎兒 意如和伎者 爭解講他經論 主云心旣講不得莫是虛空講得麼 祖曰却是虛空講得主拂袖 而出祖召座主 主回首 祖曰是什麼 主於是大悟 便伸禮謝 祖曰者鈍根阿師 禮拜作甚麼 主直得遍體通身汗流 歸寺謂衆曰 我一生功夫 將謂無人過得 今日被馬祖一問 平生功夫冰釋而已 後乃罷講 直入西山 杳無消息

靈默禪師 到石頭云 一言相契卽住一言不相契卽行 頭據坐 師拂袖出去 頭呼云上座 師廻首 頭云從生至死只是者漢 回頭轉腦 作甚麼 師於言下大悟

石鞏慧藏和尙 昔爲獵人 趁鹿 從馬祖菴前過 問祖曰還見鹿過不 祖曰汝是何人曰射獵人 祖曰汝一箭射幾箇 曰一箭射一箇 祖曰汝不善射 云和尙解射不祖曰解射 曰和尙一箭射幾箇 祖云我一箭射一羣 曰彼此生命何得射一羣祖曰汝知如此 何不自射 曰若敎某甲 自射 直是無下手處 祖曰這漢廣劫無明 今日頓息 石鞏當時擲下弓箭 投祖出家

後在岳頭會下 一日頭問曰如在者裏作甚麼(卷上第二九張) 答云我在

者裏牧牛 頭曰汝作麼生牧 曰一廻落草去 驀鼻曳將回 頭曰善牧善牧

藥山惟儼一日坐次 石頭見之 問曰汝在者裏作甚麼 師曰一切不爲 頭曰
伊麼則閑坐也 師曰若閑坐則爲也 頭曰汝道不爲 且不爲个甚麼 師曰
千聖亦不識頭以偈讚曰
從來共住不知名 任運相將只麼行
自古聖賢猶不識 造次凡流豈易明

潙山靈祐在百丈爲典坐 百丈將選大潙主人 乃請首座對衆下語 出格者
當與住持 卽指淨瓶云 不得喚作淨瓶 汝喚作什麼 首座曰不可喚作本橛
也 丈不肯 乃問師 師踢倒淨瓶 丈笑曰第一座輸却山子了也

潙山因仰山問 如何是眞佛住處 師云以思無思之妙 返思靈焰之無窮 思
盡還源 性相常住 理事不二 眞佛如如 仰山言下頓悟
潙山問仰山 妙淨明心汝作麼生會 仰山云 山河大地日月星辰 師云汝只
得其事 仰云和尚適來問甚麼 師云妙淨明心 仰云喚作事得麼 師云如是
如是

趙州從諗問南泉 如何是道 泉云平常心是道 師云還仮趣向不 泉云擬
向卽乖師云不擬如何知是道 泉云道不屬知不知 知是妄覺 不知是無記
若是眞達不擬之道 猶如大虛 廓然虛豁 豈可强是非耶 師於言下大悟
趙州因僧問 如何是祖師西來意 師云庭前栢樹子 僧云和尚莫將境示人

師云我不將境示人 僧云如何是**祖師西來意** 師云**庭前栢樹子**

趙州因僧問 學人乍入叢林 乞師指示師曰喫粥了也未 僧云喫粥了 師云
洗鉢盂去 其僧大悟

趙州因嚴陽尊者 問一物不將來時如何 師云放下着 尊者曰一物不將來
放下个什麼 師云伊麼則擔取去 尊者大悟

趙州因有一婆子施財請轉大藏經 師下禪床 繞一帀 云轉藏已了人 回擧
似婆子 婆云比來請轉大藏 如何和尚只轉半藏

趙州聞俗行者勘僧云 我有十貫錢 若有人下得一轉語 卽捨此錢 師戴笠
子便行 拈云武帝求仙不得仙 王喬端坐却升天
師到茱萸和尚處 執杖子 於法堂上從東邊過西邊 萸便問作甚麼 州云探
水 萸云我者裏一滴也無 探个甚麼 州靠却杖子便出

慧忠國師因西天大耳三藏到京云 我得他心通 肅宗帝請國師試驗 師問
汝得他心通耶 曰不敢 師云汝道 老僧卽今在甚麼處 曰和尚是一國之師
何得去西川 看競渡船 師良久 又問汝道 老僧卽今在甚麼處 曰和尚是
一國之師何得向天津橋上 看弄麼猢 師第三問 三藏罔知去處 師叱之云
這野狐精 他心通在什麼處 三藏無對 [如云自處之際不露心跡諸天捧花
無路魔外潛覷不見 乃至佛眼也覷不見 又世尊三昧[迦葉不知迦葉三昧

世尊不知 世尊三昧世尊亦不知也]

忠國師因僧問 如何是古佛心 師曰墻壁瓦礫 [如云墻壁瓦礫皆有佛性]

蒙山道明和尚 自黃梅 趂逐盧行者 至大庾嶺 及行者擲衣鉢於石上曰 此
衣表信可力爭耶 任公將去 明擧之不動 乃曰我爲法來 非爲衣鉢 願行者
開示行者乃令坐石上冥心 因語之曰 汝不思善不思惡 正當伊麼時
那个是明上座本來面目 明於言下大悟 通身汗流 泣禮而去

興善惟寬和尚 因白居易問 旣無分別 何以修心 師云心本無損傷 云何要
修理 無論垢與淨 一切勿起念 又問垢則不可念淨無念可乎 師曰如人眼
睛上 一物不可住 金屑雖珍寶 在眼亦爲病 又問無修無念 又何異凡夫
師曰凡夫無明 二乘執着 離此二病 是爲眞修 眞修者 不得勤不得忘 勤
則近執着 忘則落於無明 此爲心要

鹽官和尚會下 有一主事僧將死 鬼使來取 僧告云 某甲身爲主事 未暇修
行 乞容七日得不 鬼使曰 待爲白王王若許之 則七日後來 不許則須臾便
來 言訖去至七日後方 來覓其僧 不得見[如云 牛頭見四祖後 百鳥含花
覓不得一般]

衡岳惠思禪師 常習坐 日唯一食 誦法華等經 遂發道心 乃往惠聞禪師處
受法 晝夜攝心 坐夏經三七日 獲宿智通 倍加精進 尋有障起 四支緩弱

不能行步 自念曰病從業生 業由心起心源無起 外境何狀 病業與身 都如
雲影 如是觀已 顚倒想滅 輕安如古夏滿猶無所得 深心慚愧 放身倚壁
背未至間 豁爾大悟法華三昧 最上乘禪 一念明達

鳥窠道林和尚因侍者會通 一日辭去 師乃問汝今何往 曰某甲爲法出家
不蒙和尚垂慈示誨 今往諸方 學佛法去師云若是佛法 吾此間亦有小許
云如何是和尚此間佛法 師於身上拈起布毛吹之 侍者因此大悟
大潙懷秀云 可惜 者僧認他口頭聲色 以當平生 不知自己光明 盖天盖
地 觸處現成

懶安和尚示衆云 汝等諸 人總來者裏就安求覓个什麼 若欲作佛 汝自是
佛而却傍家門走忽忽 如渴鹿 趂陽焰 何時得相應去 阿你欲作佛 但無
如許顚倒攀緣 妄想惡覺 垢欲不淨 衆生之心 卽汝便是初心正覺佛 更向
何處別討 汝等諸人 各自有無價大寶 從眼門放光 照山河大地 耳門放光
領采一切善惡音聲 六門晝夜常放光明 亦名放光三昧 汝自不識 取影在
四大身中內外扶持 不敎傾側 如人負重擔 從獨木橋上過 亦不敎失脚 且
道是什麼物 恁麼扶持 便得如是不傾不側 汝若覓見 毫髮卽不見故志
公云 境上施爲渾大有 內外中間覓總無

梁山緣觀禪師 因大陽延問 如何是無相道場 師指觀音像云 此是吳處
士畫延擬進語 師急索云 這个是有相底如何是無相底 延於言下有省禮
拜 乃歸本位立 師云何不道取一句子 延云道則不辭 恐上紙墨 師呵呵云

此語上石去 在後果上碑

無業國師謂弟子惠愔等曰 汝等見聞覺知之性 與大虛同壽 不生不滅 一
切境界本自空寂 無一法可得 迷者不了 卽爲境惑 一爲境惑 流轉無窮
汝等當知 心性本自有之 非因造作 猶如金剛 不可沮壞 一切諸法 如影
如夢無有貞實 故經云 唯有一事實 餘二卽非眞常 了一切空 無一法當情
是諸佛用心處 汝等勤而行之 言訖歸寂

大原孚上座 在楊州光孝寺 講涅槃經有一禪客 阻雪在寺 因往聽講 至廣
談法身妙理 禪客不覺失笑 孚講罷請禪客喫茶次白曰 某甲素志狹劣 但
依文解義 適蒙見笑 且望見敎 禪客曰實笑座主不識法身 孚曰何處不是
禪客曰不道座主說不是 只是个說得法身量邊事 實未證法身在 孚曰旣
然如是 禪客當爲我說 禪客曰我不辭說還信不 孚曰焉敢不信曰若如是
座主暫輟講 旬日於室中 端坐靜慮 收心攝念善惡諸緣 一時放下孚一依
所敎 從初夜至五更 聞鼓角聲忽然大悟 [私曰 此與圓悟勤和尙 見雞飛
上欄干鼓翼而鳴 忽然大悟一般]

葉縣歸省和尙 一日念和尙問曰 喚作竹篦子則觸 不喚作竹篦子則背 且
道合喚作甚麼物卽得 省於此大悟 遂於手中製得竹篦子 拗折擲于階下
却云是甚麼

省和尙因僧請益 擧趙州庭前栢樹子話 省云我不辭與汝說 汝還信不 僧

云和尙重言爭敢不信 省曰汝還聞簷頭雨滴聲麼 其僧豁然大悟禮拜 省
曰汝見个甚麼道理禮拜 其僧便以頌對曰 簷頭雨滴分明歷歷 打破乾坤
當下心息 省大忻然曰 汝會得祖師禪也

良遂座主 初叅痲谷 谷見來 便將鉏頭去鉏草 良遂到鉏草處 谷殊不顧
便歸 方丈閉却門 遂次日復去谷 又閉却門 遂乃敲門 谷問阿誰 云良遂
才稱名 忽然大悟云 和尙莫謾良遂 良遂若不來禮拜和尙 何有今日事
泊被經論 賺過一生

慈明和尙 見泉大道來乃曰片雲橫谷口 遊人何處來 泉顧示左右云 夜來
何處火 燒出古人墳 師曰未在更道 泉作虎聲 師打一坐具 泉推師就座
師却作虎聲 泉曰我歷叅七十餘員善知識 今日始遇作家

京兆 蜆子和尙 居無定所 自印心於洞山混俗閩川 常日沿江岸採掇
蝦蜆 以充朝夕 暮則臥東山白馬廟紙錢中 居民目爲蜆子和尙 華嚴休
靜禪師聞之 欲決眞僞 一日先潛入紙錢叢中 深夜蜆子歸來 休靜忽出把
住問曰 如何是祖師西來意 蜆子卽答曰神前酒臺盤 靜奇之懺謝而退
[私曰此與庭前栢樹子痲三斤乾屎橛一般 本分宗師答話 具色聲言語
正是祖師禪]

無住和尙 因杜相公問 弟子聞和尙說無憶無念莫妄想三句法門是不 曰
然公曰此三句是一是三 曰無憶名戒 無念名定 莫妄想名慧 一心不生 具
戒定慧 非一非三也 公曰有據不 曰法句經云若起精進心是妄非精進 若

能心不妄 精進無有涯 公聞之疑情頓釋

越山和尙 初叅雪峰 未染玄旨後因閩王 請於淸風樓上赴齋 坐久擧目
忽覩日光 豁然大悟而有頌曰 淸風樓上赴官齋 此日平生眼豁開 方信普
通年遠事 不從葱嶺付將來[如玄沙禾上云 彼處虛空此處虛空 我身無
有痛自何來休休 達麻不來東上 二祖不往西天]

長沙景岑禪師 因見竺尙書 師喚尙書書應喏 沙云不是尙書本命 書云不
可離却 卽今祇對 別有个第二主人公也沙云喚尙書作至尊得麼 書云
恁麼則總不祇對 和尙莫是弟子主人公不 師云非但支對與不支對時 從
無始劫來是个生死根本 乃示偈曰 (p142)
學道之人不識眞 只爲從來認識神
無量劫來生死本 癡人喚作本來人

嵩嶽惠安國師 與北宗神秀 被武后召入禁中供養 因澡浴以宮姫給侍 唯
師怡然無他 后歎曰入水始知有長人 頌云
秦苑仙娃白玉腮 薔薇行水洒寒灰
柴門草戶無關鑰 磊落金鎚擊不開

安國師 因武后問師甲子 師對曰不記后曰何不記耶 師云生死之身 其若
循環 環無起盡 焉用記爲 況此心流注中間無間 見漚起滅者 乃妄想耳
從初識至動相滅時 亦只如此 何年月而可記乎 於是武后稽首信受

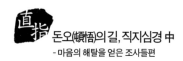
돈오(頓悟)의 길, 직지심경 中
- 마음의 해탈을 얻은 조사들편

1판 1쇄 펴낸 날 2014년 9월 1일

초록 백운경한 역해 덕산 발행인 김재경 기획 김성우 디자인 디자인선재 표지 최정근
마케팅 권태형 인쇄 대명인쇄

펴낸곳 도서출판 비움과소통 서울시 영등포구 영등포동7가 29-126 포레비떼 705호 전화 (02)2632-8739
팩스 0505-115-2068 이메일 buddhapia5@daum.net 트위터 @kjk5555 페이스북 ID 김성우
홈페이지 http://blog.daum.net/kudoyukjung 출판등록 2010년 6월 18일 제318-2010-000092호

ⓒ 덕산, 2014
ISBN : 978-89-97188-62-8 04220
       978-89-97188-60-4(전 3권)